JN058943

POIROT and Me

ポワロと私

デビッド・スーシェ自伝

デビッド・スーシェ
David Suchet
ジェフリー・ワンセル
Geoffrey Wansell
高尾菜つこ 訳

原書房

常に良識的で誠実なヘイスティングス大尉——演じるのはもちろん、ヒュー・フレイザー——が、初共演した第1シリーズ第1話『コックを捜せ』で私と並んで座っている。一方、ポワロの有能な秘書であるミス・レモンを演じたのはブラックプール出身のポーリン・モランで、彼女は王立演劇学校で演技を学び、一時はガールズ・ロックバンドでベースを弾いていたこともある。二人は初期のシリーズに欠かせない存在だった。

第1シリーズの『海上の悲劇』では、ポワロが人形を使って腹話術にちなんだ謎解きを披露する。複雑で長々しい台詞がワンカットで撮影される謎解きシーンは、どのエピソードでも私には大変なチャレンジだった。

ジャップ主任警部役のフィリップ・ジャクソンと私がいるのは、ポワロ・シリーズ初の2時間版となった第2シリーズの第1弾『エンドハウスの怪事件』の撮影現場デボン。ドラマの大半はスタジオで撮影していたため、長期のロケはめったにない楽しみだった。

アガサの最初のポワロ作品『スタイルズ荘の怪事件』には、かなり若々しい姿のポワロが登場する。とてもそんなふうには見えないが、彼は引退した60歳過ぎの元警官で、戦火に引き裂かれたベルギーから二人の同胞とともに逃れてきた避難民。

常に潔癖で身なりにうるさいポワロが、汚れる危険を顧みず、『マースドン荘の惨劇』の手がかりとなる鳥の卵を調べている。ここには映っていないが、実は膝の下にハンカチを敷いている。

『雲をつかむ死』でのジャップ主任警部と私。物語の冒頭、休暇でパリにいたポワロは、イギリス人のフレッド・ペリーが優勝したテニスの全仏オープン決勝戦を観戦することになる。ドラマの撮影ではその試合が特別に再現された。

母国ベルギーで警官をしていた頃の若かりしポワロと相手役のアンナ・チャンセラー。私のお気に入りの一作で、ブリュッセル警察時代の若きポワロを描いた『チョコレートの箱』は、彼の過去を披露する機会となった。

撮影中、メイク班はポワロの口髭が乱れず、常に完璧な形になっているように絶えず気を配っていた。これは『黄色いアイリス』で口髭を整えているところ。

ホワイトヘイブン・マンションの最初の部屋で朝食を取っている『黄色いアイリス』でのポワロ。彼はゆで卵——全く同じサイズのものを2個——であれ、トーストであれ、自分が口にするものはすべて目の前にきちんと並べなければ気が済まない。部屋自体はトウィッケナム撮影所に組まれたセットで、彼が好んだ1930年代のアール・デコ様式の家具や調度品を中心としたデザインになっている。

ポワロは暑さが苦手で、実はラクダも苦手だったが、第5シリーズの第1話『エジプト墳墓のなぞ』では、その両方に耐えなければならなかった。このエピソードの撮影中、私はあまりの暑さに倒れてしまった。

共演者の写真を撮ることは私の趣味であり、人生の一部でもある——何を隠そう、あの有名な報道写真家ジェームズ・ジャルシェは私の母方の祖父なのだ。
私はスタジオのセットへ入るときはいつも自分のカメラを持っていくし、ポワロの撮影でロケに行くときも必ず持っていく。するとスタッフが言うように、驚くべき成果を得られることがある。

ポワロとフォックス・テリアの「ボブ」。湖水地方を舞台とした第6シリーズの『もの言えぬ証人』では、ウィンダミア湖畔でのロケを通して、ポワロも私も彼の虜になった。この犬の本名はスナッピー。

エッジウェア卿の遺体を調べるポワロとヘイスティングスとジャップ警部。第7シリーズの『エッジウェア卿の死』で、しばらく離れ離れになっていた三人がついに再会を果たした。

第11シリーズの『第三の女』で、ゾーイ・ワナメイカー演じる推理作家、アリアドニ・オリヴァとポワロが並んでいる。物語で、二人はヒロインの女性から「人を殺したかもしれない」と打ち明けられる。オリヴァ夫人はアガサの分身でもあり、彼女は夫人を通して、自身のポワロへの思いや探偵小説へのアプローチを語らせている。

類まれなコメディアンで喜劇作家のエリック・サイクスは、2009年撮影の『ハロウィーン・パーティー』に弁護士役として出演したとき、86歳だった。いつも穏やかで控えめだった彼は2012年7月に亡くなったが、俳優として最後のテレビ出演の一つとなった本作で、彼と一緒に仕事ができたことは、キャストやスタッフにとって大きな喜びだった。

有名な『オリエント急行の殺人』では、トビー・ジョーンズ演じる残忍なアメリカ人実業家で富豪のラチェットが、ポワロに金ずくで護衛を依頼しようとするが、直後に殺人の犠牲となる。この物語でポワロは道徳的ジレンマに苦しむ。

運転手のショーン・オコナーは、私がこれまでポワロとして発した言葉のすべてを聞いてきた人物である。なぜなら撮影所やロケ地へ向かう車の中で、私は25年間、彼を相手に台詞の練習をしていたからだ。彼は私に負けないくらいポワロというキャラクターをよく理解しており、ときには「ポワロがそんなこと言うと思う？」と私に意見したものだ。
また、もう一人忘れてはならない人がいる。デボンのグリーンウェイでの撮影最終日、私と一緒に雨が上がるのを待っていたのは、この14年間、代役を務めてくれたピーター・ヘイルだ。彼は照明班が私の顔に不要な影ができないかをチェックできるように、いつもポワロの口髭をつけて代わりを演じてくれた。

ミス・レモンにジャップ主任警部、ヘイスティングス大尉、そしてポワロ。第1シリーズからのオリジナル・メンバーだったポーリン・モラン、フィリップ・ジャクソン、ヒュー・フレイザーの三人と最終シリーズで再会。お互いにちょっぴり老けたが、情熱だけは1988年当時と少しも変わらない。

「オ・ルボワール&メルシー・ボク！」エルキュール・ポワロとして迎えた最後の瞬間、私はこう言って締めくくった。アガサ自身の家であるデボンのグリーンウェイの玄関に立ち、私にとって特別な旅の終わりを見に集まったキャストやスタッフらの喝采に、私は両腕を高く掲げて感謝を表した。興奮と悲しみで、涙が止まらなかった。

ポワロと私

デビッド・スーシェ自伝

我が妻シーラに

序章

一一月のある湿っぽい、ひんやりとした金曜日の朝、私はひどく老いを感じていた。実際、すっかり年老いて、死を目の前にしていた。体重が一三キロも落ち、顔は古びた羊皮紙のようにくすみ、両手は節くれだって、鉤爪のように曲がっていた。

その日、私はアガサ・クリスティーが生んだ非凡なるベルギー人探偵、エルキュール・ポワロとして、この世を去ろうとしていた。ほぼ四半世紀にわたって役者人生をともにし、六六編ものテレビドラマで演じてきたポワロに、別れを告げようとしていた。

もちろん、私は一人の俳優として役を演じたにすぎないが、とにかくこれほど辛い経験はめったにしたことがない。一一月のこの日の朝一一時、ロンドンの北西約三〇キロにあるバッキンガムシャーのパインウッド撮影所で、ポワロは死ぬことになっていた。声が響き渡るスタジオの中央で、私の演じるポワロは、幕切れとなる『カーテン～ポワロ最後の事件～』において、死を遂げるのだった。

周囲には、巨大な照明や吊り下げ式の音声マイクとともに、九〇人のスタッフがいた——ヘアメイクの女性たちに撮影監督、二台のカメラとそのオペレーター、カチンコ係、そしてもちろん、有能な若手の監督ヘティ・マクドナルドも。

当時三〇代後半のヘティは、イギリスで最も繊細かつ強力な監督の一人として、視聴者を驚かせ、出演者を魅了する才覚の持ち主だった。二〇〇七年、彼女はSFドラマ・シリーズ『ドクター・フー』で、「最も怖い」エピソードとされる『まばたきするな』の監督を務めたが、この日は誰かを怖がらせるためにそこにいたわけではない。彼女がそこにいたのは、ある架空のアイコンの死、シャーロック・ホームズと同じく有名で、同じく世界中の何百万という人々に喜びをもたらした探偵の死を、演出するためである。

そのせいで現場はもの悲しい雰囲気に包まれていた。いつものように冗談を言い合ったり、談笑したりするスタッフの姿はない。私たちの愛するポワロが死ぬということは、誰にとっても耐え難いことだった。自分たちの目の前で、私――ポワロとしての――が最期を遂げるのかと思うと、誰もが胸を詰まらせた。

ただ、そのときはすぐにやってきたわけではない。臨終の場面に進むまでに、二つのシーンの撮影があった。どちらもポワロと相棒のヘイスティングス大尉――私の親友ヒュー・フレイザー演じる――の二人だけのシーンだ。

セットにけたたましいベルが響き、撮影の開始を告げた。ヒューと私は、それぞれ終わりが近いことを知りながら、重苦しいシーンを演じきった。最後に、旧友が静かにセットを歩み去ると、私は一人、ため息をついた。

再び大きなベルが鳴り、シーンの終わりを告げたが、身動きする者はほとんどなく、物音もしなかった。一人の俳優が主人公を演じ続けた史上最長のドラマ・シリーズが、その歴史に幕を下ろそうとしていることを、その場の誰もが知っていた。一緒に仕事をしている全員が私を支えてくれていたが、現実から目を背けることはできなかった。

セットの外では、妻のシーラが音響係のそばに立ち、ビデオ再生機で先ほどのシーンを見つめている。今回の撮影に妻が初めて立ち会ったのは、誰よりもよくわかっていたからだ。一九八八年以来、私たちの生活に入り込むようになった小男にさよならを言うことが、私にとってどれだけ辛いかということを。

スタジオの中央に設けられた小さなセットから出ると、シーラはそっと私の腰に手を回した。次のシーン――ポワロがヘイスティングスに最後の別れを告げる――の準備をするスタッフの一団から離れると、シーラは私を抱き締め、私も抱き締め返した。そこには言葉にならない思いがあった。

メイク担当の女性がやって来て、私の手に施した特殊メイクをチェックした。ヘティの言葉を借りれば、これは私が年老いて「ひどく具合が悪い」ように見せるためだ。

実際、私は本当に具合が悪かった。というのも、風邪を引いていたからだ。不思議なことに、劇中でポワロが風邪を引くと、なぜだか必ず私も風邪を引くようで、何年も前からずっとそうだった。精神分析医のフロイトならこれをどう考えただろう。以前、私はＢＢＣの全六回のドラマ・

シリーズでフロイトを演じ、彼が診察に使ったという長椅子――撮影のため、ハムステッドの邸宅からスタジオに持ち込まれた――の上で死ぬところまでやったが、その死は、今回に比べればあっさりしたものだった。これから演じるのは、私の親友の死なのだ。

長年にわたってポワロと一心同体だった私にとって、彼を失うことは、想像を絶するほどの苦痛だった。

それでも私はセットへ戻り、頭から雑念を取り払って、私の旧友と私自身の身に起ころうとしていることに集中しなければならなかった。

この『カーテン』の台本を書いたのは、イギリスの劇作家で脚本家のケヴィン・エリオットだが、彼はポワロとヘイスティングスの最後のシーンに添えて、ショパンのある美しい一曲を選んだ。今回、ヘティはその曲をスタジオで流すようにした。穏やかで、心に染み入るようなその旋律は、私たちみんなを包み込み、悲しみを一層増幅させた。

曲が止まると、再びあの大きなベルが鳴り、撮影の開始が告げられた。そのとき無言のまま数秒間の沈黙を求めたのは、ポワロと自分に心の整理をするための束の間の静寂を与えるためだった。私がそっと一本の指を上げると、それを合図に録音が始まり、カメラが回り、ヘティが「アクション」とささやいた。

ベッドに横たわり、浅い呼吸をするようにしたのは、生きようともがくポワロの苦しみを強調するためだったが、それは同時に、彼を苦しめている他の問題を明らかにするためでもあった。というのは、彼は恐れてもいたからだ。この最終話には、神が本当に自分の行為をゆるしてくれるのかというポワロの不安、敬虔なカトリックとしての深い葛藤が描かれている。

ポワロは死が近いことを悟りながらも、それがいつなのかはわからない。ポワロでさえ、死だけはコントロールすることができない。結局、彼もただの人間というわけだ。

私はポワロがこの最期のときを実際にどう感じるだろうかと、何週間も考え続けてきた。しかし、それがどういうことかを完全に理解したのは、この最終話の撮影に向けて、メイクや衣装のテストを行なった約一か月前のことだった。私の顔に深い皺が描き込まれ、両手に特殊メイクが施され、ストーリーの一部で使うことになっている車椅子に座ると、そのとき初めて、ポワロがもうすぐ死ぬということを心で理解した。私はこれでポワロと自分の関係も終わるのだという現実を思い知ったのだ。ヘイスティングスに別れを告げるシーンを前にして、束の間の静寂を求めた私の心にその思いが甦った。それは私たち二人にとって辛いことだった。約三〇年にわたる撮影を通して、ポワロとヘイスティングスという架空のコンビがそうであったように、ポワロと私もまた、固い絆で結ばれていたからだ。

私はヘイスティングスへの最後の言葉をささやきながら、長い年月をともにしてきた相棒を見つめた。スタジオにあのショパンの曲が流れると、どんなに頑なな心も感情に飲み込まれるようだった。ヘイスティングスがポワロのもとを離れると、曲はさらにうねりを増し、やがて大きなベルが鳴って、撮影の終わりを告げると同時に止まった。そして再び、静けさが埋葬布のようにセットを包んだ。

これまで何度も一緒に仕事をしてきた音響担当のアンドルー・シソンズのそばに座っていたシーラは、静かに涙を流していた。彼は優しく、思いやりのこもった声で彼女にこう言った――「これほど心を動かされるとは思いませんでした」

私の運転手のショーン・オコナーも、涙を浮かべながら、ビデオ再生機でそのシーンを見ていた。ピーター・ヘイルもそうだ。彼は私とそれほど似ていないが、この一四年間、私の代役を務めてくれた。そこから遠くない場所に座っていたメイクと記録係の女性たちも、涙を拭っていた。

私にとっても、皆がこれほど心を動かされている姿を見るのは異例のことで、長い俳優人生の中でもこんな経験は初めてだった。

しかし、ヘティと私は気丈にも集中力を失わなかった。撮影がまだ終わっていないこと、終わるまでは悲しみに浸ってはいられないことを知っていたからだ。俳優として、私は常に自分が演じている役の外側に立たなくてはならないこと、その役を知り、それになりきる一方で、決して注意を怠らないことを信条としてきた。そうでなければ、私の演技は真実味を失うことになり、それだけは絶対に許せなかった。

ヘティは、いよいよポワロの臨終のシーンへ進むようにスタッフに指示した。私はヘティが監督で幸運だった。彼女とは二時間版の『青列車の秘密』で一緒に仕事をしたが、私がポワロの最後の事件をぜひ彼女に担当してほしいと思ったのは、彼女がポワロの人間性に深く共感していたからだ。彼女の感性と力量は最終話にふさわしいものだったし、何よりも重要なことに、彼女になら全幅の信頼を寄せられた。

ヘティとスタッフが準備している間、私はセットを離れた。衣装担当のアン＝マリー・ディグビーがガウンをくれたので、シーラと遠くの片隅へ行って話をした。

次のシーンは重要だった。何としてもうまくやらなければならない。というのも、私はポワロの死を感傷的なだけのものにしたくなかったからだ。私は彼の死をできるだけリアルなものにしたかった。彼が心の平静を保とうともがいていることを視聴者に伝えたかった。そうすれば、彼が神のゆるしを求めてロザリオに手を伸ばしたとき、映像の隅々に真実が宿る。

周りのスタッフは、私を支えようとベストを尽くしてくれていた。そんなスタッフに恵まれて、私は何と幸運だろう。次の月曜日の午後、ついにこの撮影が終了したら、必ず彼らに感謝の気持ちを伝えようと私は誓った――この週末に立ち直ることができたなら。

シーラにセットまで送られて、私は所定の位置についた。このシーンを演じるのは私だけだ。二台のカメラが、ポワロとしての私の人生の最後の瞬間をあらゆる角度から捉える。

難しいのは、このシーンを感動的なものにしながらも、大げさになりすぎないようにすることだった。しかし同時に、私は世界中のすべての視聴者に、死とは簡単なものでも、安楽なものでもないことを知ってほしかった。私はポワロの最期を、甘美なだけのものにしたくなかった。

再び撮影開始を知らせるベルが鳴った。今回もまた、演技を始める準備ができたら、私がそっと指を上げ、それから初めて、ヘティがアクションを求めることになっていた。

いよいよ私の準備が整い、ヘティが合図を出した。このシーンは何度もやるわけにはいかない。私は完璧な演技をするべく全身全霊を傾けた。私がここにいるのは、アガサ・クリスティーが生んだエルキュール・ポワロに尽くすためであり、その務めを果たすのに彼の最後の言葉ほど重要な場面はなかった。

幸い、演技はうまく行ったようだった。ヘティが「カット」とささやくと、けたたましいベルが鳴り、撮影はワンテイクで終わった。

この湿っぽい、どんよりとした一一月の金曜日、残るシーンはとうとう一つだけとなった――ヘイスティングスが息絶えたポワロを発見するシーンだ。このシーンもまた、甘ったるくなってはならない。私はヘティと話し、シーラと話し、二人に意見を求めたが、心の中では、ポワロの死を過剰に感傷的なものにはしないと決めていた。

夕方の六時を過ぎて、私はもちろん、スタッフにもそろそろ疲れが出始めた。休みが一日しかない週末もある中で、撮影二二日目のこの日は、感情を揺さぶられるだけに一層神経を消耗した。それは周りのスタッフの顔を見れば明らかだった。

しかし、どんなに疲れていても、私には譲れないことが一つあった。息絶えたポワロが発見されるシーンの撮影前に、妻のシーラとスタジオのヘティを私のもとへ呼んだのは、二人がどう感じるかを知りたかったからだが、私はポワロが救いを得られないかもしれないという不安と闘っている姿を見せたかった。死とは、映画で描かれるような安らかなものとは限らないのだ。それはリアルなものでなければならない。私にとって、リアリティーこそすべての役者が演技で目指すべきものだった。何があろうと、人は常にその性格に忠実である。私の演じるポワロには、美しく整った死に方はしてほしくない。ソフトフォーカスで美化された死に方はしてほしくない。私はポワロがポワロらしく生きてほしいと願ったように、死ぬときもポワロらしく死んでほしかった――リアリティーのある非凡な人間として。

ヘティは、このシーンの撮影をできるだけシンプルに抑え、部屋に駆け込んできたヒューの表情をクローズアップで撮るだけにした。ヒューも、シーラも、私も含めて、その小さなセットにいた誰もが、このシーンを一瞬でも長引かせたくなかった。誰もがこの残酷な一日を、一刻も早く終わらせたかった。

そしてついに終わった。ヘティが「カット」とささやき、けたたましいベルが鳴り、その日の撮影が終了した。

スタジオの外に停めたトレーラーに戻った私は、どうしようもない喪失感に襲われた。週末は自宅へ帰ることになっていたが、どうにも身の置き所がない。居ても立ってもいられず、トレーラー内をそわそわと歩き回った。ようやく家に帰っても、まだ落ち着かなかった。何か食べたいのかどうかも、外出して友人に会いたいのか、ただ家にいたいのかもわからなかった。

結局、私はシーラと家にいた。しかし、最も辛かったのは、ポワロがもう死んでしまったにもかかわらず、撮影二三日目にして最終日となる月曜の朝には、再びパインウッドの撮影所へ戻らなければならないということだった。どんなに考えまいとしても、週末、そのことは私たちの頭上に暗雲のごとく垂れ込めていた。

またしても寒々とした小雨の降る月曜日、私はこの最終話のラストシーンの撮影に臨んだ。それがきわめて重要だったのは、ポワロがヘイスティングスに――死後四か月して届いた手紙の中で――スタイルズ荘で起きた殺人事件の真相を解き明かすものだったからだ。

最後まで謎解きの役目を退くことはできなかったが、セットの寝室に置かれた書き物机に向かった私は、突然、ポワロとずっと分かち合ってきた喜びのかけらを取り戻した。

私は事件の全容を明かすため、ヘイスティングスに手紙を書いていた。驚くべきことに、美術スタッフは私がいちいち自分で字を書かなくて済むように、私の筆跡を真似る方法を見つけたらしい。それはまるで幽霊に自分の人生を乗っ取られたかのようだった。

シーンの終わりに、ポワロはカメラの方をじっと見つめる。私は彼を演じるときによく使った目の輝き（twinkle）を表現したかった。この最終話に闇は十分にあった。

ラストでカメラを見つめながら、私は金曜日にポワロがヘイスティングスに言った最後の言葉を思い返した。

「シェラミ」と私がささやくと、ヘイスティングスはポワロを休ませようと部屋を出る。

その言葉は、私にとって途方もない重みがあった。だからこそ、ヘイスティングスが部屋を出ていった後にも、私はその言葉を繰り返したのだ。ただし、二度目の「シェラミ」は、ヘイスティングスに向けたものではない。それは私の大切な大切な友人、ポワロに向けた言葉だった。私はそう言って彼に別れを告げていたのであり、心を込めてそうささやいた。

第1章——私ならごめんだ

二〇一二年一一月のあの日の午後にエルキュール・ポワロが死んだとき、彼とともに私の一部も死んだ。

アガサ・クリスティーが生んだ潔癖の小柄なベルギー人探偵は、ほぼ四半世紀にわたって私の人生の一部だった。二五年にわたって一〇〇時間以上もテレビで役を務めてきた彼の死を、私は今ここで演じようとしていた。

こだわりが強く、親切で礼儀正しいポワロ。ちょこちょこと小刻みに歩き、「灰色の脳細胞」と独特の訛りを持つポワロ。あの男が私にとってどれだけ大きな意味を持つようになっていたか、言葉ではとても言い表せない。今、長い年月をともにした彼を失うことは、たとえ私が役を演じただけの俳優にすぎないとしても、最愛の友を失うのと同じだった。

ただ、ポワロの魅力は十分に発揮されたという自負もあった。私は世界中の何百万という人々に向けてポワロに命を吹き込み、彼らに私と同じくらいポワロを大切に思ってもらえるように努力してきた。あの日、スタジオでポワロとして息を引き取ったとき、私はようやく安らぎを得た。なぜなら、これでもう二度とポワロを演じることはないからであり、映像化すべき原作は残っていなかったからだ。

エルキュール・ポワロの死は、私にとって長きにわたる創造の旅の終わりだった。アガサ・クリスティーが書いた本物のポワロを演じたい、彼女が一九二〇年に『スタイルズ荘の怪事件』〔矢沢聖子、早川書房、二〇〇三年〕で初登場させ、半世紀以上後の一九七五年に『カーテン』〔田口俊樹訳、早川書房、二〇一一年〕で最期を遂げさせたポワロの真の姿を伝えたいと一途に願ってきたからこそ、それは一層私の心を揺さぶった。

アガサにとってそうだったように、ポワロは私にとっても現実の存在だった――ときには少しイライラさせられることがあっても、彼は偉大な探偵であり、非凡な男だった。アガサがポワロ物として三三の小説と五〇を超える短編、一本の戯曲を書き、彼をシャーロック・ホームズと並ぶ世界一有名な架空の探偵にしたとき、ポワロが彼女の人生の一部となっていたに違いないように、彼は私の人生の一部となっていた。

しかし、どうしてこういうことになったのだろう。なぜ私は彼のモーニング・ジャケットとピン・ストライプのズボン、黒いエナメル革の靴ときれいにブラシのかかったグレーのホンブルグ帽にこれほど長く身を捧げることになったのだろう。この背の低い、ずんぐりとした六〇代の男の中に、鼻眼鏡を愛用し、「しーっ！」ではなく「しっ！」と言いがちな男の中に、何か自分と響き合う特別なものがあったのだろうか。
長い年月を経た今、振り返ってみると、どうやらそういうものがあったらしい。

私が意味するところを正確に理解してもらうには、初めてポワロの役を依頼されたとき——一九八七年のある秋の晩、場所もあろうに、ロンドン西部のアクトンにあるインド料理店——へと、時間を遡る必要がある。しかし、そのためには俳優としての私自身のことや、ポワロとなぜ離れられなくなったのかについても話さなければならない。というのも、きっとわかってもらえると思うが、ポワロと私はもはや切っても切れないほどに強く結びついているからだ。

最初から説明しよう。そもそも、なぜ私がこの役を依頼されることになったのだろう。実際、私はこの役に打ってつけというわけではなかった。それまでの約二〇年間に私が演じてきたのは、魅力的な探偵というより、かなりの悪人役だったからだ。ロイヤル・シェイクスピア・カンパニーでは、『ベニスの商人』でシャイロックを演じ、ベン・キングズレーがオセロなら、私はイアーゴだった。BBCの全六回のドキュメンタリー・ドラマではジークムント・フロイトを演じ、ぞっとするような破滅的な愛を描いたトルストイの『クロイツェル・ソナタ』のドラマ版では、ラジオドラマ賞も受賞した。

ところが皮肉なことに、アクトンのあのインド料理店での話へとつながったのは、さらにまた別の悪人役だった。それは『ブロット・オン・ザ・ランドスケープ　*Blott on the Landscape*』というトム・シャープの優れたユーモア小説――一九八五年にBBCでドラマ化された――で、私が演じたブロットという風変わりで意地の悪い庭師の役だった。つまり、私が後半生の大部分をともにした小男、ポワロを演じることになったきっかけは、貴族の女主人とその田舎の邸宅を開発業者から守るため、何かにとり憑かれたかのようにあらゆる手段を駆使する、あの奇妙な男の役だったのである。

ポワロが初めてそばに現れたとき、私は四一歳だった。一八歳のとき、ナショナル・ユース・シアターのメンバーだった私は芝居の虫にとり憑かれ、ロイヤル・コート・シアターの舞台袖で、「これこそ僕が生涯をかけてやりたいことだ」などと思っていた。

父は、私に自分の跡を継いで医師になることを望んではいなかった。しかし、役者になりたいと言ったとき、父はショックを受けていた。私は学校でも演劇をやっていて、校長先生も「デビッドが本当に得意とするのはほとんどそれだけ」などと父に話していたが、それは全くの間違いで、私はラグビーやテニス、クリケットもかなり上手だった。ただ、父はやはり役者になりたいという私の考えを喜ばず、仕方がないとしぶしぶ認めたにすぎなかった。

私は意気揚々とロンドンのセントラル・スクール・オブ・スピーチ・アンド・ドラマのオーディションを受けたが、歌えないという理由で落とされた。ショックのあまり、ロイヤル・アカデミー・オブ・ドラマチック・アート（王立演劇学校）のオーディションを受ける気力も失ったが、数週間後、勇気を奮い起こしてロンドン・アカデミー・オブ・ミュージック・アンド・ドラマチック・アート（ロンドン音楽演劇アカデミー）のオーディションを受け、入学を許された。

とは言え、完全に溶け込んだわけではなかった。一九六六年当時、まだ実家で両親と暮らしていた私は、アカデミーの最初の日、スーツにネクタイをして登校したが、他のみんなはビートルズのキャップにジーンズだった。そこで私は、ムーブメントの初回の授業に、学生時代のラグビーのユニフォームを着ていったのだが、すぐにレオタードとタイツを買いに行かされた。

実際のところ、アカデミーは当初、私を役者としてあまり評価していなかったようだ——少なくとも私が元子役スターのジェレミー・スペンサーによって、一九四八年のクリストファー・フライによる喜劇『ザ・レディーズ・ノット・フォー・バーニング The Lady's Not for Burning』で町長のヘブル・タイソン役を与えられるまでは。これは私の性格俳優としての初めての役となり、自分の得意分野を見つける助けとなった。アカデミーもそう考えたようで、卒業時に私を最優秀学生として表彰してくれた。

一九六九年、私はロンドンを離れ、チェスターのゲートウェイ・シアターの舞台監督助手としてレパートリー劇団に入り、二週間ごとに新しい作品に取り組んだ。ところが、それは最初だけで、その後は何年も不景気が続いたため、私は俳優たちが仕事のない時期をそう呼ぶように、キャリアの始まりの大半を「休養して」過ごした。一九七〇年代初め、私は生活のため、大型トラックから大量のドッグフードを荷下ろししたり、マンションのエレベーター係をしたり、最後はモス・ブラザーズで紳士服の販売やレンタルの仕事をしたりした。

実際、私はもう二度と俳優として仕事をすることはないかもしれないと思っていたので、モス・ブラザーズが私に副店長としての研修を勧めてくれたとき、すっかりそれを受ける気でいた。ところが、運命が邪魔をした。私がイエスと返事をしようとしていたまさにその朝、あるテレビドラマの役を依頼したいという電話がかかってきた。それはロバート・ボーンとニリー・ドーン・ポーター主演の『プロテクター電光石火』というドラマ・シリーズで、ちょうどベネチアで撮影が行なわれていた。私は躊躇しなかった――すぐにベネチアへ飛び、紳士服店での私のキャリアはそこで終わった。

以来、私は幸運にも舞台や映画、ラジオやテレビで安定して仕事をしてきた。一九七三年に二七歳でロイヤル・シェイクスピア・カンパニーに入り、舞台の仕事に取り組んでいた一方、『ア・ソング・フォー・ヨーロッパ　A Song for Europe』をはじめ、ジョン・リスゴーと共演した『ハリーとヘンダスン一家』、ショーン・ペンやティモシー・ハットンと共演した『コードネームはファルコン』、そして南アフリカの恐ろしい取調官を演じた『ワールド・アパート』といった映画の仕事にも取り組んだ。

しかし、私を成功に導いてくれたのは、テレビドラマの『ブロット・オン・ザ・ランドスケープ』だった――あれほど見事に登場人物を演じてもらえるとは思わなかったと、トム・シャープ本人が涙ながらに電話をくれたときは感激したものだ。

ブライトン出身の映画・テレビのプロデューサーで、ＢＢＣのために『ブロット～』の制作を手掛けたブライアン・イーストマンが、一九八七年のあの秋の晩、一緒に夕食へ出かけないかと私に電話をかけてきたのは、そういうわけだった。すらりと背の高い彼は、自分がよく知っている人間、尊敬している人間と一緒に仕事をするのが好きだった。私たちは『ブロット〜』を通じて親しい関係になっていた——だから私はいいよと言った。

家にやって来たブライアンは、妻のシーラとおしゃべりをし、当時六歳だった息子のロバートと四歳の娘キャサリンに会ってから、私を近所のインド料理店に連れ出した。

そうしてチキン・マドラスと野菜のビリヤニを挟んで向かい合わせに腰を下ろしたとき、ブライアンが唐突にこう言った。「アガサ・クリスティーの作品はよく読んだかい?」

私は青ざめた。正直なところ、一冊どころか、一行も読んだことがなかったからだ。私の父は立派な人で、若い頃は一流の婦人科医だったこともあり、いつも私の兄のジョンや弟のピーター、私に本を読むように勧め、とりわけ「偉大な人物の本を読みなさい。シェイクスピアは絶対だ。頑張りなさい」と言っていた。私たちはみんな父の助言に従った。私がトルストイの『クロイツェル・ソナタ』で憐れなポズドヌイシェフの役が好きなのには、そうした理由もあった。

「あの、正直に言うとね、ブライアン、全く読んだことがないんだ」と、私は素直に答えた。「彼女はあまり僕向きじゃないからね。でも、ファンが大勢いるのは知ってるよ」

ブライアンは平然としていた。「ポワロの映画は見たかい?」と、彼はビリヤニにスプーンを入れながら訊ねた。

私は見たどころか、実はその一つに出演したことがあった。

「イアーゴをやる直前の一九八五年に、CBSの『エッジウェア卿殺人事件』って映画でピーター・ユスチノフと共演したよ」と私は言った。「ジャップ警部をやったんだ」

実際、私がその仕事を受けたのは、『オセロ』の舞台ではあまり金にならないとわかっていたので、その前にちょっと稼いでおこうと思ったからだ。私には妻と幼い子供たちがいた。ブライアンには言わなかったが、あのときのジャップ警部はおそらく人生最悪の演技だったと思う。その役をどうしていいかわからなかった私は、何か理解しがたい理由で、彼をユダヤ人の賭け屋のように演じ、画面に登場するたびに何かを食べることにした。あるシーンではポワロの朝食まで食べ、ユスチノフを大いに笑わせた。

撮影中、ピーターと私はポワロについて話したことがあった。彼はポワロに喜劇的な要素を引き出せるという点でその役を気に入っていたが、実際にアガサ・クリスティーが書いたようなポワロは決して自分には演じられないと知っていた。本物のポワロにしては、ピーターは体も大きすぎるし、性格も大らかすぎる。彼自身の人柄が邪魔をしたわけだ。彼はポワロの訛りをコメディーのための武器に使った。

しかし、ある日の撮影の休憩中、ピーターは私にこんなことを言った。「君ならポワロを演じられるよ。きっとはまり役だ」

きわめて光栄ではあったが、私はその考えをあまり真剣に受け止めなかった。あの一〇月の夜、ブライアン・イーストマンと二人でインド料理を食べながら話したとき、私の心にそのときの会話が甦ってきた。

彼がビリヤニの皿をテーブルのこちら側へ押してよこしたとき、「もちろん、僕もアルバート・フィニーの『オリエント急行殺人事件』は見たことがあるし、すごくよかったよ」と私は言った。

本音を言えば、一九七四年のあの映画でのアルバートの演技にはやや不自然でぎこちない印象――彼はほとんど首を動かさないようだった――があったし、訛りもやけに荒々しく、怒っているみたいだと思った。とは言え、そのせいで彼の名演が損なわれたわけではなく、ローレン・バコールやイングリッド・バーグマン、ジョン・ギールグッド、ショーン・コネリーといった豪華キャストの魅力が損なわれたわけでもなかった。ちなみに、ショーン・コネリーは、美人女優のダイアン・シレントとまだ結婚しているとき、アクトンの私の家からそう遠くないところに住んでいた。

ブライアンはカレーをもう一口食べると、こう言った。「実はね、ロンドンのITVにポワロの新しいドラマ・シリーズを提案したら、向こうもすごく乗り気でね、来年、短編から一時間ドラマを一〇本作ろうってことになったんだ」

彼はそこで一呼吸置くと、とんでもないことを言った。

「それでぜひ君にポワロを演じてもらいたくて」

スプーンのカレーを口に運びかけていた私は固まった。まさに文字通り、びっくり仰天した。このときの衝撃は今も覚えている。

僕が？　シリアスなシェイクスピア俳優で、邪悪な行為に絶えずつきまとわれる呪われた者ばかりを演じてきた僕が、潔癖症の禿げかかった探偵を演じるだって？　私はその考えをよく飲み込めなかったが、ノーとは言わなかった。あまりにもびっくりしたからだ。

料理店を出ると、ブライアンはこう言った。「本を何冊か送るから、考えてみて」。そして彼は夜の闇へと消えていき、私は茫然として、シーラの待つ家へ歩いて帰った。

二日後、ポワロの長編小説が何冊か届き、そのすぐ後に『ポワロズ・ケースブック　*Poirot's Casebook*』が一冊送られてきた。これにはブライアンが最初のドラマ・シリーズの一〇話に考えている短編がいくつか含まれていた。私は興味をそそられ、自分がどんなことに足を突っ込もうとしているかを知っておいた方がいいとも思い、とりあえず読んでみることにした。

すると、私はこのポワロというキャラクターを実際には一度もスクリーンで見たことがないということに気づき始めた。彼はアルバート・フィニーのようでもなければ、ピーター・ユスチノフのようでもなく、一九八六年のBBCのドラマ『マーダー・バイ・ザ・ブック　Murder by the Book』のイアン・ホルムのようでもなかった。彼は全く違っていた——もっと捉えどころがなく、もっと細かく、何より、私がそれまでスクリーンで見てきた人物よりもっと人間的だった。

しかし、私はまだ彼を演じるべきかどうか決めかねていた。そこで当時、ロンドンのインディペンデント・テレビジョン・ニュースのキャスターだった兄のジョンに相談してみることにした。

二つ年上の兄をいつも尊敬していた私は、彼に電話をかけた。

「ジョン、アガサ・クリスティーは読むかい？」と、私は少し緊張しながら訊いた。

電話の向こうで一瞬、間があった。「最近は読んでないけど、昔、一、二冊拾い読みしたことがあるよ」と彼は言った。

「彼女の小説の登場人物でエルキュール・ポワロって知ってるかい？」と私は訊いた。

「もちろん、彼女の一番有名なキャラクターだからね」

「実はね、ポワロ物の一時間ドラマを一〇本作るっていう話があって、僕がその役を演じることになってるんだ。でも、僕はこのキャラクターをよく知らない。兄さんはどう思う？」

明らかな沈黙があった。

「私ならごめんだ」と、ジョンはきっぱり言った。

「本当に？」私は思わず口走った。

「もちろんさ。だってポワロはちょっとした笑い物だし、道化だよ。お前とは全然違う」

私は息をのんだ。

「どうかな、僕が読んでいるのは道化じゃないよ。これまで演じられたことのないキャラクターなんだ」と私は言った。

再び沈黙があった。

「あのキャラクターをスクリーンに引き出せるかどうか、素晴らしい挑戦になると思うんだけど」

と、私は口ごもりながら言った。

かすかにため息が聞こえた。ジョンはとても優しくて温厚な人間なので、決して私を悲しませるようなことはしなかった。

「もちろん、お前がやりたいならそうすべきだ」と、彼は静かに言った。「頑張れよ。ただし、一言だけ忠告させてくれ。あのキャラクターを真剣に受け止めさせるのは難しいぞ」

確かに、兄の言う通りだった。

しかし、私はアガサの小説でこの男のことを考えれば考えるほど、自分ならスクリーンで本当のポワロに命を吹き込むことができる、視聴者がこれまで見たことのないポワロを演じることができると確信するようになった。そこで数日後、私はブライアン・イーストマンに電話をかけた。

「やってみようと思うよ、ブライアン」と、私はドキドキしながら言った。それが一九八八年の年明け早々のことだった。

「それは素晴らしいニュースだ」と彼はすぐに言った。「さっそく君のエージェントに連絡を取るよ。他の誰にも打診しなかったんだ。君が第一候補だったからね。引き受けてくれて本当に嬉しいよ」

こうして何百万という人々に向けて、ポワロに命を吹き込むための長い旅が始まった。そしてそのためには、ワックスで固めた小さな口髭と、絶えず存在するあの「灰色の脳細胞」を持つ探偵について、知り得る限りのことを知る必要があった。

私はまずポワロ物の小説や短編をすべて集め、それをベッドの脇に積み上げた。アガサはポワロをどう考えていたのか、本当のポワロはどんな人間なのかといった核心に迫りたいと思った。そのためには、ポワロの生みの親が彼について書いた言葉のすべてを読む必要があった。私は自分が演じるポワロを笑い物にはしたくなかった。映画やテレビによる作り物にはしたくなかった。私はポワロをリアリティーのある存在にしたかった。小説の中の彼と同じように現実味があり、これ以上ないほどリアルな存在にしたかった。

私が最初に気づいたのは、ポワロを演じるには自分は少し若すぎるということだった。ポワロは『スタイルズ荘の怪事件』で初めて登場したとき、すでに六〇代の引退した刑事だったが、一方の私は四〇代の初めだった。そればかりか、ポワロは私よりもずっと太っているように描かれていた。私が偉大なるエルキュール・ポワロであることを世間に納得させようとするなら、入念なメイクや衣装は言うまでもなく、相当な量のパッドを身につける必要がありそうだった。

さらに重要なことに、私はポワロについて読めば読むほど、彼が真剣に受け取られて当然のキャラクターであることを確信するようになった。シャーロック・ホームズがただのバイオリン好きのモルヒネ依存者でないように、ポワロはおかしな訛りのある間抜けな小男などではなかった。アガサが生み出したポワロには、深みと品格があった——そしてそれこそが、私が何としてもスクリーンに引き出したいものだった。

私がポワロの役を引き受けたのは、一九六九年、二三歳のときにチェスターで俳優人生をスタートさせた自分が、ようやく見つけた役者としての信念のすべてを、まさに象徴していたからである。

俳優としての最初の数年間、私は自分のアイデンティティーを模索し、何のために演じているのかを自問し続けた。私は役者としてどうありたいのか。ただ衣装を身につけ、他人になればいいのか。それともある種のスターになりたいのか。

私は悩んでいた。自分は夢を果たすには果たした――プロの役者になったのだから――が、それにどんな意味があるのか。私は何を求めているのか。

答えを見つけられずにいた私は、辞書で俳優の定義を調べてみた。そこには役者、芝居を演じる人とあったが、私には何の助けにもならず、心に響くものでもなかった。もし俳優としての私の唯一の目的が、ただ他人のふりをして、舞台や映画の撮影所を闊歩することだけだとしたら、満足できない。

私にとっての真の目的はそこにはない。それは私が知っている自分という人間――南アフリカ出身の婦人科医と、ケント出身のミュージック・ホールの舞台人の娘で、自身もウエスト・エンドのダンサーとなったイングランドの女優を両親に持つ、真面目でやや控えめな男――にはふさわしくない。

心の深いところで、私は自分の求めるものが他人のふりをすることではないとわかっていた。私が求めたのは、他の人物の中に入り込み、命を吹き込むことだった。この問題について長く考えれば考えるほど、私は自分が本当にやりたいのは、あらゆる人物になりきり、彼らに合わせて自分を変えることだと悟った。自分が望んでいるのは性格俳優であって、スターではない。性格俳優であることこそ、私の喜びであり、演じることの真の意味だった。

作品を生み出す劇作家や脚本家にとって、彼らの描いたキャラクターに人格や声を与えられるかどうかは、それを演じる役者の私にかかっていると悟ったのも、その瞬間だった。そう気づいた私は興奮した。なぜなら性格や人格なくして、芝居は成り立たないからだ。俳優としての自分の目的は、作者の声になることだと私は確信した。

それはまさに青天の霹靂のような気づきだった。重要なのは自分ではない、と私は——突然——悟った。重要なのは、幸運にも自分が演じることになったキャラクターであり、私の仕事はそのキャラクターの真実を引き出し、作者が求める姿を演じることだ。結局のところ、ポワロを演じる決心をした背後にあったのは、そんな思いだった。

それは私がこの本を書きたいと思った理由の一つでもある。私は性格俳優であることが自分にとってどんな意味があるのか、そして同一の役を四半世紀以上にわたって演じるときでも、性格俳優としての自覚がどれほど支えになるかを説明してみたかった。これまでにそんな試みをした俳優は一人もいないだろう——シャーロック・ホームズを演じたベイジル・ラスボーンやジェレミー・ブレットも、主任警部モースを演じたジョン・ソウも、弁護士ペリー・メイスンや鬼警部アイアンサイドを演じたレイモンド・バーも、あるいはかつてドクター・キルデアを演じたリチャード・チェンバレンでさえも。

私は俳優という職業が、とりわけ世界中の何百万という人々に知られ、愛されている男の役を幸運にも演じることになったとき、私個人にとってどんな意味を持つのかを説明してみたかった。

そういうわけで一九八八年の最初の数か月間、私はアガサの書いたポワロの中に「入り込むこと」に没頭した。私はポワロに関することはすべて理解し、ポワロになりきり、彼が私にとってそうなりつつあったように、ポワロが世間にとってリアリティーのある存在になるようにしたかった。ポワロは私の仕事に目的を与えてくれた。私はポワロに初めて真の命を吹き込むこと――あらゆる次元において――によって、その生みの親に恩返しをしたかった。

ところが、私がポワロの役作りに没頭するようになったちょうどそのとき、マイケル・モーパーゴの『鯨が来た時』という児童書を原作としたイギリス映画への出演を依頼された。それは北大西洋のランズ・エンドから三〇マイル沖合に浮かぶシリー諸島を舞台とした魅力的な作品で、浜辺に打ち上げられたイッカククジラの救出を通して、島を呪いから救った二人の子供の物語である。

主演は、ナショナル・ユース・シアター時代の旧友ヘレン・ミレンと、印象的だが非常に内気なポール・スコフィールドの二人だった。スコフィールドは、一九六六年にロバート・ボルト原作・脚本の映画『わが命つきるとも』でオスカーを受賞したほか、一九七九年にはピーター・シェイファー脚本の舞台『アマデウス』の初演でサリエリを演じ、同作はその後のブロードウェイ公演でトニー賞を受賞した。また、スコフィールドの演じるリア王は「シェイクスピア劇史上最高の演技」と称され、彼は間違いなく同世代の最も優れた俳優の一人だった。映画の撮影は、シリー諸島で四月から六月まで一〇週間にわたって行なわれる予定で、脇役の私はウィルという地元の漁師を演じることになっていた。

大きな役ではなかったが、美しい島が舞台ということで、私は忙しいロンドンと電話から離れて、ポワロ本をさらに読み込むチャンスだと思った。それにシーラと子供たちが島を訪ねることができれば、中休みの一週間を家族で一緒に過ごせる。

そういうわけで、私は一九八八年の春を、シリー諸島の中で最も小さいブライヤー島で過ごした。撮影が行なわれたこの美しい島で、空いた時間はポワロ本を読むことに費やした。

読めば読むほど、私はこの小男に魅了された。奇妙な癖や理解しがたい細かな習慣、独特の行動様式がたくさんあった――彼は秩序を必要とし、田舎を嫌い、どこへ行くにも古めかしい大振りの銀の懐中時計を持ち歩いた。何もかもが風変わりで、何もかもが魅力的だった。

そこで、五月の暖かい風が六月に入ってさらに暖かさを増すなか、私は自分でポワロの癖や性格を記したリストを作り始めた。「特徴調書」と呼ばれるそのリストは、最終的に長さ五ページにもなり、彼の生活のあらゆる側面が九三項目にわたって詳細に記されていた。私はこのリストを今も持っている――実際、ポワロを演じていた頃は現場でいつもこのリストを持ち歩き、ドラマで一緒に仕事をした監督にもその写しを渡した。

リストの一番目にはこう書かれている――「ベルギー人！　フランス人ではない」
二番目はこうだ――「ティザンを飲む。紅茶は『イギリスの毒』と呼び、ほとんど飲まない。コーヒーは飲むが、ブラックのみ」
三番目も同じテーマが続く――「紅茶やコーヒーには角砂糖を四つ、ときには三つ入れる。一、二度は五つのことも！」
四番目には、「先のとがった、ぴったりした、ぴかぴかのエナメル革の靴を履く」とあり、五番目は「よくお辞儀をする――握手をするときも」と続く。

本を読み、彼のキャラクターが浮かび上がるような点を一つ一つ記録することにより、私は少しずつ自分が演じようとしている男のイメージを作り上げていった。

「飛行機が苦手で、乗ると気分が悪くなる」とリストは続くが、その次には「船旅が苦手で、船酔い予防に『ラヴェルギエの酔い止め法』を行なう」ともある。

八番目には、「自分の口髭を一つの芸術品と考え、香料入りのポマードを使う」と書いてある。九番目は「秩序と方法こそ彼の『絶対的基準』」という戒律で、その次には「信仰と道徳の人。常に聖書を読み、自分を『善良なカトリック教徒』と考えている」と続く。ポワロの本を読めば読むほど、私はその生みの親に対する敬意を深めた。一八九〇年九月一五日、私の父が好きだった海辺のリゾート地、デボン州トーキーで、アガサ・メアリー・クラリッサ・ミラーとして生まれた女性が、史上最高のベストセラー作家であることを私は知らなかったのだ。

私は彼女の本が世界中で約二〇億冊も売れたこと、彼女がこれまでで最も多く翻訳された単独の作家——一〇三か国語に訳されている——であること、さらに彼女の本がシェイクスピアと聖書に次いで、史上三番目に広く出版されていることも知らなかった。

もし私がこの話に乗り出したとき、こうした事実をすべて知っていたとしたら、おそらくポワロを演じ、何百万人というアガサ・ファンを満足させることの重責に、もっとずっと怯えていたかもしれない。

何と言っても、読者はポワロをうんと経験してきている——五五年間に書かれた多くの小説や短編を通して。実際、アガサは一九四〇年代後半、ポワロには「うんざり」してきたと吐露したにもかかわらず、一九七二年にコリンズから『象は忘れない』〔中村能三訳、早川書房、二〇〇三年〕が出版されるまで、ポワロ物を書き続けた。さらに、何年も前に書いてあった『カーテン』が、一九七六年一月に彼女が八五歳で亡くなるわずか数か月前に出版された。

そういうわけで、私はアガサが望んだ通りにきちんとポワロを理解しようと決意を固め、ブライヤー島のヘル・ベイ・ホテルの一室に腰を下ろし、彼の特徴リストを着々と作り上げていった。リストの一一番目には、「自分は『紛れもなくヨーロッパ随一の頭脳』の持ち主だとする偉大な思想家」とした一方、一三番目には、「探偵としては自惚れ屋だが、人間としてはそうではない」と書いた。一四番目には、「仕事を愛し、我こそは世界一と心から信じ、誰もが自分のことを知っていると期待する」としたが、一五番目には「世間の注目を嫌う」と書いた。

日ごとに、私の頭の中でポワロの複雑さと矛盾、自惚れと特異性が明らかになっていき、それに伴って彼の声について悩むようになった。

実際、ブライヤー島で過ごした一〇週間で、私を最も悩ませたのはポワロの声だった。私は人口一〇〇人にも満たず、アスファルトの道路など一つもない、あの美しい自然のままの小さな島を歩き回りながら、彼の声は一体どんなふうに聞こえるだろうと考えた。きっと島の静けさが私にそうさせたのだろう。

「彼はフランス人だと思われている」と、私はラッシー・ベイの浜辺に散らばった大石の上を歩いて渡ったり、有名な矮性パンジーのあるヒーシー・ヒルの茂みを踏み歩いたりしながら考えた。「ポワロがフランス人だと思われる唯一の理由は、彼の訛りだ」と私はつぶやいた。「でも彼はベルギー人で、フランス語を話すベルギー人は、普通はフランス人のようには聞こえない」

私はいろいろな声で話してみる実験を始めた。それは頭から出る声――よく通って歯切れがいい――であったり、胸から出る声――低めのややゆっくりしたしわがれ声――であったりした。しかし、どの声も私が毎晩ベッドで読んでいた小説の男にはしっくりこない。どれも嘘っぽく聞こえて、それは私が最も避けたいことだった。

私はブライヤー島へ発つ前にブライアン・イーストマンから言われたアドバイスもよく承知していた――「いいかい、彼には訛りがあるかもしれないが、視聴者には何を言っているのかきちんと理解できなければならないからね」。まさに、私を悩ませていた問題だ。

もちろん、問題はそれだけではなかった。この偉大な探偵についてできる限りのことを知りたかった私は、本を読みながら、手近にいくつかのヒントがあることに気づいた。ポワロの特徴リストを作っているとき、私はこの男が一九三六年四月、アメリカの出版社に宛ててみずから書いたと思われる手紙に出くわした。それは『アクロイド殺し』〔羽田詩津子訳、早川書房、二〇〇三年〕や『晩餐会の13人』〔厚木淳訳、東京創元社、一九七五年〕*Thirteen at Dinner*――イギリスでは『エッジウェア卿の死』〔福島正実訳、早川書房、二〇〇四年〕として知られる――など、ポワロ物を集めたアメリカのオムニバス本に掲載されたもので、少なくとも私の抱いた疑問のいくつかに答えをくれた。「私の最初の事件は何かというご質問ですが」と、ポワロは「ムッシュ・ドッド」に宛てて、次のように書いている。

私は一九〇四年、アバクロンビー偽造事件を皮切りにブリュッセルの警察で刑事として仕事を始め、長年、母国ベルギーの捜査機関の一員であることを誇りとしてきました。戦争終結後は、ご存知のように、ロンドンへ移り、しばらく旧友(モン・ビュ・アミ)のヘイスティングスとともに、ミセス・ピアスンが大家を務めますファラウェイ街一四番地の部屋に住んでおります。

これを読んだ私は、ベイカー街二二一Bにドクター・ワトソンやハドソン夫人と住むシャーロック・ホームズにそっくりだと思った。読んでもわからなかったのは、ポワロの生みの親がアーサー・コナン・ドイルの名探偵による偉業の数々にどれほど影響を受けていたかということだった。若い頃、ホームズの熱心な読者だったというアガサは、できるだけホームズとは異なるタイプの探偵を作り出そうと決めたにもかかわらず、物語の語り手にもなれるドクター・ワトソンのような友人兼助手を置くというアイデアを気に入っていた。そこでヘイスティングス大尉が登場する。さらに彼女は、二人の世話をする親切な家政婦という設定も気に入っていた。

ポワロをホームズとはできるだけ異なるキャラクターにしておくことがきわめて重要だったのは、彼女が最初のポワロ小説を書き始めたとき、ホームズの本がまだ世に出されていたからだ。アーサー・コナン・ドイルの『恐怖の谷』〔深町眞理子訳、東京創元社、二〇一五年〕が出版された一九一五年、彼女はポワロの構想を練っている最中で、ドイルの次作『シャーロック・ホームズ最後の挨拶』〔深町眞理子訳、東京創元社、二〇一四年〕が一九一七年に出版されたのは、アガサがその処女作にして、ポワロのデビュー作である『スタイルズ荘の怪事件』の初稿を書き終えた後のことだった。

アガサのポワロが、自分をホームズと切り離して考えようとするのは当然だった。「人混みの中で私がどうやって見分けられるかとのご質問ですが」と、彼女は自分の探偵にアメリカの出版社に宛ててこう手紙を書かせている。「私の外見で特徴的なものは何でしょう。悲しいかな、私には小説に出てくる探偵のように芝居じみた特色は一つもありません」

そうでもないだろうと私は思ったが、彼女の言いたいことはわかった。

確かに、私にはちょっとした偏見があります。少しでも曲がったものや秩序を欠いたものは、私にとって耐えがたい苦痛です。私の書棚では、一番背の高い本は一番下の段、二番目に背の高い本はその次の段という具合に並べられています。薬瓶も高さの順にきちんと置かれています。もし人のネクタイが曲がっていたら、直さずにはいられませんし、人のコートにオムレツのかけらがついていたり、襟に埃がついていたりしたら、取り除かずにはいられません。（中略）朝食にしても、私は小さな正方形にカットされたトーストしか食べませんし、卵――必ず二つ――は大きさが全く同じでなければなりません。白状しますと、花壇にマッチの燃えかすを見つけたら、私はかがんでそれをつまみ上げ、きちんと埋めます。

しかし、ポワロは自分が小男であることは認めず、こう力説している。

私は身長が五フィート四インチ（約一六三センチ）あります。頭は卵型で、やや左側に傾ける癖があります。瞳は興奮すると緑色に輝くそうです。靴はスマートなぴかぴかのエナメル革で、金の環の飾りがついたステッキを持っています。時計は大振りで、いつも正確な時を刻んでいます。口髭はロンドン一立派です。おわかりですか、あなた（モナミ）？　ご理解いただけましたか？　これがエルキュール・ポワロです。

そう、確かに違う。それは間違いない。彼がシャーロック・ホームズでないことは明らかだ。にもかかわらず、私は原作を読めば読むほど、ポワロの声がわからなくなった。訛りはわかる――が、それはどういうものなのだろう。ポワロの外見については、ブライアン・イーストマンと二人で解決できるだろうが、声となると、全く別の問題だった。

また、ポワロを演じることが私のキャリアにどんな影響を及ぼすかという問題もあった。一つの役に没頭しすぎて自分を見失う危険はないか。圧倒されはしないか。イメージの固定化に陥ることにならないか。そうはならないと決めてはいたが、不安はあった。

六月初旬のある晩、ブライヤー島で『鯨が来た時』の撮影が終了する直前、そしてポワロの第一シリーズの撮影が始まるちょうど数週間前、私は映画のエグゼクティブ・プロデューサーで、のちに私の親友となり、この本の共同執筆者でもあるジェフリー・ワンセルと話をした。私たちはポワロを演じることの意味について話し合った。

「なあ、一つ言っておくけど」とジェフリーが言った。「君の人生はすっかり変わるだろうよ。いったん扉をくぐったら、二度と引き返せないからね」

「そんな馬鹿な」と私は言った。「僕は変わらないよ。一人の役者、それでずっと満足だ」

「本当さ、君は同じじゃいられない」と彼は答えた。「君が望もうが望むまいが、すべてが一変して、もう元には戻れない。でも、それで君のイメージが固定化されるわけじゃない。ポワロは君の一部になるかもしれないが、すべてじゃない」

それなら望むところだ。ブロットやフロイトといったキャラクターを演じたように、ポワロというキャラクターを演じたい。私は性格俳優だ。今までもそうだったし、今もそうだ。私はポワロになるのであって、個性派「スター」になるつもりはない。

それからまもなくして、私はブライヤー島から遠路はるばるロンドンへ戻った——シリー諸島最大の島で、ハロルド・ウィルソン元首相のバンガローが残っているというセント・メアリーズ島までボートに乗り、そこからヘリコプターでペンザンスへ行き、さらにパディントンまでの長い道のりを列車に揺られ、ようやくアクトンの自宅へ辿り着いた。途中、私は自分がどんなことに巻き込まれたのかを考え始めた。

それがわかるまでに時間はかからなかった。

第2章　決してポワロを笑ってはならない

ロンドンに戻った私は、依然としてポワロの声のことで悩んでいた。正しい答えを見つけなければならない。ポワロの声は人を笑わせるようなものではないし、人に笑われるようなものでもない。それはこの男の核となるものだ。でも、どうすれば見つかるのだろう。

参考になるかもしれないと、私はBBCからベルギー・ワロン語とフランス語のラジオの録音テープを一式手に入れた。ポワロはベルギーのリエージュ出身だから、普通のフランス語にずっと近いワロン語ではなく、この国の三割の人々が話すというベルギー・フランス語を話していたと思われる。さらに、私はベルギーから発信されている英語放送の録音テープと、パリから発信されている英語番組の録音テープも入手した。私の一番の願いは、ポワロにリアリティーのある声を与えることだった。それは彼の小説を読んだとき、私の頭の中で聞こえた男の声でもある。

何時間も録音テープに耳を傾けた私は、次第にベルギー・ワロン語とフランス語をミックスさせるようになり、同時にゆっくりとポワロの声を自分の体に置き直し、胸から頭へと移動させ、その声がもう少し甲高い感じ、そう、もう少し潔癖な感じに聞こえるようにした。

数週間後、私はついにポワロの声を掴めたような気がしてきた。それはもし生身のポワロに会ったなら、きっとこんな感じだっただろうと思える声だった。彼はこんな声で私に話しかけただろう――あの独特のお辞儀とともに握手を交わし、頭をやや左に傾けながら、完璧にブラシのかかったホンブルグ帽を取って。

頭の中でポワロの声を聞き、彼の個人的特徴をリストに加えていくうちに、ポワロの演技では絶対に妥協しないという決意が強まっていった。私は彼を決して笑い物にはしないと誓った。彼は自惚れ屋だったかもしれないが、私と同じように真面目な男であり、私はそこを引き出したかった。

そのとき、ポワロと私には思った以上に共通点があることに気づき始めた。二人ともどこかよそ者だった――ポワロはイギリスに住むベルギー人だし、私はパディントン生まれのロンドナーだが、それでもなぜか、いつもよそ者のような気がしていた。二人に共通する性質はそれだけではなかった。私はポワロと同じように秩序と方法、左右対称を好んだ。そして彼と同じように、決して信念を曲げようとしなかった。もちろん、それは彼の服装についても言えることだった。

ブライヤー島から戻った後、私はドラマ・シリーズ用に提案された衣装をいくつか見せてもらった。ところが、どれもしっくりこない。私が原作を読み、メモを取りながら形作っていった男のイメージに合っていないようだ。あまりにも派手で、けばけばしい。それは私が演じようとしているキャラクターではなく、お笑い番組に使われるような衣装ばかりで、気に入らなかった。私のポワロを間抜けに見せるわけにはいかなかった。

残念ながら、提案された口髭もまた、衣装と同じくらい不似合いだった——顔を覆い隠すほど大きくて、私はまるで悲惨なセイウチのようだった。ほとんど言葉も見つからないほどがっかりしたが、かえって決意が強まった。こんなことで挫けてはいられない。見せられた口髭はどれも、私が表現したいポワロにはふさわしくないものばかりだったが、私は彼を笑い物にしてたまるかと思った。

ブライアン・イーストマンの助けを借りて、私はアガサ・クリスティー自身がポワロにふさわしいとした服を着る「許可」をもらった——三つ揃えのスーツにウイングカラー、ぴかぴかのエナメル靴にスパッツ。シリーズの準備に取り組むスタッフの中には、これが気に入らない者もいて、「テレビには地味すぎます。面白くないですよ」と言われたが、私は頑として譲らなかった。

ポワロは一日の決まった時間帯をモーニング・ジャケットに縦縞のズボン、グレーのベストを着て過ごすとアガサ・クリスティーが言うのなら、テレビでもポワロにその通りの格好をさせたい——それ以上でも、それ以下でもなく。私が作った特徴リストの二二番目にも「身なりに非常にうるさい」と書いてあり、二四番目には「常に付け襟——ウイングカラー——をつけている」とあり、三三番目には「身なり（髪も含めて）は常に一分の隙もなく清潔。爪もきちんと手入れされ、磨かれている」とある。

私のポワロは常にそうした装いをするのであって、そうでなければ演じたくない。

それは口髭についても同様で、ポワロの口髭は取ってつけたような馬鹿げたものであってはならない。口髭はポワロという男の要であり、彼の潔癖な生き方を象徴するものだ。ポワロが口髭をぞんざいにするときなど一瞬もなかった。リストの二一番目には、きっぱりとこう書いてある
――「旅行の際は、常に純銀製の口髭用お手入れセットを持参する」

そうしたわけで、ブライアン・イーストマンと私は、メイクアップ・アーティストと協力して、テレビ・シリーズでつけるポワロの口髭を自分たちで新たにデザインすることにした。根拠とされたのは、アガサ・クリスティーが一九三三年に執筆し、翌年に出版された長編小説『オリエント急行の殺人』〔山本やよい訳、早川書房、二〇一一年〕の中の描写だった。

約四〇年後、アルバート・フィニー主演の映画版が公開されたとき、アガサはみずからこう言っている――「私はポワロがイングランド一の立派な口髭の持ち主だと書いたのに、映画では違った。残念だったわ。彼には最高の口髭が必要なのに」。作者にとことん尽くすと決めていた私は、自分のポワロには必ずイングランド一の立派な口髭を持たせようと思った。

そしてついに、ブライアンと私はこれならアガサがイメージした通りのものだと互いに納得できる口髭を考案した――ワックスで入念に整えられた小振りの口髭で、左右の先端が私の鼻先の高さくらいまで上向きにカールしている。私たちにとって、それはワックスで固められた、イングランド一立派な口髭であり、まさにエルキュール・ポワロにふさわしい口髭だった。

背後でこうした決定がなされるなか、私は一九八八年六月末、テムズ川にほど近いロンドン南西部郊外のトゥィッケナム撮影所で、ポワロのイメージを明確にする衣装を身につけた。最初のスクリーン・テストである。

まず登場したのがパッドだ。ポワロにふさわしい体型になるために、腹部、胸、背中、そして両肩にたくさんのパッドをつける必要があった。私自身はかなり痩せている方だが、重要なのは、ポワロはそうではないということだ。パッドのおかげで、私は二〇キロ近く太ったように見え、体重が九〇キロ以上もある男に変身した。万力のように首に食い込んだ着脱式のウイングカラーも、私の顔をさらに太って見せるのに役立った。

パッドの次に登場したのがスーツだった。私はこのスクリーン・テストのために、縦縞のズボンにはきっちりと折り目をつけ、黒のモーニング・コートには新たにアイロンをかけ、グレーのベストはぴったりとフィットし、シャツは輝くような白さであるように注文を出した。担当の着つけ係が、上着のボタンホールに小さな花を挿した花瓶型のブローチをつけてくれた。いよいよ残るは、苦労して作り上げたあの口髭だ。それを所定の位置につけてくれたのは、私がこれまで世話になってきた何人ものメイク係の最初の女性だった。口髭はいつも私が衣装を着た後、メイクアップ用のトラックか楽屋でつけられた。そこには常に交換用と予備用の口髭が二つ用意されていた。

あとは衣装係の女性がポワロの帽子に入念にブラシをかけるだけだった。私は特徴リストの四六番目に、ポワロが「いつも帽子に『丁寧に』ブラシをかけてから部屋を出る」とあることを、彼女にさりげなく思い出させた。最後に、私はリストの四八番目を改めて自分に思い出させた――「だらしないことやだらしなく感じることには耐えられない。服についた塵一つでも『銃弾を受けるのと同じくらい苦痛』」。塵はどこにも見当たらなかった。

一連のスチール写真とフル動画のスクリーン・テストのため、防音スタジオに足を踏み入れた私は、その朝、カメラに向かって歩き出そうとしている男の姿を見て、アガサ・クリスティー本人も少しは感心してくれるかもしれないと――ほんの一瞬――考えた。ひそかに誇らしさを感じながら、私は行ったり来たり、お辞儀をしたり、帽子を取ったりして、カメラに向かってやや警戒したように微笑んだ。というのも、私はまだポワロのあの独特の薄笑いを完全に体得していなかったからだ。

傲慢は失敗のもとというが、私がまだ明らかに体得していなかったものがもう一つあった。ポワロの歩き方だ。

その午後、ブライアン・イーストマンと一緒にスクリーン・テストをチェックしたとき、二人とも私があの偉大な男にふさわしい動きをしていないことに気づいた。私はどしどしと闊歩しすぎていた。ポワロはダンサーのように歩くべきなのだ――優美で落ち着きがあり、常に母指球に体重をかけて歩く。それなのに、私のポワロはまるでイアーゴを演じているかのように歩いていた――大胆で勇ましく、潔癖とはほど遠い。

ぞっとした私は、慌ててトウィッケナムを出ると、絶望的な思いのまま車で帰宅した。どうすればポワロの歩き方が見つかるのだろう。全くわからない。私は完全に途方に暮れていた。そのとき、私はアガサ・クリスティー自身がそれを描写していたことを思い出した。唯一の問題は、それがどこかということだった。私は何としてもその記述を見つけようと、必死で彼女の小説を一冊ずつ調べた。すると——全く偶然に——見つかった。

アガサはこんなふうに書いていた——「ポワロは小刻みな足取りで芝生を横切った。足元はいかにも窮屈そうなエナメル革の靴に覆われていた」

彼は足が痛かった。それが一つのヒントであり、もう一つは「小刻みに歩いた」ということだ。ついに突き止めた。ただ、問題はその独特の歩き方をどうやって形にするかということだった。

そのとき、名優ローレンス・オリビエが、ある王政復古期の喜劇で「気取り屋」らしい歩き方をしようとしてどうしたかという話を思い出した。「お尻に一ペニー硬貨を挟んでね、その状態を保つようにするんだ。それがこなせるようになれば、演技に必要な小刻みな歩き方ができる」と彼は言っていた。

一瞬の迷いもなく、私はさっそく庭に出て、お尻に一ペニー硬貨を挟んで歩き回った——ただし、私が使ったのは十進法導入後の現代の小振りなペニー硬貨だ。ローレンスが使ったのは昔の大振りのペニー硬貨だった。

私はずっとお尻にペニー硬貨を挟んだまま、立ち止まったり、振り向いたり、お辞儀をしたりして、何時間も歩く練習をした。初めは何度も落としたが、徐々に長く保てるようになり、最後には挟んでいるのを忘れるほどになった。私は歩幅を小さくし、母指球に体重をかけ、あの窮屈なエナメル革の靴に締めつけられて足が痛むことを常にイメージするようにした。

ついに私はブライアン・イーストマンに電話をかけ、二度目のスクリーン・テストをやろうと言った。トウィッケナムへ戻り、衣装とメイクを再びフル装備――もちろん、口髭も――して、あのぴったりしたぴかぴかの靴を履いた。そしてカメラの前に出た。

完璧だった。これこそ我らがポワロの歩き方だ。

最後に私に残された課題は、エドワード朝時代の礼儀作法の本を見つけてくることだった。というのも、ポワロがまだベルギー警察にいた頃の主要事件の一つが一九〇四年のアバクロンビー偽造事件――スコットランド・ヤードのジャップ警部が『スタイルズ荘の怪事件』で明かしている――だったとすれば、彼がエドワード朝時代のヨーロッパの細やかなマナーを心得ていたことは間違いない。一九世紀末から二〇世紀初めにかけて、少しずつ自分なりの礼儀作法を確立していったとき、ポワロは中年だった。そのときに身につけたマナーは、その後もずっと彼に残っていただろう。

私は正確に詳しく知りたかった。エドワード朝時代の紳士が女性にどんなふうに挨拶するのか、どんなふうに帽子を傾け、どんなふうにステッキを持って歩き、どんなふうに手袋を持ち、いつ、どんなふうにそれを脱ぐのか。そしていつ、誰に対して、どんなふうにお辞儀をし、どんなふうに女性の手を取ってキスし、どんなふうに沈黙を察し、それを破らないようにするのか。今日では、ホンブルグ帽に白い手袋、銀の持ち手のついたステッキをどれか一つ、あるいはすべてを落とすことなく扱える男性は多くない。しかし、私にはよくわかっていた。ポワロなら絶対にそんなへまを許したはずがない。

こうして一九八八年の夏が過ぎるなか、また新たな考えが思い浮かんだ――ポワロと自分の類似点がより明確に見えるようになった。

特徴リストの六五番目にあるように、彼は「自宅で仕事をしているときも、たいていモーニング・スーツを着ている――ハーレイ街の専門医のように」。それは私の心に共感を生んだ。というのは、婦人科医だった私の父も同じようにして、ハーレイ街二番地の部屋で医療費自己負担の患者を診察していたからだ。

それに私も身の回りのものは左右対称であることを好む。マントルピースに二つの物を並べる場合、ポワロほど病的ではないにしろ、二つが全く等間隔に置かれていないと落ち着かない。また、ポワロがそうだったように、私も自分が話しやすい人間だと思っている。リストの七五番目に「女性たちから非常に思いやりがあるとされている」とあるが、兄のジョンによれば、幼い頃の私は、兄と違っていつもかわいい女の子たちにモテていたという。正直、よく覚えていない。しかし、ポワロと同じく、女性のこととなると、目に「輝き（twinkle）」が宿ることは認めよう。これには妻も同意してくれるはずだ――彼女を見る私の目は輝いていたのだから。禿げ頭についても、同じく共通点があった。二三歳のとき、失恋した私は髪がすっかり薄くなった。悲しみに打ちひしがれ、頭髪も打ちひしがれたのだろう。おそらく同じことがポワロにも起こったに違いない――リストの六七番目によれば、彼は「かつてふわふわのオムレツを作ってくれたイギリス人女性と恋に落ちた」。彼は結婚を望んでいたようで、リストの八九番にあるように、「『一組の男女の幸福ほど大切なものはこの世にはありません』と純粋に信じている」[『スタイルズ荘の怪事件』より訳文引用]

まるでポワロと私が一心同体になり始めたかのようだった――ただし、恋愛においては、私の方がちょっぴり幸運だったが。

一方、全くの偶然だが、シーラと私は撮影が始まる数か月前から新しい家を探していた。子供たちがどんどん活発になってきて、子育てには人の多いロンドン市街よりも、どこか郊外がいいと思ったからだ。

ピナーで見たエルムディーンという家は、偉大な喜劇俳優の故ロニー・バーカーが所有していたものだが、そこに着いた途端、私たちはそれがアガサ・クリスティーの小説に出てきそうな家だと思った。鉛枠があしらわれた窓にアール・デコ調の玄関と応接間、庭はポワロの最後の謎解きシーンで容疑者全員が集まれるほど広かった。

さらに思いがけないことに、私がロニーとその家のことを話そうとダイニング・ルームへ入っていくと、マントルピースの上に、ある登場人物に扮した彼の油絵が飾ってあった。

「あちらはどなたですか？」と私はロニーに尋ねた。

「ああ、あれはエルキュール・ポワロをやったときの私だよ」と彼は小さく微笑んだ。「レパートリー劇場の『ブラック・コーヒー』で彼を演じたんだ。いまいちだったけどね」

当然の成り行きとして、シーラと私はその家を購入することになった——きっとポワロも認めてくれたはずだ。

途端にポワロはどこへ行っても私の方を見つめ、隣の部屋から覗き込んでは、スクリーンで自分に真の命を吹き込んでくれと私を促し、奮い立たせた。

そして撮影が始まるちょうど二、三週間前、私はアガサの娘のロザリンド・ヒックスと、その夫で世界中のクリスティー関連業務を担っている弁護士のアンソニーから昼食に招かれた。

私たちはケンジントン・ハイ・ストリートの少し外れにある小さなイタリアン・レストランへ行った。ガラス張りの壁とシダ植物が、とても明るく軽やかな雰囲気を作っていた。私はそれが楽しい祝いの席になると思って腰を下ろしたが、当時七〇歳に近かったアガサの一人娘と会うのは初めてだったので、明らかに緊張もしていた。

腰を下ろしたときは気づかなかったが、私はランチに注文した舌平目と同じように、厳しい尋問で火あぶりにされようとしていた。食事中、ロザリンドとアンソニーは私をずっと質問攻めにして、ポワロに対する私の考えを確かめようとした。どんなふうに演じるつもりなのか？　声や歩き方はどうするのか？　彼のやや特異な性質にはどう取り組むのか？

部屋の雰囲気は軽やかだったかもしれないが、その場の雰囲気はそうでもなかった。食事が終わる頃、アンソニー・ヒックスがテーブル越しに身を乗り出し、私の目をじっと見つめた。「これだけは忘れないでほしい」と、彼はやや強い調子で言った。「私たち視聴者は、ポワロとともに微笑むのであって」

そこで少し間を置いた。

「決してポワロを笑ってはならない」

また少し間があった。

「何も冗談を言っているわけじゃない」

私がはっとしていると、ロザリンドが同じく強い調子でこう言った。「だからあなたに演じてほしいの」

この言葉が耳の中で鳴り響き、私は撮影初日から完璧にポワロになりきらなければならないこと、カメラが回った最初の瞬間から、アガサが小説で描いた通りに正確にポワロの動きを演じなければならないことを悟った。なぜなら私がフィルムに映し出そうとしている役のイメージが、それで永遠に決まってしまうからだ。

私はこの日が人生で最も重要な日となることも悟った。

第3章——悪いけど、そのスーツを着る予定はない

一九八八年六月下旬の晴れやかな朝の六時半少し前、ITVの『名探偵ポワロ』第一シリーズの撮影初日、シーラと私は新しい家から足を踏み出した——この日は人生最大の一日になりそうだった。

ついにミドルセックスのピナーにあるロニー・バーカーの家を購入した私たちは、教会にほど近いその家へ、洗礼者ヨハネの祝日［六月二四日］に引っ越したが、まだあちこちに段ボール箱が積まれ、あまり落ち着けていなかった。何よりも不安だったのは、そこに住み続けるだけの金銭的余裕が、今後もあるかどうかわからないということだった。

玄関前の階段で、シーラと私は互いに顔を見合わせ、ほとんど同時に「一年も住めれば満足だね」と言った。それは私たちにとって、夢をはるかに超えた特別な家だった。

プロデューサー側が手配してくれた迎えの車の方へ歩きながら、私は笑顔でこう言った。「次のシリーズがなかったら売ろう」

シーラが笑い、私は助手席に乗り込んで、ドアを閉めた。車が走り出したとき、後ろを振り返ると、リヤ・ウィンドウ越しに彼女が手を振っているのが見えた。私は不安に押し潰されそうで、我が家の存続も危うそうだった。

ただ、その夏の月曜日の朝に多少の慰めとなったのは、自分の身を安心して任せられるドライバーがいたことだ。ロンドンを横切ってトウィッケナム撮影所へと私を送ってくれていたその人物は友人で、当時は知る由もなかったが、それから二五年間、二人並んでイングランド中を走り回ることになる男だった。

彼との出会いはなかなか素敵なものだった。二、三年前、私がアメリカで『ハリーとヘンダスン一家』の撮影を終えて帰国したすぐ後のことだった。主演のジョン・リスゴーとその家族が救おうとする伝説の巨大生物「ビッグフット」を追うハンターのジャック・ラフルールを演じた私は、その直後、ハムステッド・シアター・クラブで『ズィス・ストーリー・オブ・ユアーズ This Story of Yours』という舞台に出ることになっていた。

それはBBCの警察ドラマ『Zカーズ』の脚本家として経験を積んだジョン・ホプキンスによる作品で、心の荒んだ部長刑事が勾留中の児童性的暴行事件の容疑者を殺してしまうという悲惨な物語だ。一九六八年に書かれたこの作品は、一九七二年にその権利を獲得し、刑事役を演じたショーン・コネリーによって『怒りの刑事』として映画化され、シドニー・ルメットが監督を務めた。

部長刑事のジョンソンは非常に重要な役柄だったため、私は稽古を一度も欠席したくなかったのだが、途中でインフルエンザにかかってしまった。その頃、シーラと私はまだアクトンに住んでいて、地下鉄でロンドンを抜けてハムステッドまで行くのは大変だったので、タクシーを頼むことにした――早まった判断だったかもしれないのは、実際にタクシー代を払えるかどうかわからなかったからだ。しかし、他にハムステッドまで行く方法がなかったため、地元のタクシー会社に電話した。するといい感じのいいアイルランド人の運転手が現れた。

走り出すと、彼はバックミラーを覗き込み、陽気なアイルランド訛りで、こう言った。「具合が悪そうだね」

「ちょっとインフルエンザにかかってね」と私は言った。

「だったら何で仕事へ行くんだい？」

「仕方がないんだよ。僕がいないと始まらないから。どうしても行かなきゃならないんだ」

四五分のドライブ中、彼は名前をショーン・オコナーといい、今の会社に勤めて数年になると話してくれた。魅力的な男で、最後には私も彼に「毎日こうならいいのに」と言った。

すっかり安心した私は、無事に稽古をこなし、その日の終わり――午後五時半頃――に劇場を出た。近くにロンドン北部の地下鉄スイス・コテージ駅があったので、私はこれからまた頑張って地下鉄で家まで帰らなければと気を引き締めた。

ところが驚いたことに、ショーンが外で私を待っていた。その朝、彼から何時に終わるかと訊かれたが、私はあまり気に留めていなかった。

「帰りもタクシーが要るだろうと思ってね」と言いながら、彼は車から降りて、後部座席のドアを開けてくれた。

ショーンはアクトンまで私を送ってくれたが、一ペニーも請求しなかった。信じられないようなことだったが、それ以来、タクシーが必要なときはいつでも、シーラと私は地元の同じタクシー会社に電話して、いつもショーンを指名するようになった。

数年後、私が最初のポワロ・シリーズを依頼されたとき、契約により、撮影中はスタジオまで車の送迎が許された。そこで私は運転手を選べないかと相談した。プロダクションがいいと言ったので、私はショーンに頼むことにした。

おかしなことに、私が最初に彼にその話をしたのは、トム・ケンピンスキーの舞台『セパレーション Separation』のために、ウエスト・エンドの当時まだコメディー・シアターと呼ばれていた劇場へ送ってもらったときだった。その日、ロンドンではバスと地下鉄のストライキがあったためだ。

渋滞した道をもがくように進むなか、私はこう言った。「人生を変える気はあるかい?」

「どういう意味だい?」

そこで私はポワロのことを話し、その関係で自分の好きな運転手を持てることを伝えた。

わずかに間があった後、彼は肩越しに私を見つめ、「もちろん」と言った。

それ以来、ショーンとはずっと一緒で、彼はイギリスの映像業界でもよく知られた運転手となっている。

ポワロの撮影で彼の車に乗せてもらうとき、私はいつも前部の助手席に座る――これには特別な理由がある。役者としての私の信念にも関わることだ。私がいつも助手席に座るのは、自分がスノッブだとか、スターだとか思われたくないからだ。専属の運転手を持つことには違和感があるし、どうも落ち着かない。ただ、ポワロならもっと喜んだだろうということは認めざるを得ない。彼なら平然と後部座席に座ったはずだ。

そういうわけで、撮影初日の一九八八年のあの六月の朝、ロンドンを横切って私を送り届けてくれたのはショーンだった。助手席に座った私は、それまでの俳優人生で経験したことがないほど緊張していた。

「ちゃんとやれるだろうか……。うまく行くだろうか……」と私は自問した。

ところが、最初からつまずいた。

リッチモンドのテムズ川から道路を下ってすぐのトウィッケナムに着き、ショーンが楽屋の外で私を降ろしてくれた直後、不安げな顔をした着つけ係の男性が、撮影初日に私が着ることになっているスーツを持ってやって来た。

それは『コックを捜せ』――失踪したコックと謎めいた下宿人、そしてシティーの銀行から消えた九万ポンドの有価証券をめぐる物語――のオープニングの一部として、ホワイトヘイブン・マンションでのワンシーンに使われるものだった。

撮影所に向かう途中、車内でそのシーンをイメージしていた私は、頭の中ではっきりとそれを思い描くことができた。

私が思い描いたのは、ポワロが黒いエナメル革の靴にスパッツを履き、縦縞のズボンにモーニング・スーツのベストを身につけている姿だった。ところが、あの六月の朝に着つけ係が持ってきた服はそれとは違った。私に差し出されたのは、ひどく地味で平凡なグレーのスーツだった。私はぞっとした。数週間前の最初の衣装合わせのときに湧き上がったあの不安がどっと甦り、思わずドスンと椅子に座り込んだ。

「悪いけど、そのスーツを着る予定はない」と私は静かに言った。「それはポワロが着るものじゃない。彼が着るのはモーニング・スーツだよ」

「でも、これを渡すように言われたんですが」という着つけ係の声には、明らかに驚き——と不安——があった。

「そう、でもそれを着るつもりはないよ」

私がそう言ったときの彼の表情は決して忘れない。彼の目には、わずかな困惑とともに失望があった。彼は誰を喜ばせようとしているのだろう——監督か、それとも私か。彼は板挟みになっていた。

長い沈黙があってから、彼はグレーのスーツを抱え、そっと後ずさりするように私の楽屋を出ていった。しかし、私が心の目でその姿を見、頭の中でその声を聞いたポワロに忠実であろうとする決意は少しも変わらなかった。

監督も監督で、私がそのシーンで着るべきスーツはそれだとはっきり決めていたようなので、内心では監督から必ず何か反発があることはわかっていたが、それでも私の決意は揺るがなかった。そのため、あの着つけ係が戻ってきて、彼に手伝ってもらいながら、ポワロを演じるのに必要なパッドを装着した後、私は別の衣装が届くのを待った。

長く待つ必要はなかった。ほんの数分後、衣装係の女性が、今度は縦縞のズボンとベストが揃ったモーニング・スーツを抱えてやって来て、私の着つけ係に渡した。ほとんど一言も発せられなかったが、私は自分の考えが聞き入れられて嬉しかった。

とは言え、最初のシーンでセットに足を踏み入れた私は、なおも緊張で震えていた。

最初のショットでは、カメラが私の足元からトラックアップすることになっていた。エナメル革の靴にスパッツ、縦縞のズボン――私はそこで糸くずを手で払い落とす――と進み、さらにベスト、蝶ネクタイへと上がっていき、最後に両手の指を合わせて尖塔の形を作った私の顔が映ることになっていた――私はこれを手の大聖堂と呼んでいた。

ヘイスティングスは新聞からポワロの興味を引きそうな犯罪事件を紹介しているが、ポワロはどれも受けつけず、それより衣類の手入れをしなくてはと言う。これはポワロがいかに服装にうるさいかを示すすごく短いシーンだった。

けれども私を本当に震え上がらせていたのは、カメラが私の姿を捉えた最初の瞬間から、自分がまさに完璧でなければならないという事実そのものだった。なぜならいったんカメラが姿を捉えたら、その第一印象は決して変えることができないからだ。当時三八歳で、その後に数々のイギリスのテレビ・シリーズを手掛けることになった監督のエドワード・ベネットが「アクション！」と叫んだとき、私はまだ震えていた。

しかし、長年の舞台経験から、私は大きな助けとなる一つの力を体得していた——すべてを遮断し、集中する能力である。もし心を完全にポワロに集中させれば、きっと彼が私の緊張を解いてくれると思った。

心から安堵したことに、この潔癖症の小柄な探偵はその通りにしてくれた。彼はこれまで常にそうだったように、初日はもちろん、二日目も、三日目も、ずっと私を見守ってくれた。トウィッケナムでのあの撮影初日、私が彼に命を吹き込むのを助けてくれたのは、ほかでもないエルキュール・ポワロ自身だった。

念のために言っておくが、私はキャストの中心メンバーだった共演者たちからも大いに助けられた——ポワロの信頼すべき友であり同僚であるヘイスティングス大尉を演じたヒュー・フレイザー、スコットランド・ヤードのジャップ主任警部を演じたフィリップ・ジャクソン、そしてポワロの秘書のミス・レモンを演じたポーリン・モラン。それにもちろん、アガサの原作をドラマ化したクライブ・エクストンの素晴らしい脚本にも助けられた。

イズリントン出身のロンドナーだったクライブは、一九五九年にＩＴＶの『アームチェアー・シアター Armchair Theatre』の脚本を書いたのがキャリアの始まりで、その後はテレビと映画両方の脚本を手掛けるようになり、ハリウッドで一〇年を過ごした後、一九八六年に帰国した。ポワロ・シリーズでも、彼は三〇編以上もの脚本を担当することになった。

不思議なことに、シリー諸島のブライヤー島で過ごしたその年の体験が奇妙な結びつきをもたらすことになった。というのも、最初のポワロ・シリーズの音楽を書いたのは、『鯨が来た時』の楽曲を手掛けた才能ある作曲家、クリストファー・ガニングだったからだ。あの魅力的なテーマ曲を含めて、彼のポワロ音楽は、一九九〇年の英国アカデミー賞テレビ部門で最優秀オリジナル楽曲賞を受賞した。あのメロディーはポワロ・シリーズを思い出すたびに自然に出てくるようで、私の前で口ずさむ人もいる。

『コックを捜せ』の冒頭シーンで、ポワロがヘイスティングスの挙げる犯罪事件のどれにも興味を示さないのは、彼のやや大袈裟な表現を借りれば、それらが「国家的重大事件」ではないからだ。

そんなポワロががつんと現実に引き戻されるのは、ミス・レモンがクラパムに住む銀行家の妻、トッド夫人を部屋へ案内したときだ。ブリジット・フォーサイス演じるトッド夫人は、二日前に失踪した行方不明のコックを捜してほしいと依頼する。ポワロがそういった些細な事件は扱っていないと告げると、夫人は彼を「お偉いポワロさん」と呼び、腕のいいコックを見つけるのは至難の業で、それをなくすのはまさに「重大事」なのだと反論する。

ヘイスティングスが驚いたことに、ポワロは即座に自分の非を認め、その事件を引き受ける。ここにポワロの最も魅力的な二つの性質が表れている——思いやりと心のゆとりだ。

実際、あの第一話では、ポワロについて多くのことが定まった。とりわけ、いつも誠実なヘイスティングスとの関係性は重要で、ヒュー・フレイザーと私は撮影当初の数日間を通して結びつきを深めた。

ヒューは舞台やテレビで長年の経験があり、外務大臣アンソニー・イーデンを演じた『エドワード・アンド・ミセス・シンプソン Edward and Mrs. Simpson』から、ウェリントン公爵を演じた『炎の英雄シャープ』まで、あらゆる役を演じていた。ところが、ウェバー・ダグラス演劇学校で学んだヒューと私はほぼ同年齢であるにもかかわらず、トウィッケナムでのあの撮影初日まで、実際に一緒に仕事をしたことは一度もなかった。

しかし、私たちは人々の心の中で永遠のコンビとなる運命だった。それは一九三九年から一九四六年にかけて、ハリウッドの名作白黒映画として一四編のシャーロック・ホームズ・シリーズが作られた後、ベイジル・ラスボーンとナイジェル・ブルースの二人がそうなったのと全く同じだ。

ロンドンに生まれ、ミッドランズで育ったヒューは、女優のベリンダ・ラングと結婚している。彼は私にとって途方もなく大きな支えとなり、ポワロがヘイスティングスに対してそうだったように、私も彼を頼りにし、逆に彼の助けにもなったと思う。とは言え、二人のあるべき関係性をスクリーンで正確に表現することは非常に難しかった。つまり、私たちはカメラに対してどこに立ち、どこに座るかをよく心得ていなければならなかった。結局、特別な構図でない限り、ほとんどいつも私が手前で、ヒューがそのやや後ろということになった。

ごく当然のことだが、ヒューがヘイスティングスを喜劇的なキャラクター——言ってみれば、お笑いのつっこみ役——にしたくなかったのは、彼も私と同じように、ヘイスティングスが視聴者の代表としてそこにいると考えたからだ。そのため、私たちはヘイスティングスを決して「ただの間抜け」に見せないようにする方法を探す必要があった。

そこでヒューは、ヘイスティングスがあまり利口ではないかもしれないが、それでも普通の男の代表であることを視聴者に印象づけるため、淡々とした態度を演じた。当時、ヒュー自身が言ったように、「ヘイスティングスの役割の一つは、ポワロの頭の中で何が起きているのかを説明すること」だったからだ。

その助けとして、ヒューが考え出した工夫の一つが、「まさか」や「何てこった」といったフレーズをたびたび使うことであり、それによってポワロに対するヘイスティングスの態度をやや皮肉っぽく見せることだった。ヘイスティングスは本当に驚いていたのか、それとも実はこの偉大な探偵をからかっていたのか。真実がどうであれ、この工夫のおかげで、二人の関係性に素晴らしい効果が生まれた。

ヘイスティングスが素直で良識的な人物であればあるほど、私はポワロの核となる独特の癖や行動様式を際立たせることができた。ヘイスティングスはダークグリーンのオープンカーを好んだり、イギリスの田舎やゴルフなどのスポーツを好んだりすることで、ポワロが毛嫌いするような要素も提供してくれた。

『コックを捜せ』では、車とともに湖水地方の田舎も登場し、ポワロは牛糞を踏んづけたり、近くに一軒のレストランも劇場も美術館もないと文句を言ったりして、ケズィックへの旅の途中、田舎という「不毛の地」への嫌悪をたっぷりと披露する。

一方、作品を本物らしく見せるためのセットや小道具、衣装や背景にどれだけの大金が費やされているかを指摘してくれたのは、ヒューだった。トッド夫人の家からの帰り道、二人がチェルシーのアルバート・ブリッジを歩いているという夜のシーンで、ヒューがカメラの回っていないときにこう言った。「見て、カメラ・クレーンまである。それにこんなにたくさんのビンテージ・カーと時代にぴったり合った服装の通行人も。驚きだね」

全くその通りだったが、ポワロの演技に没頭していた私はそれまで気づかなかった。しかし、ヒューにそう言われた途端、私はいかに多くの金と期待が自分の肩にのしかかっているかを知り、余計に緊張した。後になって、私はブライアン・イーストマンが手掛けた第一シリーズの予算として、ロンドン・ウィークエンド・テレビジョンが全一〇編の撮影に約五〇〇万ポンド、つまり、一話につき平均五〇万ポンドもの大金を費やしたことを知らされた。一九八八年当時としては破格である。

第一話では、ポワロの特異な性癖のいくつかが紹介されただけでなく、彼の優れた人格についても明らかにされた。例えば、トッド夫人のパーラー・メイドに対する思いやり――それにより、失踪したコックが湖水地方の寂しいコテージを「遺産」として受け取ったことがわかる――や、出会った人すべてを丁重に扱う礼儀正しさ、そして毎晩ベッドで聖書を読むという習慣などである。

『コックを捜せ』では、ポワロの物語に欠かせない主要キャラクターの一人で、ときにはライバルにもなる友人として、フィリップ・ジャクソン演じるスコットランド・ヤードのジャップ主任警部も登場した。意外なことに、ヒューの場合と同じく、私がフィリップと一緒に仕事をしたのはあの撮影が初めてだった。ヒューと私より三歳若いだけの彼は、ノッティンガムシャーに生まれ、ブリストル大学でドイツ語と演劇を学んだ後、リバプールのレパートリー劇団に入って一年半活動した。その後、俳優として驚くほど柔軟なフィリップは、BBCの『ラスト・オブ・ザ・サマー・ワイン Last of the Summer Wine』から、デニス・ポッターによる脚本で高い評価を得たドラマ『ペニーズ・フロム・ヘブン Pennies from Heaven』まで、あらゆる役をこなしてきた。

彼は子供の頃にアガサ・クリスティーを読んだことがあったようだが、ジャップ主任警部を演じるにあたって、改めて小説を読み直すことはしなかった。

「僕は脚本のみからあのキャラクターを掴もうとしたんだ」と、フィリップは言った。「俳優にとっての挑戦は、印刷された文字の向こうにある深みをキャラクターに与えられるかどうかだよ」

　それを見事にやってのけたフィリップは、本質的にはコミカルな警官を全く真面目に演じた。カメラに向かってわざと大袈裟な表情をしたり、眉をつり上げたり、おどけたウィンクをしたりすることもなかった。彼はただ中折れ帽を胸の前でぎゅっと握り締め、犯人と思われる人物に目を光らせた。フィリップの演じるジャップは、融通の利かない堅物の警官で、子供のように気取りがなかった。彼はシャーロック・ホームズに出てくるレストレード警部を参考にしたのかもしれないが、一度として自分を能なしに見せたりはしなかった。ジャップがポワロより少し鈍いのはいいとしても、ジャップが誇りを傷つけられることは決して許さなかった。

　撮影現場で、フィリップは私がポワロとしてやろうとしていることをすぐに理解し、それに応えてくれた。ポワロの特異性に対して自分はひたすら平凡に徹し、ポワロとしょっちゅう言い合いながらも常にこの探偵に親愛の情を表した。フィリップはこう言っている。「確かに彼はこのベルギー人探偵にやられっ放しで面白くないんだが、ポワロとは不思議に馬が合うんだ」

　ポワロの秘書のミス・レモンを演じたポーリン・モランも、ポワロにひどく腹を立てることがあっても、常に彼に親愛の情を示した。ロイヤル・アカデミー・オブ・ドラマチック・アート（王立演劇学校）で学んだポーリンは、テレビで活躍する一方、ロイヤル・シェイクスピア・カンパニーの舞台にも立っていたが、やはりそれまで一緒に仕事をしたことはなかった。しかし、彼女はミス・レモンのキャラクターがポワロを反映したものであることをすぐに理解した。

ミス・レモンについてポーリンはこう説明している。「彼女はポワロと同じように潔癖で、細部や正確さにこだわるの。私自身、細かいことにうるさいのよ」

ポーリンはまた、ポワロが女性に対して常に優しく丁寧である一方、決して打ち解けないことも理解していた。そのため、たとえ密かにポワロのことを気にかけていたとしても、彼に対しては常に秘書としての立場をわきまえ、一瞬たりとも軽薄な態度は見せなかった。ポーリンが言うように、ミス・レモンは「素晴らしい秘書で、ポワロには打ってつけ。もし彼女が三〇秒でも遅刻したら、二人ともびっくりするでしょうね」

実際、『コックを捜せ』には、その後に発展していくものがたくさん内包されている。ポワロの細かさ、「灰色の脳細胞」とフランス人ではなくベルギー人であることへの誇り、心の広さ、特に使用人に対する思いやり、ミス・レモンへの敬意、ヘイスティングスの誠実さへの喜び、ジャップへの親愛、そしておそらく何よりも、自分を笑い飛ばせる力——例えば、ポワロはトッド夫人から送られてきた手数料一ギニーの小切手を額に入れて飾った。

豪華なセットや衣装、小道具、ロケ地などは、ドラマのどのシーンにも求められるリアリティーを際立たせた。視聴者は自分が本当に一九三五年や一九三六年、あるいは一九三七年にタイムスリップしたかのように感じただろう。唯一不都合だったのは、たった一一日間で一時間ドラマの全編を撮影しなければならなかったことで、想像以上のタイトな制作スケジュールだった。

そのため、私が翌日の撮影のために台詞を覚えられるチャンスは、毎晩午後八時半頃に帰宅したときだけで、これにはひどく苦労させられた。私は毎朝、撮影所へ向かう車の中で台詞の練習をしたのだが、大声で話していたので、運転手のショーンには台詞のすべてが聞こえていた。数週間もすると、彼はさりげなく助言をするようになった。「僕に言わせれば、最後の台詞は省いた方がいい。必要ないよ」。次第にショーンは私のフィルターとなり、ほとんど私と同じくらい役がわかるようになった。

それだけになおさら神経をすり減らしたのは、撮影が始まってまもなく、ポワロならすべきか否かをめぐるあの議論が再燃したときだった。

ポワロとヘイスティングスは、失踪したコックの件でトッド夫人の住むクラパムの家を訪ねるが、トッド氏が仕事から帰宅するのを待つ間、近所の公園へ散歩に出かける。コックについてトッド氏のほかに、夫妻の「下宿人」とも話したかったからだ。

クライブ・エクストンの脚本では、ポワロは公園のベンチに腰かけて、ヘイスティングスと話すことになっていたため、そのシーンのリハーサルで、私はポワロなら当然したであろうことをそのままやった。ポケットからハンカチを取り出し、ベンチの座面を丁寧に拭い、ハンカチを広げて、その上に座った。そうすればズボンに染みがつく危険がないからだ。

監督のエドワード・ベネットは、それがおかしいと純粋に思ったからそう言ったのだろうが、私はいささか腹を立てた。これまでの数週間、私がこのシリーズの関係者一人一人と交わしてきたやり取り——ポワロをアガサが描いた通りに演じたいという私の決意について——が、またしても脇に追いやられ、急にまた振り出しに戻ったように感じられたからだ。

しかし、私には一歩も譲るつもりはなかった。あの状況のポワロなら、きっとベンチの座面を拭い、ハンカチの上に座ったはずだと確信していたからだ。私はハンカチを敷かない限り、絶対に座らないときっぱり拒否した。

「でも、やっぱりおかしい」と、私は何度も言われた。「視聴者に頭が変だと思われるぞ」

「馬鹿な」と私は答えた。「これはポワロなら当然やったはずのことで、アガサ・クリスティー自身が彼にそうさせているんだ」

監督は自分がおかしいと思うことを私がやるのを許さず、私は私で自分が演じるポワロの完全性を犠牲にするつもりはなかった。事態は行き詰った。しかし、私はアガサの作品を守るために闘っていたのであり、そうすることで、ポワロの生みの親に尽くしていたのだった。

もしこの議論に負けたら、ポワロというキャラクターの守護者としての私の務めは深刻な危機に陥ることになる――そこまで思い詰めた私は、ポワロを演じ続けられないかもしれないと本気で考えた。アガサが生み出したキャラクターを演じなければならない。そう決心していた私は妥協を許さなかった。

そもそも、私は他人と衝突するのを好む人間ではない。正直なところ、対立は大の苦手だ。心をひどくかき乱される。しかし、私がいつも思うのは、自分のためではなく、他人――この場合はエルキュール・ポワロ――のために闘う方が容易だということだ。つまり、私はポワロというキャラクターを守ろうとしていたのであって、傲慢な「大物俳優」を気取ろうとしたのではない。結局、エドワード・ベネットはそれが馬鹿げているとして譲らず、私もそれがポワロにふさわしいとして譲らなかったため、撮影は完全にストップしてしまった。

そこで裁定を下すためにブライアン・イーストマンが呼ばれた。彼がこのシーンの演じ方をどう判断するかを待ちながら、私はひどく気を揉んだ。わかっていたのは、自分の直感が教えてくれたことだけだ。私はポワロに忠実でなければならなかった。

幸い、ブライアンがハンカチに同意してくれたため、撮影が再開され、私は公園のベンチを拭ってから腰を下ろした。もしブライアンの判断が逆のものだったら、どうなっていただろう。おそらく、私はそれを受け入れただろうが、心の中では大いに疑問を感じたはずだ。そのせいでポワロを継続して演じることがずっと難しくなっただろう。なぜなら自分がよく知るようになった男に対して、忠実ではいられなくなるからだ。

ところが皮肉なことに、『コックを捜せ』の最終カット、つまり、結果として世の中に放送されたカットでは、手に傘を持ったポワロが、公園のベンチに座るヘイスティングスのそばに立っている姿しか映っていない。ポワロは実際、一度も腰を下ろしていないのだ！　ポワロがハンカチで公園のベンチを拭うシーンは、結局、編集でカットされていた。私はこれを見て、思わず苦笑した。

ハンカチ一つでドラマの面白さがわずかでも変わったかというとよくわからないし、正直、そのせいでポワロの役作りが損なわれたとも思わない。にもかかわらず、あの「ハンカチ事件」は、当時の私にとって重大問題だった。結果がどうなろうと、誰かが立ち上がり、アガサのポワロを守らなければならなかった。そしてその誰かとは私だった。

第一シリーズの撮影が進むにつれて、私はそうした責任をますます感じるようになった。なぜなら自分をそうした守護者の立場に置くことで、ポワロというキャラクターにますます近づいていったからだ。ポワロのことを知れば知るほど、私は彼を守ることができた。

ポワロとその人間性を理解しようとして始まった私の探究は、次第に彼と融合し、一体化する関係へと発展していった——その結果、シリーズの終わりには、私はスタジオのセットというよりも、現実の世界に入り込み、彼の衣装を身につけて、彼が生きたであろう通りに人生を生き、なおかつ私自身でもあった。

ポワロと私は同じ一人の人間として次第に重なり合い、やがて一心同体となった。

第4章 平凡すぎるか、奇抜すぎるかのどちらかだろう

ポワロの二作目――放送順としては三作目――の撮影は、一作目のちょうど二週間後に始まった。それは『ジョニー・ウェイバリー誘拐事件』で、旧友のジェフリー・ベイトマン演じる裕福な地主、マーカス・ウェイバリーが息子を誘拐されるという物語だ。

ジェフリーとは、一九七一年にワージングのコノート・シアターで共演したことがあり、彼は一九五〇年の日本の名作映画『羅生門』の舞台版で武士を演じていた。俳優になってまもない時期で、私は山賊を演じる一方、格闘シーンの演出も行なった。今回、ジェフリーが演じたのは、今にも崩れ落ちそうな田舎の大邸宅に住みながら、息子の身が危険にさらされるという地主の役だった。

本作で新たに監督を務めたレニー・ライは、当時まだ四〇歳で、ポワロの第一シリーズのうちの五編を監督することになった。レニーは子供向け番組『ブルー・ピーター Blue Peter』のプロデューサーとしてテレビでのキャリアをスタートさせた後、ドラマの世界に入った。一九九一年ま

でポワロ・シリーズを手掛け、その後も『バーナビー警部』や『法医学捜査班 silent witness』をはじめ、多くのドラマ・シリーズで監督を務めてきた。

スケジュールの都合により、『コックを捜せ』を監督したエドワード・ベネットはフィルムの編集作業に入り、レニーが『ジョニー・ウェイバリー誘拐事件』を担当した。そしてエドワードが三作目の監督として戻ってくると、今度はレニーが編集作業に入った。この二人に交替で監督を任せることが、ロンドン・ウィークエンドから与えられた二〇週間という撮影期間内にフィルムを仕上げる唯一の方法であり、彼らは撮影終了からわずか三週間後の一九八九年一月に、このシリーズの放送を開始しようとしていた。

『ジョニー・ウェイバリー誘拐事件』では、誘拐の予告時間が迫るなか、ヘイスティングスの愛車ラゴンダが故障し、野道を歩いて帰らなければならなくなるなど、ポワロの田舎嫌いが再び描かれている。切り替えの早いジャップ主任警部が誘拐を阻止しようと部下たちを引き連れて屋敷へやって来るが、それも無駄に終わる。ポワロは誘拐を計画したのが一家をよく知る人物に違いないと考え、最後に幼いジョニーを無事救出する。

ヒューとフィリップと私の間に築かれつつあった絆は、週を追うごとに深まっていき、三作目[放送順は二作目]の『ミューズ街の殺人』の撮影が始まる頃には誰の目にも明らかとなった。物語は一一月のガイ・フォークス・デーの夜、夕食を終えた三人が、ヘイスティングスのラゴンダが停めてあるミューズ街のそばを歩いて帰るところから始まる。

私は他の共演者との信頼関係も築けたようだった。オスカー受賞作の映画『炎のランナー』で皇太子役を演じたデビッド・イェランドは、『ミューズ街の殺人』のゲスト・スターの一人だった。彼はケンブリッジで英文学を学び、私より一つ若いだけだったが、野心家のチャールズ・レイバトン＝ウェスト下院議員の役で素晴らしい演技を見せてくれた。

『ミューズ街の殺人』の撮影が終わると、すぐに次の『24羽の黒つぐみ』に取り掛かった。私にはトウィッケナムへ行って仕事をする以外に、何かをする暇はほとんどなかった。実際、毎朝六時半には家を出なければならず、ピナーの自宅へ帰るのは夜の八時半か九時ということもたびたびだった。残念ながら、一九八八年の七月からクリスマスまでの数か月間、シーラと子供たちは私とあまり触れ合うことができなかった。というのも、せっかく帰宅しても、翌日のために台本に目を通さなければならなかったからだ。そこで私は、前夜に慌てて台詞を覚えるという事態を避けるため、少なくとも二週間前には台詞を覚える習慣を身につけた。

苦労したのは、ポワロがヘイスティングスやジャップを含めた事件の関係者に対して、誰が犯人であるかを――物語の最後に――いつも説明しなければならないことだった。そのため、一日の撮影を終えた後、私はしばしばひどく長い台詞を覚えなければならなかった。撮影中もずっと台本を見て備えようとしたが、やはり台詞をしっかり頭に叩き込むとなると、すべては撮影予定日の前夜にかかっていた。

最後の謎解き場面は、テレビの前の視聴者をはじめ、関係者全員に犯人を明かす瞬間である。私は自分にわずかなミスも許さなかった――それはポワロの信頼を裏切ることになるからで、私には耐え難いことだった。

さらに、謎解き場面にはもう一つ重要な側面があった。それはポワロに対する忠実さ、ひいては役者としての私自身に対する忠実さにかかわることだった。

犯人が暴かれる結末のシーンで、アガサはポワロに「芝居がかった」言動を許している。ポワロは誰が犯人かを知りながら、部屋を歩き回って事件の真相を説明するのだが、アガサとポワロはしばしば楽しむように無実の人間をわざと詰問し、罪を告発するように見せかけて、その潔白を明らかにする。これは最後の「解明」に向けて、緊張感を高めるための彼女の手法なのだ。

そうしたシーンで、ポワロは「芝居」をしている――登場人物たちをねちねちといびり、彼らが犯人であるかのように責めたところで、ころりと態度を変え、結末をドラマチックに演出する――のであって、その意味で、彼は役者としての私の領域に踏み込んでいるわけだ。

もちろん、私は俳優なので、そうしたシーンをどう演じるべきかは心得ている。舞台向けの演技が許されるからだ。私には自分が何をどうしたらいいかが直感的にわかる。クライマックスの謎解きシーンで私が誰の指図も必要としないのは、ポワロが役者としての私と同化するからであり、不思議なことに、そうしたシーンを演じているときが一番落ち着ける。

実際、ポワロと私が完全に融合し、普通では考えられないような形で重なり合うのは、ドラマの撮影の中でもそうした「芝居」のシーンである。ポワロの中の俳優が私という俳優とほぼ一体化し、ポワロの中の完璧主義者が私の中の完璧主義者と響き合い、秩序を求める二つの心が互いにぴったり一致する。

ほとんど一心同体となるあまり、二人の間の境界線がぼやけるようなこともあった。ポワロが痛みを感じれば、私も感じ、私が動揺すれば、それがポワロにも表れる。私たちの共生関係はほぼ完全なものだった。興味深いことに、第一シリーズの五作目『4階の部屋』には、特にポワロの過去の恋愛経験について、そうした関係が反映されている。

この物語の舞台は、もっぱらポワロの住むホワイトヘイブン・マンションである。実際の名前をフローリン・コートというその建物は、ロンドンのチャーターハウス・スクエアにあり、近くにはのちにチューダー様式の邸宅となった一四世紀の修道院や、養老院、一七世紀の学校などがある。

スミスフィールド・マーケットからほど近い、奥まったところにあるチャーターハウス・スクエアは、ロンドンでも屈指の美しさと静けさを持つ広場だ。一九三六年、その東側に建てられたフローリン・コートは、九つのフロアと屋上庭園、屋内スイミング・プールからなるアール・デコ様式の建物だった。ロンドンのアール・デコ様式のマンションの中でも特に保存状態がよく、いかにも五階［日本では六階に相当］の五六B号室にポワロの部屋がありそうだった。

フローリン・コートでの撮影を許可してくれたレガリアン不動産は、一九八〇年代に一度この建物を改装していたが、それでも建てた当時そのままのようだった。第一シリーズは全編、このマンションが建ったばかりの一九三六年から一九三八年を舞台としていたが、アガサの原作の多くは、実際にはそれより数年前に書かれていた。当初から、ブライアン・イーストマンはドラマの舞台を特定の時代に設定し、その時代特有のスタイルや雰囲気を出すことにこだわっていた。『4階の部屋』では、ポワロが病気や退屈への嫌悪を露わにする。ドラマの冒頭で、風邪をこじらせた彼は、三週間も――「私の脳には永遠と同じです」――面白い事件がないといってミス・レモンに不満をぶつける。そんなポワロの気晴らしにと、ヘイスティングスは殺人推理劇の芝居を見ようと彼を劇場に誘うが、ポワロは最終的に犯人とされた人物に犯行は不可能だったと言い張り、余計に機嫌を悪くする。ポワロによれば、真犯人は執事のはずだった。

脚本家が決めた犯人に探偵が同意しないという皮肉には、マンションへ戻ったヘイスティングスもお手上げだった。ところが、ポワロの部屋の二階下にある三六B号室で死体が発見されると、ムードは一変し、ポワロの風邪も吹き飛ぶ。被害者の役を演じたのは、喜劇女優のジョシー・ローレンスで、彼女がテレビドラマでシリアスな役を演じたのはこれが初めてだった。

しかし、このドラマで何よりも重要なのは、スザンヌ・バーデン演じるこの物語のヒロインが、調査に乗り出したポワロに「ふわふわのオムレツ」を作ってやったとき、ポワロ（と私）がかつて同じように「ふわふわのオムレツ」を作ってくれた若いイギリス人女性との悲恋を思い出したという事実である。

だが、そのオムレツはポワロのような男にとってどんな意味があったのだろう。それはポワロが情熱的な男ではなく、少し離れてしか女性を愛せないことの表れだったのではないだろうか。アガサがポワロに一線を越えさせ、みずからを解放して女性と満足な関係を結ぶことを許さなかったのは、それが彼の人格にとってあまりにも大きな脅威となるからだろう。ポワロは女性を賛美し、「愛する」こともできたが、それは常に距離を置いてのことであり、私も共感はしないものの、その気持ちはよく理解できた。

ふわふわのオムレツとは、ポワロの心の隔たりを象徴するものであり、スザンヌ演じるヒロインが思い出させた過去の失恋を改めて自覚させるものであって、私は深く心を動かされた。それはまた、真の愛を経験しなかったことへのポワロの深い悲しみを理解する助けにもなった。なぜなら、アガサはポワロにあの美しいロシアのロサコフ伯爵夫人との関係を許しはしたが、結局はそれも風に消える運命となったからだ。

撮影で特に嬉しかったのは、スザンヌをはじめ、このシリーズで共演することになった俳優の誰もが、ポワロのドラマに出ることを心から喜んでいたことだ。彼らはみんな、子供の頃にポワロのことを知り、彼の物語を読んでいたようだ。私はその反対で、初めは彼のことを全く知らなかったが、その後は日ごとに真のポワロに近づいていった。

第一シリーズの六作目と七作目では、ロンドン・ウィークエンドがポワロ・シリーズにいかに大金を費やしているかが明らかになった。ロードス島を舞台とした『砂に書かれた三角形』では、撮影部隊が丸ごと現地へ運ばれた。次の『海上の悲劇』では、全員が地中海に滞在した一方、ポワロは一九三〇年代の優雅なモーターヨットで船旅を楽しみ、私たちも異国情緒溢れる美しいロケ地の数々を訪れた。

実際、この二作はアガサ自身が感じた旅や冒険の魅力を反映したもので、舞台がほとんど国内に限られていた当時の他のイギリスのドラマとは一線を画した。

とりわけ、『海上の悲劇』では、ポワロが登場人物の一人だった少女の人形を借り、腹話術にちなんだ謎解きを披露する。結末でこうした難しいシーンをうまくこなし、テレビの前の視聴者一人一人を満足させなければならないという私のプレッシャーは増すばかりだった。

私はアガサが誰にでもわかるように——探しさえすれば——きちんと手がかりを提供してくれていたことを知っている。その手がかりをすべて掴めれば、犯人がわかるだろうし、そうでなければ、ポワロが教えてくれるのを待つしかない。アガサの作家としての最大の資質の一つは、彼女が常に読者に対して正直だったということであり、私も同じように視聴者に対して正直でありたかった。もし手がかりをうまく組み立てていたら、自分もポワロと同じ結論に達していたかもしれないと彼らに感じさせる必要があった。ただ、彼らも心の中では、自分たちが気づかなかった手がかりをポワロはすべて見つけたのだから、やはり偉大な探偵だとわかっていた。

八作目の『なぞの盗難事件』では、作品にふさわしい背景と小道具を探すため、ブライアン・イーストマンとロンドン・ウィークエンドがいかに力を尽くしたかが改めて示された。物語は一九三六年、航空機の開発を独自に行なう実業家と彼の新型戦闘機の設計図をめぐって展開される。それはヨーロッパに二度目の戦争の影が迫るなか、「イギリスの安全に関わること」だった。ドラマの演出のため、プロデューサー側があんな旧型飛行機を見つけてきたというだけでも驚きだが、実業家のメイフィールドを演じたジョン・ストライド、政治家のサー・ジョージ・キャリントンを演じたジョン・カーソンなど、キャストもまた格別だった。

ポワロは戦闘機の設計図の重要な一ページが「盗まれた」真相を解明するのだが、今回は最後の謎解きが素晴らしい田舎の大邸宅で行なわれた。実際、『コックを捜せ』では、ポワロがあまり裕福ではない人々の間で調査を行なったが、そもそもポワロ作品は土地持ちの貴族や大富豪の屋敷が舞台とされることがほとんどである。にもかかわらず、ポワロはそういった人々の富や財産をあまり重視しない。彼はイギリスの上流階級の欠点をやんわりとからかったり、彼らがやたらと「いい奴（good chaps）」を尊敬するのを馬鹿にしたりしている。

これはポワロ作品の大きな魅力の一つだ。というのも、彼の物語では、マナーやモラルが今日とは大きく異なる世界が描かれているからだ。ポワロの世界には、露骨で不必要な性的シーンもなければ、アルコール依存症に苦しむ探偵もいない。言ってみれば、彼はもっとシンプルで、もっと人間らしい時代に生きている。それはこの外国人、この小柄なベルギー人探偵の称賛の眼差しを通して描かれる、失われたイギリスの姿なのだ。このことがポワロ・シリーズの魅力をさらに高めているのは、たとえポワロの生きている時代が遠い昔に思えても、かえってそれだけ心惹かれるからだ。

第一シリーズを締めくくる二編のうち、『クラブのキング』は映画会社のボスが殺される物語で、ポワロが映画のセット——もちろん、トウィッケナム撮影所で私たちの隣のスタジオに作られた——を見学に訪れるところから始まる。一方の『夢』では、有名なパイ製造会社の社長が工場の敷地内にある自宅ビルの密室で殺される。『クラブのキング』で映画女優を演じたナイアム・キューザックや、ロイヤル・シェイクスピア・カンパニー時代の旧友で、パイ製造会社の社長を演じたアラン・ハワードなど、それまでと同様、キャストも最高だった。社長の娘を演じたジョエリー・リチャードソンは、本作がテレビ初出演となった。

『夢』を最後として、撮影は一九八八年のクリスマスのほんの数日前に終了した。その頃には、本シリーズの放送開始がクリスマスのちょうど二週間後、一九八九年一月八日の日曜日の夜になることがわかっていた。その年に撮影された全一〇編が、三月一九日までの毎週日曜日、夜八時四五分から順次放送される予定だった。

正直、私はこのシリーズがどんな結果になるかわからなかった。実際のところ、退屈に思われるのではないかと心配していた。私はポワロ・シリーズが、当時人気だった『特捜班CI5』や『ロンドン特捜隊スウィーニー』のようにアクション満載でもないし、もっと最近のモース警部やウェクスフォード警部のシリーズとも比較にならないと思っていた。ポワロ・シリーズは一九八九年の視聴者にとって十分楽しめるものになるだろうか……。

「平凡すぎるか、奇抜すぎるかのどちらかだろう」と、私は密かに考えていた。

一九八八年一二月の撮影最終日の終わりに、私たちはトウィッケナムでスタッフやキャストのレギュラー・メンバーと打ち上げをした。ブライアン・イーストマンの短い挨拶に続いて、私も挨拶をした。そのときの言葉には、私の密かな不安がそのまま表れていた。

「ポワロが成功するかどうかはわかりません」と、その晩、私はみんなに向かって言った。「もしかしたら失敗に終わって、次のシリーズはもうないかもしれません。だからこそ僕はこの場で、撮影のために尽力してくれた皆さんに感謝したいと思います」

しかし、私がそれまでの俳優人生でこんなに疲れたことはないというのも事実だった。撮影最後の夜、私はくたくたに疲れきってセットを後にした。テレビのゴールデン・タイムに放映される約五〇〇分に及ぶフィルムの大半に私は出ていた――一日一四、五時間も働き続けて、もう頭が回らなかった。

ショーンにピナーの新しい家まで送ってもらうと、私はほとんど倒れ込みそうだった。クリスマスは完全に取り止めにはならなかったが、それに近いものとなり、私は子供たちのために何とか取り繕ったが、シーラにはわかっていた。

私たちにできるのは、ただ視聴者の反応を見守ることだけだった。

それでも心の中で、私はもうこのドラマが作られなくなることを恐れていた。そうなったら、大好きなあのベルギー人の小男にさよならを言わなければならない……。ポワロと固い絆で結ばれるようになっていた私にとって、彼を失うことは耐え難い苦痛だった。

第5章――まるで木槌で頭を殴られたかのよう

私たちは家族でクリスマスを過ごした。ロバートとキャサリンはまだまだ幼く、私の両親とシーラの母親も健在だったので、あれこれと忙しくしていた。だが頭の片隅で、私はポワロのことを考えずにはいられなかった。撮影の疲れからは徐々に回復していたが、やはり視聴者の反応は気になった。

休暇が明けてポワロ・シリーズの宣伝が始まると、私はそれが役に立つのかどうかもわからないまま、次から次へとポワロに関するインタビューを受けることになった。私はこのドラマが視聴者にどう伝えられているのかを知りたかったし、プレビューで少なくとも最初のエピソードは見ていたはずの批評家たちの感想も知りたかった。ありがたいことに、彼らの多くは好意的なコメントをくれた。

それがわかって少しほっとしたのは、自分では完成したフィルムを一度も見ていなかったからだ。何か特別に話し合う必要がある部分については、ブライアン・イーストマンが断片的に見せてくれたが、スケジュールが非常にタイトだったため、完成したフィルムをいちいちゆっくり見ている時間はなかった。

とは言え、日々が過ぎ、初回の放送日が近づくなか、私は『名探偵ポワロ』の評判について最初の手がかりとなるものを得た。

一九八九年一月六日の金曜日の朝、ベテラン芸能ライターのデビッド・ルウィンによる記事がデイリー・メール紙に掲載され、実に喜ばしいことに、「デビッド・スーシェはイギリスの性格俳優として初めてテレビのスターとなった」と書かれていた。彼はクリスマス後の宣伝活動中、私が最初にインタビューを受けた記者の一人だった。

さらにデビッドは私をアレック・ギネスになぞらえた。ギネスも同じく、イーリング・コメディー［ロンドン西部のイーリング・スタジオで撮影された喜劇映画］の傑作『カインド・ハート』やデビッド・リーン監督の『戦場にかける橋』など、自分の個性よりも演じたキャラクターで知られる俳優だった。私はずっとギネスと彼の作品の大ファンだったので、そんなふうに言われてとても光栄だったが、同じ次元で語られることには少々恐縮した。

だが一九八九年一月のあの日曜日の晩、シーラと一緒に『コックを捜せ』の放送を見ようと腰を下ろしたときも、やはりまだ自分がどう映るのか、シリーズがどう見えるのか、世間の反応はどうなのかといったことはよくわからなかった。放送を見た後でさえ、私は視聴者が気に入ってくれるかどうか確信がなかった。

「どう思う？」と私はシーラに訊いた。

「素晴らしいわ。それにあなたもね。きっと大成功するわよ」と彼女は言った。

その言葉を信じていいのかわからなかった。何と言っても、私が話題のテレビ・シリーズに出演したのは、『ブロット・オン・ザ・ランドスケープ』に続いて、これが二作目にすぎない。内心では、自分はシリアスな古典俳優だとまだ思っていた。私は二つを両立させられるだろうか。ポワロとイアーゴの両方になれるだろうか。

月曜日の朝、それが叶ったことを知った。というか、少なくとも批評家たちには叶ったと思われた。彼らはドラマをとても気に入ってくれたようで、どうやら視聴者もそのようだった。ロンドン・ウィークエンドからの電話によれば、昨夜はイギリスのテレビ視聴者の大部分を占める八〇〇万人以上が番組を見たという。

新聞のレビューをいくつか見た私は、シーラにこう言った。「自分の読んでいるものが信じられないよ。全く驚きだ」。きっと彼女も私と同じくらいびっくりしたはずだ。

例えば、デイリー・エクスプレス紙では、アントニア・スウィンソンが私のポワロを「決定版」と呼び、私が「見事な口髭をはじめ、彼の容姿や人格を細部に至るまで完璧に表現して、その役になりきっていた。まさに生きたポワロだ」と絶賛した。

ジェイシー・スティーブンは、その日の午後のロンドン・イブニング・スタンダード紙で、私の演技を「秀逸」と表現し、「前任者たちの誰よりも、このベルギー人探偵のキャラクターにユーモアと知的好奇心、そして細かいこだわりを合わせた面白みを与えた」と評した。

私はシリー諸島で過ごした前年の夏、ポワロが私の人生を変えるだろうとジェフリーに言われたことを思い出した。それがどれほどのものかはまだよく理解していなかったが、一九八九年一月のあの月曜日の朝、私の人生は明らかに変わった。もう二度と元には戻れなくなった。

それを証明するように、火曜日の朝、私はデイリー・テレグラフ紙のヒュー・モンゴメリー＝マッシングバードという人物と、ロンドンのリッツ・ホテルで朝食を取る予定になっていた。ヒューは私がショック状態にあることをはっきり見て取った。翌朝掲載された彼のインタビュー記事には、突如として新しい世界に住むことになった私の様子がうまく表現されていた。「テレビにしか与えられない名声を授かったエルキュール・ポワロことデビッド・スーシェは、昨日の朝、目覚めると自分が一躍有名人になっていることに気づいた」。ヒューとは初対面だったが、私たちはあの朝食の席で――二人ともダイエット中だったので、フルーツとシリアルしか食べなかったが――とても気が合った。彼は親切にも私のことを「非常に思いやりがあって、気さくな人物」と述べ、「間違いなく未来の大物スター」となる「繊細で控えめな芸術家」と締めくくった。

翌朝、それを読んだ私は仰天した。

好意的なレビューが続々と出てきた。次の日曜日、メール・オン・サンデー紙でアラン・コーレンは、「ポワロの奇癖の中でも特にテレビ映えするものに的を絞ることによって」、私がそのキャラクターを見事に自分のものにしたと述べた。

レビューが続出する一方で、ファンレターも殺到した。突然、見も知らぬ人々から、私が長らく音信不通だった友人であるかのような手紙が届くようになった。そのとき私の頭に一連の考えが芽生え、それは今も変わらずにある——人々はポワロのどんなところが好きなのだろうか。

確かなのは、あの第一シリーズでの私の演技に対する反響は、私自身ではなく、ポワロのおかげということだ。レビューがあれほど喜ばしいものだったのは、私の力ではなく、ポワロの力だ。人々の心を捉えたのは、アガサと彼女の創作物なのだ。

ポワロに思いやりがあるのは、アガサがそう書いたのであって、私ではない。ポワロが女性に対して常に丁寧で礼儀正しいのも、使用人や給仕に対していつも魅力的で優しいのも、アガサがそうさせたのであって、私ではない。ポワロがたまに誤った表現をする——そしてヘイスティングスに直される——のも、ときに友人の悲しみを鋭く察知するのも、アガサが考えたことであって、私ではない。

私がしていたのは、ポワロというキャラクターを世に伝えることであり、それが私の仕事——原作者と脚本家に尽くすこと——だった。

ＩＴＶで第一シリーズの放送が始まってから数日後、私はポワロを演じ始めたときには予想もしなかった形で、彼が人々の心を動かしていることを知った。どんな形で動かしているかははっきり表現できないが、ポワロはなぜか見る人を安心させるらしい。なぜかはよくわからないが、ポワロには何かそういうところがある。私の演技はそんな気持ちに触れるものだった。

それは視聴者の反応にもはっきりと表れていた。私宛てのファンレターが詰まった郵便袋は一夜にして破裂した。一九八九年にシリーズが始まって数週間で、私のもとには週百通もの手紙が届き、その多くが深く心を打つものだった。

まるで木槌で頭を殴られたかのようで、何が起こったのかわからなかった。ドラマの成功は嬉しかったが、まだ次のシリーズがあるのかどうかわからなかったし、何よりも私には養うべき家族がいた。レビューやファンレターはありがたかったが、とにかく仕事が必要だった。

実際、私は二つのテレビドラマをやることになっていた。一つはトム・ケンピンスキーの『セパレーション』で、これはポワロが始まる少し前にハムステッド・シアターとコメディー・シアターでやった舞台のテレビ版だった。もう一つはエドワード・ボンド脚本の『ビンゴ Bingo』のドラマ版で、私は裕福ながら失意のうちにストラットフォード・アポン・エイボンに隠居した晩年のウィリアム・シェイクスピアを演じることになっていた。

どちらの役もポワロとはずいぶんかけ離れていたが、そのおかげで、私が役に応じて自分を変えられる性格俳優として演劇関係者の間で認められていることがわかった。私はイギリスの一般の人々にもそう思われたいと願った。

一方、この新たに手にした「名声」のせいで、私はいくつか不慣れなこともやらされた。第一シリーズが始まってまもなく、シーラと私は何とハロー!誌［イギリスのスターを取り上げる雑誌］で特集されることになった。ピナーの新しい家で写真撮影が行なわれ、私たちはちょっとした外国の王族のようだった。まさに現実とは思えない体験で、同誌も私が「世界的成功」の「目くるめくような陶酔」の中にあるとした。

しかし、実際は全く違う。もっと正確に言えば、シーラと私は陶酔どころか、その家にいつまで住めるかと死ぬほど心配していたのだ。ITVネットワークの系列であるロンドン・ウィークエンドは、ブライアン・イーストマンがプロデューサーを務め、私がポワロの第二シリーズ全一〇編を演じるという選択権を持っていたが、その権利はまだ行使されていなかったため、我が家の財政状態は不安定なままだった。

今後も仕事があるだろうか。家のローンや請求書は払えるだろうか。白状すると、私は第一シリーズでポワロを演じるまでの一九年間、一度も大金を稼いだことがなかった。高い評価を得た性格俳優だったかもしれないが、決して裕福ではなかったのだ。

ITVが第二シリーズをやろう——第一シリーズとほぼ同じスケジュールで——と決めたのは、一九八九年の二月も下旬のことだった。七月初めからクリスマスにかけて、新たに一〇編を撮影し、翌一九九〇年一月から三月にかけて放送する予定だという。

今回、第一シリーズで同僚のリンダ・アグランとともにエグゼクティブ・プロデューサーを務めたロンドン・ウィークエンドのニック・エリオットは、幕開けに前後編からなる二時間ドラマを届けたいとブライアン・イーストマンに注文した。一九九〇年一月初めに放送予定となったその物語は、コーンウォールを舞台としたアガサの名作長編ミステリー『邪悪の家』〔真崎義博訳、早川書房、二〇一一年〕をもとにした『エンドハウスの怪事件』で、その後は一時間版が八週にわたって続くことになった。私のポワロはITVの日曜の夜の定番になろうとしていた。

ロンドン・ウィークエンドに新シリーズの制作を決定させたのは、批評家たちではない。私と同様、彼らも批評家のレビューには興奮していたが、決め手となったのは、日曜の晩の視聴者数が数百万人台をキープし、ときにはそれを上回ることさえあったという事実だ。ポワロ・シリーズは海外でも売れ始めていた。カナダやアメリカだけでなく、ヨーロッパをはじめとする多くの国々で注目され、ベルギーではすでにドラマの放送が始まっていた。

こうして世界中に視聴者を獲得した結果、ロンドン・ウィークエンドは、『エンドハウスの怪事件』とそれに続く八編のエピソードに加えて、第二シリーズの最後を飾る長編スペシャルのプロデュースをブライアンに依頼した――ポワロのデビュー作である『スタイルズ荘の怪事件』だ。アガサの処女作でもあったこの作品は、彼女の生誕一〇〇周年を記念して、一九九〇年九月に放送されることになった。

第二シリーズの制作決定は大きな喜びだった。それは私のポワロを人々の意識にしっかりと根づかせることになると同時に、大きな安心にもなったからだ。つまり、少なくともあと一年は、今の家にいられるというわけだ。エルムディーンと呼ばれるその家は、ポワロ御殿になりつつあった。

しかし、同じく重要だったのは、第二シリーズで私が再び「あの小男」になれるということであり、それは本当に嬉しかった。俳優としてどんなに不安があったにせよ、私にはエルキュール・ポワロにさよならを言う用意はなかった。とてもそんなことはできないほど、彼を大切に思うようになっていたからだ。

第6章——彼にもっと人間的になってほしかった

私が二度目にエルキュール・ポワロになったのは、一九八九年の六月下旬、またしても暑い夏の日のことだった。私は例のパッドと染み一つないスーツを身につけ、私の人生に入り込み、私を驚かせ、私にとって大きな意味を持つようになった小男との関係を再開した。

そして再び、彼の奇癖を自分の奇癖のように披露し、彼のこだわりを自分のこだわりとして分かち合うことになった。なぜなら今回、私たちの親密さは、ほんの数か月前の第一シリーズのときよりも一層明確になったからだ。

第二シリーズの一作目は、一部をロケで撮影した二時間スペシャルの『エンドハウスの怪事件』で、ポワロが休暇先のイングランド南西部へ飛行機で向かうシーンから始まるが、彼は明らかに楽しんでいない。実際、ポワロがひどく不機嫌なのは、飛行機が苦手であることを隠そうとしないからだが、隣に座るヘイスティングスの方は悠々としている。私が第一シリーズの前に書いたポワロの特徴リストには、六番目に「飛行機が苦手で、乗ると気分が悪くなる」とあったので、そのシーンは彼のそうした特異体質を印象づけるのに打ってつけだった。

アガサがこのドラマの原作となった長編小説『邪悪の家』を書いたのは一九三二年で、ファンの間ではアガサの殺人ミステリーの中でも珠玉の一冊と考えられているが、それから四〇年以上して出版された彼女の自伝には、この小説がほとんど印象に残っておらず、書いたことさえ覚えていないと記されている。その結果、私にとってはアガサの最も独創的な物語の一つであるこの作品が、一部の評論家の間で不当に過小評価されることになった。

ポワロとヘイスティングスは、イングランド南西部沿岸のコーンウォールにある架空の町、セント・ルーに休暇でやって来る。「海岸リゾートの女王」と呼ばれるその町で、二人はコート・ダジュールを思わせるマジェスティック・ホテルに滞在する。実際、ドラマの大部分はスタジオではなく、デボンのサルクームでロケ撮影されたが、私にとって興味深かったのは、アガサが故郷トーキーのインペリアル・ホテルでの自身の体験を、この作品の着想の一部に使ったということだった。

ここにもポワロと私の人生の奇妙な接点があった。というのも、私の父はインペリアル・ホテルにサービス付きのフラットを持っており、母とよく訪れていたからだ。そのため、一九八〇年代初めに両親とそこへ行ったことがある私には、『エンドハウスの怪事件』で繰り広げられる世界がすぐにぴんと来た。

マジェスティック・ホテルで、ポワロとヘイスティングスは、どこか不安げだが魅力的な「ニック」・バックリーという若い女性と出会う。彼女は町外れの崖の上に立つエンドハウスに住んでいた。ポワロが興味をそそられたのは、彼女がこの数日間に三度も死を免れたという話で、ポワロは何者かが彼女を殺そうとしていると確信する。彼女はポワロの考えを笑い飛ばすが、やがて従姉妹のマギーが――おそらく彼女と間違えられて――本当に殺される。

第一シリーズに続いてレニー・ライが監督、クライブ・エクストンが脚本を務めた『エンドハウスの怪事件』では、タキシードやイブニング・ドレスに身を包んだ男女が夜ごとに集い、ディナーの前にはエキゾチックなカクテルを楽しみ、食後は決まってダンスに興じるという世界が描かれる。また、アガサにお馴染みの胡散臭い脇役も登場する。今回、それはエンドハウスの番小屋に住むオーストラリア人の夫婦――車椅子の妻と献身的な夫――で、ポワロは彼らが「役を完璧に演じすぎている」と感じる。

大の飛行機嫌いに続いて、ポワロのもう一つの奇癖が明らかになるのが、ホテルの朝食で出された二個のゆで卵で、彼はサイズが違いすぎるといって触れようともしない。私は特徴リストの四二番目にすでにそのことを書き記していた――「朝食にしばしばゆで卵を食べる。卵が複数ある場合、必ず同じサイズでなければ、食べられない」

ポワロはゆで卵を拒否するが、私は彼が短気で、馬鹿げて見えないように注意した。なぜならこの第二シリーズでは、ポワロのこだわりがどんなに奇妙でも、機会あるごとに彼をできるだけ人間的に見せ、第一シリーズのときよりも温かみのある男として演じようと固く決心していたからだ。
クライブ・エクストンの脚本が助けになったのは間違いない。というのは、彼もポワロをもっと情緒的に描きたいと考え、新シリーズではもう少しユーモアを加えようとしていたからだ。素晴らしい考えだった。ただ、私は彼がこのベルギー人の小男を過度にコミカルなキャラクターにしないように牽制する必要もあった。それは明らかに私が知っているポワロではないし、私が演じたいポワロでもなかったからだ。一方で、クライブはヘイスティングスとジャップの二人についてもより陽気な感じにして、堅苦しさをなくそうとした。こうした演出のおかげで、第二シリーズは第一シリーズよりもポワロの周囲が親しみやすい雰囲気になった。

私は彼にもっと人間的になってほしかった。私の狙いは、視聴者にもっと彼の人柄を知ってもらい、たとえそのやり方が風変わりであっても、この特異な小男が実はとても思いやりに溢れ、相手から自然に情報を引き出す力があることを理解してもらうことだった。ポワロはただ丁寧に話しかけ、その話にじっと耳を傾けるだけで、相手を得意にさせられるという優れた才能を持っていた。

私は人の話をよく聴く人間は思いやりのある人間だと信じているので、私のポワロでもそういうところを表現したかった。人の話に耳を傾け、「聞く耳」を持つだけの辛抱強さがある人ほど立派なものはない。彼の特徴リストの二七番目には、こう書いてある——「素晴らしく聞き上手。しばしば人を戸惑わせるほど沈黙し、相手に話をさせる」

階級や地位にかかわらず、誰に対しても深い気遣いとともに耳を傾け、話しかけることで、ポワロは万人を代弁している——そうした場面はアガサの小説に何度も出てくる。彼は警官や裕福な地主を小馬鹿にし、その愚かさをあげつらうシャーロック・ホームズとは違う。人々を深く思いやるポワロにそんなことはできない。常に人々に共感する彼の姿は、物語の中で繰り返し描かれている。

ポワロが他の登場人物を温かく迎え入れるほど、視聴者は彼に親しみを覚え、まるでその内面から放たれる輝きがすべてを包み込むように、彼の穏やかな包容力が周囲に広がっていく。ポワロが架空の探偵の中でも唯一無二の存在であるのは、彼がどんな人物——読者であれ、視聴者であれ、あるいは特定の登場人物であれ——でも、みずからのドラマに丁重に迎え入れるからだ。彼はそこで事情を優しく説明し、そうすることにおいて、批評家のダニー・マーゴリーズが呼ぶところの「みんなの親友」になる。

これこそ私が目指していたポワロだ。マーゴリーズが続けて述べたことは、まさに言い得て妙だった——「ポワロというキャラクターをこれほど魅力的にしているのは、スーシェが彼にもたらした矛盾性によるところが大きい。ポワロはあらゆるものに潔癖であるため、自身の生活では常に完璧を求めるが、スーシェの演技には深い思いやりと人間性への理解が感じられる。ポワロは卓越した人物だが、それでいて誰とでも心を通わせることができる」

第二シリーズでの私の狙いはそれだった——ポワロをお茶に招きたくなるような人物にするこ

と、相手を批判するのではなく、その言葉に耳を傾け、必要なら手を差し伸べるような人物にすること。『エンドハウスの怪事件』には、そんな一面が表れ始めていたと思う。

この作品にはアガサのストーリーテラーとしての力量が発揮されている。というのも、彼女は常に小説の読者も、テレビの視聴者もまるで予想していなかったようなことをやるからだ。プロの手品師――小説にしばしば登場する――のように、彼女は視聴者の注意を一つの事柄に引きつけておき、その一方で見逃されがちな別の事柄にトリックを仕掛ける。彼女には最後の謎解きのずっと前から結末がわかっているのだが、それはたいてい視聴者の意表を突くようなことなのだ。

白状すると、たとえ私が世界中の何百万という人々にとってのポワロになっても、いつもアガサに教わるより先に謎を解き明かせるわけではない。彼女は私よりもずっと頭が切れるのだ。

それは『エンドハウスの怪事件』にも言えることで、この物語の結末は、か弱いミス・バックリーの遺言書が読み上げられた後の交霊会で明らかになる。ポワロは犯人の正体をまさに「どんでん返し」によって暴くわけだが、その前にミス・レモンが霊媒として招かれる。視聴者はまだ真犯人の正体がわからず、ポワロにそれを暴いてもらう必要がある。やがて視聴者は真実を知ることになるが、それは結末に向かってゆっくりと導かれた末のことだ。

結末までの道のりが長いだけに、犯人がポワロを「馬鹿な小男」と呼び、すべてを知っている彼に対して「何も分かってない」と言い放つラストシーンは、一層強烈な印象を与える。

原作となった『邪悪の家』は優れたミステリーなので、俳優で劇作家のアーノルド・リドリー

――『ゴースト・トレイン The Ghost Train』の作者で、BBCテレビの『ダッズ・アーミー Dad's Army』で知られるスター――は、一九四〇年にフランシス・L・サリバンをポワロ役としてこれを舞台化した。一九四〇年五月にロンドンのボードビル・シアターで上演が始まったが、残念ながら、舞台は批評家たちからいくつか肯定的なレビューを受けたにもかかわらず、わずか二三回で打ち切られた。イギリス軍がフランスのダンケルクの海岸でドイツ軍に包囲されていた当時、観客は何かもっと違った出し物を求めていたのだろう。

本作で、アガサは読者や視聴者を欺く「ちょっとしたトリック」――登場人物の一人を死んだと見せかけて生き返らせる――を用いているが、この仕掛けはその後も繰り返されることになった。彼女がプロットの一部をたまに再利用していたことは事実だ。当然と言えば当然で、どんな作家でも、似たような筋書きを繰り返さずに、七〇作以上の物語を書くことは困難だ。しかし、だからといって、それで人々の興味を掻き立てる力が弱まるわけではない。ポワロが殺人の「犯行方法」を明らかにし、その動機を暴いて、犯人の心理を解き明かすのは、いつも最後の最後になってからだからだ。

人々がポワロを見るとき、彼らの想像力が刺激されるのはこの工夫のせいだ。アガサは読者や視聴者にそれぞれの「灰色の脳細胞」を働かせ、謎を解き明かさせようとする。彼女は少し頭を使えばわかるような形で手がかりを与え、完全にフェアなゲームを仕掛けるが、決して押しつけてはいない。

一九八九年のその夏、第二シリーズの撮影が進むにつれて、私はアガサのアプローチがいかに公正で正直なものであるかをますます思い知った。その結果、私のポワロは周囲の人間に共感する心を無限に有し、そのことを世間にも知ってほしいと願う男でなければならないという決意がさらに強まった。私は彼を人間らしくするために一層努力を重ね、そうする中でますますポワロ自身に近づいていった。

ただし、いくら近づいたといっても、何から何まですっかり同じというわけではない。私の完璧主義はポワロの完璧主義に匹敵し、その点においては、彼を演じれば演じるほど、ますます似てくるようだった。しかし、ポワロの自惚れや虚栄心については、私と共有する性質ではないだけに、苦労したのは確かだ。私は役者であっても、絶対に自惚れた役者ではないし、そうならないように願っている。

自惚れるどころか、私とシーラは「レパートリー俳優症候群」と呼ばれるものに苦しんできた。どちらも地方のレパートリー劇団出身だったのだが、あの頃の経験は忘れられない。私たちにとってのレパートリー劇団とは、次の仕事――つまりは次の稼ぎ――がどこから来るかまるで見当がつかないということを意味し、役者の生活がいかに不安定であるかを実感させるものだった。おかげで、シーラも私も何事も当たり前には考えなくなった。

ポワロの第二シリーズがあるのかどうかわからなかったとき、私たちが不安に思ったのはこのことだった――いつまでピナーの新しい家に住めるだろうか……。

しかし、『エンドハウスの怪事件』は、この小柄なベルギー人探偵と私に未来があることを確信させてくれた。なぜならアガサの長編小説をもとにしたこのドラマは、息をのむほど美しい一連のロケ地で、多額の費用をかけて作られていたからだ――冒頭シーンに出てくる旧型飛行機はその一例にすぎない。撮影が進むにつれて、私は急にこう考えるようになった。「未来はきっとある。こうしてロンドン・ウィークエンドは二時間版を作っているのだし、彼らが本気なのは明らかだ」

実際、ポワロも金の心配をしたことがあった。新シリーズの三作目『消えた廃坑』で、銀行を訪れたポワロは、口座の残高を常にきっかり四四四ポンド四シリング四ペンスに保つようにしていたにもかかわらず、引き出し超過になっていると言われ、「お金に関する限り、いかなるごまかしも許しませんぞ」と息巻く。そして『二重の罪』では、「何週間も」依頼がないことから、自分はもう「おしまい」だとして「引退」をほのめかす。

私には彼の気持ちがよくわかった。電話のベルがさっぱり鳴らず、仕事の依頼がないと、役者はすぐに「引退」を考え始める。「誰にも求められないなら、このまま消えた方がいい」と、私も役がなかった日陰の時代にはよくそう思ったものだ。「必死だと思われるのは耐えられない。モス・ブラザーズを辞めるんじゃなかった」

金の心配と引退の恐怖は、どちらもポワロと私が共有していたものだが、私たちに共通するものがもう一つあった。それは二人とも変装好きということだ。性格俳優にとって、他者を演じる助けとなる衣装は大切なものだが、ポワロにとっては、キャラクター・イメージを決める自分の服装だけでなく、ときには目的を達成する手段としての変装も大切だった。

第二シリーズの二作目『ベールをかけた女』には、ポワロのそんな一面がよく表れている。ポワロはある――ベールをかけた――謎めいた女性とロンドンのホテルで会うことになる。フランシス・バーバー演じるこの女性は、サウスシャー公爵と婚約中のレディー・ミリセント・カースル・ボーンと名乗ったが、彼女はかつて恋人に宛てて書いた軽率な手紙をめぐって恐喝されていた。その手紙は、ヘイスティングスが「下劣な野郎」と呼ぶ悪党、ラビントンの手に渡っていた。

窮地の女性を救うため、ポワロは錠前屋に変装――古めかしい自転車と黒いベレー帽まで揃えて――し、ウィンブルドンにあるラビントンの屋敷に入り込む。問題の手紙を見つけて取り返し、恐喝を終わらせて、レディー・ミリセントの名誉を守ろうというのだ。しかし、事は思惑通りには運ばず、ポワロは独房に入れられる羽目になり、ジャップ主任警部に助け出される。壮麗なロンドン自然史博物館を背景に、ポワロとヘイスティングス、ジャップ警部が謎解きの一部として巻き込まれるスリリングな追跡劇は、実に楽しいものだった。

次に放送予定だった『消えた廃坑』は、ヘイスティングスとポワロがホワイトヘイブン・マンションの部屋でモノポリーをしているシーンから始まり、最初はヘイスティングスが優勢だった。金の問題、特に金に関するポワロの手腕が物語の核となる。実際、二人のモノポリー・ゲームは終わりまでずっと続けられ、最後はヘイスティングスが破産して、ポワロが勝利する。しかし、その途中、ポワロは銀行の預金口座が引き出し超過になっていること——彼にとってあってはならないことであり、私にとってもそうだ——を知り、さらにアンソニー・ベイト演じる銀行の頭取がポワロに助けを求めにやって来る。

今回もまたセットが非常に豪華で、トウィッケナムのスタジオにはチャイナタウンと中国のナイトクラブも再現された。ロンドン・ウィークエンドがこのシリーズにいかに金をかけているかが改めて思い出された——第一シリーズでは、一話につき五〇万ポンドもの大金が費やされていた。一方、中国人の犠牲者ウー・リンや、ロンドンのイースト・エンドでのアヘン売買を示す手がかりなど、本作は当時人気の高かったチャーリー・チャン・シリーズを意識したところもある。

チャイナタウンを背景とするこの物語は、一九二五年に『ポアロ登場』〔真崎義博訳、早川書房、二〇〇四年〕という短編集のアメリカ版で初めて発表された。チャーリー・チャンの最初の長編小説『鍵のない家』〔林たみお訳、論創社、二〇一四年〕が発表されたのも同じ一九二五年だったが、作者でアメリカ人のアール・デア・ビガーズは、その約六年前からチャンを主人公とした小説に取り組んでいた。ポワロと同じく、チャンはやや風変わりだが、知的で高潔な情け深い刑事である。チャンはそれから三〇年にわたって、アメリカの小説や映画で活躍することになり、その役は主にスウェーデン人俳優のワーナー・オーランドによって演じられた。チャンにはポワロとの共通点もたくさんある。いつも非常に礼儀正しく、相手に威圧感を与えない一方、クライマックスではしばしば長々しい台詞で謎解きを披露する。

チャイナタウンのエキゾチックな舞台とは好対照をなすのが、新シリーズの四作目『コーンワルの毒殺事件』で、ポワロが『コックを捜せ』のようなイギリス中流階級の世界に再び戻ってくる。彼はコーンウォールに住むアリス・ペンゲリーという女性の訪問を受ける。いかにも神経質というか内気な感じの彼女の話では、歯科医である夫のエドワードがいるときは、食事の後に決まって胃が痛むが、いないときは何でもないという。彼女は自分が毒を盛られているのではないかと疑い、実際、自宅で半分空になった除草剤の瓶を見つけたが、庭師は一度も使っていないと言っている。

「きっと辛口の人間ドラマが待ち受けていますよ」とポワロがヘイスティングスに言ったのは、ペンゲリー夫人から夫が金髪の魅力的な助手の娘と浮気をしていると聞いたからだ。ところが翌日、コーンウォールのポルガーウィズへ向かった二人は、夫人がすでに悲劇に襲われたことを知る。堅物のジャップ主任警部が現れ、殺人犯を捕まえたかに思えたが、ポワロは見かけとは異なる真相を解き明かす。

第二シリーズで放送された『二重の罪』、『安いマンションの事件』、『西洋の星の盗難事件』の三作――放送順に撮影されたわけではない――は、いずれも内容が貧弱で、残念ながら、私もあまり満足できなかった。どれも少し単調で、他のエピソードに比べて、やや表面的すぎるように思えた。

『二重の罪』では、冒頭でポワロが「引退」をほのめかし、ヘイスティングスをウィットコムという海辺の町へ休暇に連れ出す。二人はそこでメアリ・ダラントという若い娘と会い、彼女は貴重なアンティークの細密画のセットを客に見せに行くところだという。

その細密画が盗まれたとき、メアリは助けを求めるが、ポワロは――「引退した身」なので――ヘイスティングスに調査を任せる一方、自分にも「事件の推移を話す」ように求める。メアリの車椅子のおばを演じるのは、俳優ブライアン・リックスの細君でもある美しいエルスペット・グレイだ。ホテルのダイニング・ルームで迎えるクライマックスもなかなかのものだったが、クライブ・エクストンの見事な脚本にもかかわらず、このドラマはなぜか私が期待したような「盛り上がり」に欠けていた。

残念ながら、それは『安いマンションの事件』にも言えることだった。共演したサマンサ・ボンドは、本作がテレビドラマの初期の出演作の一つで、この六年後、ピアース・ブロスナンがジェームズ・ボンドを演じる映画『007/トゥモロー・ネバー・ダイ』でミス・マネーペニーに抜擢された。物語は、ヘイスティングスの友人のロビンソン夫妻をめぐって展開される。二人はおしゃれな高級マンションを格安の家賃で借りられることになったが、その幸運が信じられない。興味をそそられたポワロは、自分も同じマンションの部屋を借りることにするが、そこでマフィアに盗まれたとされる潜水艦の青写真を追うFBI捜査官と出会う。この男はスコットランド・ヤードでジャップ主任警部のオフィスを占領するが、謎を解くのはポワロだった。

『西洋の星の盗難事件』もまた、アガサの小品の一つである。ベルギーの美人女優マリー・マーベル――ポワロが絶賛する――は、かつて中国の神の左目だったと伝えられる西洋の星という見事なダイヤモンドをめぐって脅迫状を受け取る。一方、東洋の星と呼ばれるダイヤモンドを持っていたイギリスの貴族、ヤードリー卿の妻もまた、宝石を返せと脅す手紙を受け取っていた。ポワロはヤードリー卿夫妻に会いに出かけるが、大胆不敵な強盗事件を防ぐことができず、急いでロンドンへ引き返すものの、西洋の星も盗まれたことを知る。十分に面白い展開で、マリー・マーベルとの面会にいつになく興奮するポワロの様子も愉快だが、またしてもアガサの魔法のトリックに頼っている。ポワロはダイヤモンドの追跡を楽しんだかもしれないが、私は自分の演技に満足したとは言えない。

ただ、『西洋の星の盗難事件』は、ポワロの料理への情熱を表現する機会を与えてくれた。ヘイスティングスのために腕を振るったポワロは、食材選びがいかに重要かを話しながら、彼が食べるのを見守る。これは本作でポワロの人間らしさを伝える一つのチャンスとなった。しかし、それ以外の点に関しては不満が残り、ポワロのマリー・マーベルへの熱意も十分に表現しきれず、パロディーに近いものになってしまった。

ポワロのことを平面的で立体感がないと見る人もいるが、そういう人はたいてい原作を読んだことがない人だ。原作を読めば、ポワロの人間性に奥行があることがすぐにわかる。ポワロを演じるとき、私は原作に描かれた彼のあらゆる側面を反映させて、常にポワロの人間性を重層的に表現しようとしてきた。

第二シリーズの残り二編の一時間ドラマ、『ダベンハイム失そう事件』と『誘拐された総理大臣』で監督を務め、その後、ポワロの忠実な支持者となったアンドリュー・グリーブは、そうしたポワロの複雑なキャラクターを積極的に生かし、一緒に仕事をするのが楽しい相手だった。『誘拐された総理大臣』が私のお気に入りの一作となったのもそのためで、ポワロはどんなに風変わりに見えても、必ず自分が正しいことを証明し、たとえ相手がイギリス政府であろうと、自分は間違っていないと立証する。アンドリューはこの二編を原作で読んでいたようで、ポワロについて長々と私に話したがった。彼はポワロの人間性の機微を私に探究させてくれた。『ダベンハイム失そう事件』が愉快なミステリーであることは確かで、物語はヘイスティングスとジャップ、ポワロの三人が劇場で手品師（またもや登場）の舞台を見ているところから始まる——そしてこの手品というまやかしが物語を通じたテーマにもなっている。ある日の午後、銀行家のマシュー・ダベンハイムが、仕事から帰宅した後、手紙を投函しに出かけたまま姿を消す。ポワロはこの謎を警察より先に解ける——それも部屋から一歩も出ずに——かどうかでジャップと賭けをする。

劇中、ポワロはホワイトヘイブン・マンションの部屋にゆったりと腰を落ち着け、トランプカードで家を作ったり、手品を覚えたりして楽しんでいる。『スタイルズ荘の怪事件』でポワロがヘイスティングスに説明しているように、「いや、わが友（モ・ナミ）、また子供時代に戻っているわけじゃありません。気持ちを鎮めている、それだけですよ。この作業には指の緻密な動きが必要です。指が緻密に動けば、頭も緻密に働くのです」〔『スタイルズ荘の怪事件』より訳文引用〕。専門家を呼んで、カードを操るテクニックを教えてもらうのはとても楽しかったが、どうも私は手品の名人にはなれそうにない。

唯一イライラさせられそうだったのは、ポワロが世話を頼まれたオウムで、彼はこのおしゃべりな鳥が大嫌いだった。一方、ヘイスティングスはサリー州のブルックランズ・レース場でレースカーに夢中になっている。この愉快な脚本を書いたのはデビッド・レンウィックで、彼はこの直後にBBCのホーム・コメディー『ワン・フット・イン・ザ・グレイブ One Foot in the Grave』を手掛けて大成功を収めた。

『誘拐された総理大臣』では、監督のアンドリューが私にポワロの絶大なる自信をさらに増幅させた。この作品は一九二三年四月、ロンドンの挿し絵入り週刊誌スケッチに、一二のシリーズの一部として初めて発表されたが、すぐに短編集『ポアロ登場』に収録され、アメリカで最初に出版された。

この物語は、第一次世界大戦終結に向けたパリ講和会議を経て、演説のためにパリ近郊で行なわれる国際連盟の軍縮会議へ向かうイギリスの首相の誘拐から始まる。ドイツにいかなる再軍備の可能性も与えまいとする首相は、船でフランスのブローニュへ渡り、運転手の出迎えを受けた後、姿を消したという。イギリス政府はポワロに協力を求め、彼を直ちにフランスへ送るために駆逐艦まで用意する。

ところが、それはポワロの船酔いの恐怖を明らかにしただけだった。彼は原作でヘイスティングスにこう言っている。「ぼくが心配してるのは、この荒れた海のことなんだ！　船酔いというやつは——恐ろしく苦しいんだよ！」〔「首相誘拐事件」（真崎義博訳、早川書房、二〇〇四年、『ポアロ登場』所収）より引用〕。ポワロはなかなか駆逐艦に乗り込もうとせず、イギリスで首相の捜索を始めると主張する。ヘイスティングスと下院議長のエステア卿は理解に苦しむが、ポワロは動じない。

ポワロはそこで事件解決にあたっての信条、つまり、原点として立ち返るべき調査の基本姿勢について説明している。

「優秀な探偵のすることではない、そう言いたいんだろ？」と、アガサは原作でポワロに言わせている。「きみらが何を考えているかくらい、わかるさ。優秀な探偵はエネルギッシュで、あちこち駆けまわって、砂埃のする道路にしゃがみこんで小さなルーペ片手にタイヤの跡を探し、タバコの吸殻やマッチを集める、そう思っているんだろ？」〔「首相誘拐事件」より訳文引用〕

ポワロはこれに根本から反対し、アガサは彼にきっぱりとこう言わせている。

「だが、このエルキュール・ポアロがそうではないと断言しよう！　本当の手がかりはここにあるんだ！」こう言って、彼は軽く額を叩いた。「重要なのは、この中にある灰色の小さな脳細胞なんだ。脳細胞は密かに黙々と活動していて、やがてぼくは地図を取り出してある一点を指差す。そして、こう言うんだ。首相はここにいるぞ！とね。事実、そのとおりなんだ！」〔「首相誘拐事件」より訳文引用〕

ポワロが幾度となく頼りにするのは、まさにこの手法なのだ。

『誘拐された総理大臣』には、ポワロと私の共通点を表す要素がもう一つある。イギリスの階級制度に対する疑問だ。

作品を通して、アガサはイギリスの上流階級やその習慣を堂々と批判し、ときには馬鹿にもしてきた。私の特徴リストの六二番目にもあるように、ポワロは「イギリスの階級制度が大嫌い」だ。彼は紅茶を「イギリスの毒」と呼ぶばかりか、その実態にかかわらず、自分と同じ階級の人間を尊敬するというイギリス人特有の癖も嫌っている。これには私も同感だと言わねばならない。

ポワロは第一次世界大戦中に避難民としてイギリスにやって来たベルギー人だが、自分をハーレイ街のイギリス人医師のように考え、イギリス人の服装やマナーを見習い、奇妙な慣習と思われるものにも喜んで従っている。しかし、自分の階級や、いわゆる「いい奴（good chaps）」を尊敬するイギリス人の態度は好きになれず、それは私も同じだ。「いい奴」とされる人間が言うことを鵜呑みにしがちなイギリス人の姿勢を、ポワロは物語の中で何度も非難している。

私も同感だ。この点でもポワロと私は一つなのである。なぜかはよくわからないが、まさにその通りなのだ。おそらく私の両親、あるいは私がロンドン生まれとは言え、どこかよそ者のような気がしていたことと関係があるのだろうが、いずれにせよ、これもまたポワロと私を結びつけるものだ。

実際、第二シリーズの最後にして最も重要なエピソードの中心にあるのは、イギリス上流階級の控えめな態度に対するポワロの反感である。特徴リストの五五番目にあるように、この物語では彼が「イギリス人の『慎み深さ』を好まず、イギリス人は頭がおかしいと思っている」ことが明らかにされる。

第7章

アガサの創作の守護者になったと感じていた

『スタイルズ荘の怪事件』は、第二シリーズの最後を飾る二時間スペシャルの第二弾として、アガサの生誕一〇〇周年を記念して放送される予定だった。実際、ドラマがイギリスで初放送された一九九〇年九月一六日は、一八九〇年のアガサの誕生日からちょうど一〇〇年となる日の翌日であり、一九七六年一月に彼女がオックスフォードシャーで死去してから約一五年という節目でもあった。

しかし、この作品が私にとって特に重要だったのは、それがアガサの書いた最初の探偵小説のドラマ版であり、エルキュール・ポワロというキャラクターが初めて世に出た作品だったからだ。つまり、すでに撮影した一九編のエピソードで私が演じてきたすべてにつながる前日譚というわけだ。

ロンドン・ウィークエンドがこのドラマをできるだけ上質なものにしようとしていることは明らかだった。それまでと同じクライブ・エクストンによる脚本は、テレビドラマのスペシャル版というよりも、むしろ長編映画の脚本のようだったし、第一次世界大戦当時のロンドンの雰囲気を出すために使われたエキストラやビンテージの乗り物の数も膨大だった。監督は、南アフリカ出身で当時五〇歳だった有能なロス・デベニッシュで、彼が手掛けた一九八〇年の映画『マリゴールズ・イン・オーガスト Marigolds in August』は、その年のベルリン映画祭で賞を獲得していた。

しかし、何よりも重要だったのは、『スタイルズ荘の怪事件』が、私のポワロをそのキャリアの最初から描く機会となったことだ。テレビの視聴者は、後年のポワロは見たかもしれないが、母国ベルギーがドイツ軍の侵攻を受けたため、故郷での殺戮を逃れて避難民としてこのイギリスへやって来たばかりの頃のポワロは見たことがなかった。

ただ、これは特に楽しいポワロ作品というわけではない。重大犯罪を描いた複雑なミステリーで、冒頭から暗い雰囲気だった。前半の目玉となるシーンの一つが、イギリスの「陰気な」軍の前保養所で負傷兵として療養している若きヘイスティングス中尉の登場である。実際、私たちの前に初めて現れるヘイスティングスは、他の患者たちとともに西部戦線の最新の戦闘を伝える白黒のニュース映画を見ているが、そこにはイギリスへ押し寄せるベルギー避難民についての短い映像も含まれていた。

これは『スタイルズ荘の怪事件』に投影された若き日のアガサ自身の人生のワンシーンであり、戦争が大きな被害をもたらし始めた頃、彼女は地元の町の近くで多くのベルギー人難民が住居を提供されるのを目にしていた。

せっかくなので、ここで彼女の生い立ちについて少し振り返ってみたい。一八九〇年九月、イングランドの海辺の町トーキーに生まれたアガサ・ミラーは、少女の頃、インフルエンザにかかったとき、物語を話す――彼女はそれが得意だった――代わりに書いてみてはと母親から勧められ、物語を書き始めた。その習慣はその後もずっと失われなかった。

一〇代のとき、アガサは姉のマッジと読んでいた推理小説について話しながら、自分もいつか探偵小説を書いてみたいと言った。アガサにできるわけがないと思っていたマッジは、書けるものなら書いてみればと妹を挑発した。アガサはこのときの挑発を決して忘れなかった。

とは言え、二〇代初めまでのアガサには、他にもいくつか関心事があり、事実、彼女は多くの男性から求婚されていた。実際、一九一二年、二二歳のときにそのうちの一人と婚約までしたが、インド高等文官の判事の息子で、当時、颯爽たる中尉として王立野戦砲兵隊に所属していたアーチボルド・クリスティーと恋に落ちたため、破談になった。

それから一年半もしないうちに、アガサは当時、新たに設立された王立陸軍航空隊の大尉となったアーチボルド・クリスティーと結婚した。式は一九一四年のクリスマス・イブに行なわれたが、その四か月前にドイツとの戦争が始まったばかりだった。クリスティー大尉は式のわずか二日後に西部戦線へ戻り、新妻のアガサはトーキーのトーベイ病院に働きに出て、フランドルから帰還した最初の負傷兵たちの看護に当たった。

一年半後、病院の調剤薬局に転属となった彼女は、そこで『スタイルズ荘の怪事件』をはじめ、その後の小説に登場する毒薬についての幅広い知識を得ることになった。結婚してクリスティー夫人となったアガサが、最初の探偵小説となるあのスタイルズ荘の事件を書き始めたのは、一九一六年、薬局での仕事が比較的落ち着いていたこの時期のことだった。

物語を書くにあたって、彼女は夫の戦地での経験や、銃後を守る看護婦として負傷兵の世話をした自身の経験を生かした一方、イギリスのベルギー人難民に住居が提供されていたという知識も生かし、実際、トーベイのトー教区にあった自宅近くには彼らの集落が作られていた。

そうしたベルギー人難民の一人を小説の探偵にしてはどうかとアガサは密かに考えた——ベルギー警察を引退した元警官で、やや年配の男というのはどうだろう。

こうしてエルキュール・ポワロが誕生し、アガサは当時まだ三〇歳だったヘイスティングスを、軍の保養所から離れた滞在先でポワロに再会——戦前、保険会社に勤めていたヘイスティングスは、ベルギーで一度ポワロに会っていた——させた。そのヘイスティングスの滞在先というのが、彼の旧友ジョン・カベンディッシュの家族が持つ田舎の邸宅で、エセックスのスタイルズ・セント・メリーという架空の村から一マイルほどのところにあるというスタイルズ荘だった。

屋敷を所有しているのはジョン・カベンディッシュの継母だが、彼女は七〇歳過ぎにもかかわらず、最近、二〇歳も年下のアルフレッド・イングルソープというひどく怪しげな男と再婚した。ジョン・カベンディッシュによれば、彼は「われわれとは住む世界の違う人間」で、「黒い濃い顎鬚をもじゃもじゃはやして、晴れても降ってもエナメル革のブーツをはいてるんだ」という〔『スタイルズ荘の怪事件』より訳文引用〕。そしてミステリーが始まる。

「戦争を終わらせるための戦争」と呼ばれた第一次世界大戦中に、その当時を舞台として書かれた『スタイルズ荘の怪事件』は、アガサのデビュー作として、最終的に一九二〇年にイギリスで発表されて大きな成功を収め、彼女はその後、二〇世紀の「ミステリーの女王」と呼ばれるようになる。ただ、私にとってより重要だったのは、これがエルキュール・ポワロのデビュー作であるということで、彼はやがて架空の探偵として、世界中の人々に愛されるあのシャーロック・ホームズと肩を並べるようになった。

私にとって『スタイルズ荘の怪事件』は、アガサの原作もクライブ・エクストンの脚本も、どちらもまさに最高のものだ。この本が大ベストセラーとなったのは決して偶然ではなく、そこには驚くほど巧みなトリックの数々と、素晴らしく魅力的な登場人物が出てくる。

しかし、先に述べたように、『スタイルズ荘の怪事件』はそれまでに私が演じたポワロとは違う。彼の目の輝き（twinkle）は、他の作品よりもむしろ少ない。戦争という背景が作品のトーンを重苦しくしており、新しい土地に馴染もうとするポワロの努力も決して笑い事ではない。彼と仲間のベルギー人難民たちは、第二の故郷となる国の習慣を理解しようと奮闘している。

テレビ番組としても、このドラマはきわめて異例で、ポワロが出てくるのは開始後一一分が過ぎてからである。主演俳優をできるだけ冒頭から登場させることによって「金をスクリーンに映せ」という映画の常識が、ここでは完全に無視されている。実際、シリーズの他の作品とは大きく異なることを印象づけるように、『スタイルズ荘の怪事件』では、オープニングのシリーズ・タイトルもなければ、クリストファー・ガニングのあのお馴染みのテーマ曲もない。代わりに、ロンドンの通りを行進する兵士や、負傷兵に付き添う看護婦の様子が描かれ、ドラマはまるで長編映画のように始まる。

そうした冒頭の背景説明シーンが終わってからようやく、ヘイスティングスのいる軍の保養所に話の本筋が切り替わり、ニュース映画を見ている彼の姿が映し出される。しかし、ここでもロンドン・ウィークエンドはリスクを冒した。ヘイスティングスが他の患者たちと見ているその白黒フィルムには、彼らの戦友が塹壕で命を落とすシーンが映っていたため、当時、問題となったのだ。子供にとって好ましくない番組は放送しないとされている午後九時前にこうした映像を流すことは、子供も含まれるはずの視聴者にとって苦痛が大きいとされ、普通ならゴールデン・タイムには放送されなかった。

ニュース映画の後、ヘイスティングスは旧友のジョン・カベンディッシュと再会し、スタイルズ荘へ招かれる（クライブ・エクストンの脚本で、その屋敷がエセックスではなくウィルトシャーにあるとされていた理由はよくわからない）。屋敷に着いたヘイスティングスは、ジョン・カベンディッシュの妻メアリと弟のローレンス、イングルソープ夫人の保護を受けている娘で、（アガサと同じように）地元の病院の薬局で働いているシンシア、そして夫人の補佐役として何でもこなす四〇代の女性、イブリン・ハワードに会う。

　イングルソープ夫人がベッドで急に悶死した——その様子はひどく生々しいもので、ＩＴＶにはこれまたリスクだった——とき、当初は心臓発作によるものと考えられたが、村の医師はすぐにそれが毒殺であることに気づく。警察が呼ばれ、必然的に夫人の新しい夫アルフレッドに嫌疑がかけられる。彼の目当ては夫人の多額の財産だけだと家族に疑われていたからだ。

　一方、殺人が起こるまでの間、肝心のポワロはほんのちらりとしか出てこない。彼の最初のシーンは、イギリスの田舎の不思議について教えながら、仲間のベルギー人難民の一団を率いて村の森を歩いている場面である。まず目に入ってくるのは、落ち葉を踏みしめて歩くポワロのスパッツで、このとき初めてあのテーマ曲がバックでさりげなく流れ出す。

　ようやく全身が映し出されたとき、ポワロは仲間のベルギー人たちに「ルリハコベ」というイギリスの植物について説明している。この花が開くと晴天が長続きすると話すポワロは、そこで間を置き、顔を歪める——「この国ではめったに咲かないんです」

　次のシーンでは、ポワロがベルギー人の一団を率いて川にかかる橋を渡りながら、第一次大戦中の有名な行軍歌「イッツ・ア・ロング・ウェイ・トゥ・ティペラリー It's a Long Way to Tipperary」を合唱しようとしている。だが、明らかに声はばらばらで、ポワロが音痴なのも明白である。それでいて、新しい故郷への忠誠を示そうとする彼らの姿勢がひしひしと伝わってくる。全ポワロ作品の中で彼が歌声を披露するのはこのときだけなので、歌が得意とは言えない私はほっとした。

その数分後、ヘイスティングスが村の郵便局でポワロと遭遇する。雑貨屋も兼ねたその郵便局で、ポワロは店の女主人にスパイスを産地別に並べてはどうか——インドから来たものは東に、アフリカから来たものは南にといった具合に——と提案するが、スパイスの瓶の置き場所はすべてわかっているし、それに、店の品物はどれも「同じ問屋から」来るのだと言われる。

女主人の反応がポワロをひどく苦しめるのは、瓶や缶がその大きさの順に並べられていなかったり、産地別に置かれていなかったりすることが、彼の秩序と方法の感覚に障るからだが、彼にはどうすることもできない。また、この物語では、ヘイスティングスとポワロが以前に会ったことがあるという事実も明らかにされる。その当時、ヘイスティングスはロンドンのロイド保険協会で働いており、ポワロはまだベルギー警察に勤務していた。今や六〇代となったポワロはすでに引退し、亡命生活を送っているが、それは「ドイツ軍のおかげで自分の国に住めなくなってしまった」からだ。

郵便局での二人の再会からまもなくしてイングルソープ夫人が死亡し、ヘイスティングスは事件の調査をポワロに依頼しようと提案する。彼はポワロとその同胞が入居しているコテージへ向かい、朝早くにドアをノックする。ポワロはまだベッドにいたが、起き上がって窓を開け、ヘイスティングスに挨拶する。

このシーンを私は死ぬまで後悔するだろう。というのも、せっかく親密になりかけていたポワロを裏切るようなことをしてしまったからだ。私は髪にきちんとブラシをかけないまま、窓を開け、外に身を乗り出した。今思えば、ポワロなら、私が敬愛するあの男なら、絶対にそんなことはしなかったはずだ。玄関の扉をどんなに激しくノックされても、彼なら髪に丁寧にブラシをかけただろう。ブラシをかけずに窓を開けたことを私は今も後悔しているし、このシーンを見るたびに彼を裏切ったように感じてしまう。

当然のことながら、このドラマの衣装デザイナーは、ポワロが初めて登場する物語ということで、私をぐっと若返らせようとした――何と言っても、今回はそれまでのエピソードより二〇年も昔の話だった――ため、私はいつもよりパッドの量を減らし、帽子もホンブルグ帽ではなく、ボウラー・ハットをかぶった。そしてタイも蝶ネクタイではなく、喉元に銀の輪で固定するタイをつけた。

しかし、ポワロの小刻みな歩き方や、動くときに左手を背中にきっちりつける癖など、私がこのシリーズで磨き上げてきた独特の物腰は一切変えなかった。「それが彼だ」と思ったし、「彼という人間の一部として、それは生涯変わらない」と思ったからだ。

心の中で、私はすでにポワロの撮影を何作も経験してきてよかったと思った。そのおかげで、彼のデビュー作を演じるだけの自信を得られたからだ。もし『スタイルズ荘の怪事件』が初めての撮影だったら、私は彼の人間性や独特の物腰を今ほどの自信を持って演じられなかったかもしれない。しかし、ポワロに対して常に忠実であろうとする私の努力は、ロス・デベニッシュが監督だったおかげでよりスムーズになされた。彼がポワロに大きな関心を持ってくれたのは嬉しかった。彼はよく撮影後に私のトレーラーへやって来て、何時間も座り込んでポワロのことを話したものだ。

「彼がどんな人間なのか教えてほしい」とロスはよく言った。「彼はどんなふうに感じ、どんなふうに考えているのかな？　彼に命を吹き込むにはどうするのが一番いいんだろう？」

今だから認めるが、第二シリーズを手掛けるようになった監督の中には、私と折り合いがつけづらくなった者もいた。それは否定できない。なぜなら私は役者として、ポワロというキャラクターについて自分が唯一正しいと信じる解釈を頑なに貫いていたからだ。その頃の私はすでに自分がアガサの創作の守護者になったと感じていたので、みずからの信念を誰にも弱めさせたり、変えさせたりしなかった。そのせいで、何人かの監督は私と意見が合いづらくなった――が、ロスはそうではなく、彼は私がポワロとその生みの親に尽くそうとするのを喜んでサポートしてくれた。

『スタイルズ荘の怪事件』が特別なドラマになったのは、そのおかげだと思う。というのも、この作品ではポワロの風変わりな様子や自惚れ、並はずれた知識、皮肉っぽいユーモアのセンスが描かれてはいるが、彼が虚仮にされたり、笑い物にされたりすることはただの一度もなかったからだ。ロスと私はポワロをできるだけ人間らしく表現したかった。

イングルソープ夫人の死を受けて、調査に手を貸してほしいというヘイスティングスの頼みをポワロが即座に受け入れたのは、彼がヘイスティングスに語ったように、「あの方はわが同胞七名に救いの手を差し伸べてくださったんです、祖国を逃れてきた人間に。われわれベルギー人はそのご恩を一生忘れないでしょう」という思いがあったからだ［『スタイルズ荘の怪事件』より訳文引用］。

アガサが原作で初めてポワロのことを詳しく描写するのは、ちょうどこの場面である。

背丈は五フィート四インチそこそこだが、物腰は実に堂々としている。頭の形はまるで卵のようで、いつも小首をかしげている。口髭は軍人風にぴんとはねあがっていた。身だしなみに驚くほど潔癖で、埃ひとつついただけでも、銃弾を受けた以上に大騒ぎしそうだった［『スタイルズ荘の怪事件』より訳文引用］。

ここの描写を私はほとんど暗記していたが、ポワロがイングルソープ夫人の死の現場となった寝室を調べるために初めてスタイルズ荘を訪れたとき、アガサが「彼はひとつの対象から次の対象へとバッタのように機敏に移動した」と書いていた部分もよく覚えていた［『スタイルズ荘の怪事件』より訳文引用］。あの一節もまた、私の頭からずっと離れなかった。

アガサのこの最初の小説には、ポワロを特徴づける性質がもう二つ出てくる――それはポワロの「灰色の脳細胞」と、ヘイスティングスに対する彼のこんな言葉に表れている。「隠し事などしていませんよ。わたしが知っていることはすべて、その気になれば、きみにも知ることができる。

そこから自分なりの推理をすることです」〔『スタイルズ荘の怪事件』より訳文引用〕。

ポワロの経歴については、当時ただの警部だったジャップにその一部を語らせている。捜査に加わるためにロンドンからやって来た彼は、「アバクロンビー偽造事件」（原作によると一九〇四年に起こった）でポワロと一緒に仕事をしたと述べ、犯人を「ついにアントワープでつかまえた――このミスター・ポワロのおかげで」〔『スタイルズ荘の怪事件』より訳文引用〕と言って、ポワロを地元の警視に紹介する。だが、警視はおかしな訛りで奇妙な歩き方をするこの風変わりな小男にあまり感心していない。

ポワロの方は全くお構いなしだ。彼はこの込み入った事件の調査を大いに楽しんでおり、いくつもの可能性を推理して、ストリキニーネによる毒殺の真相を明らかにしようとする。ただ、この物語にはアガサが創作の中で繰り返し用いた要素がたくさん含まれてもいる。まず田舎の大邸宅があり、それに仕える使用人たちがいる一方、芝生のテニスコートや、滞在客が毎朝の乗馬を楽しむための厩舎があり、その馬を世話する馬丁たちもいる。

また、原作にもドラマにも、戦争の影響によって全く新しい社会が生まれ、それまでの伝統や習慣を維持するのが難しくなるにつれ、壮麗な英国エドワード朝時代の日々が色褪せていくという雰囲気がある。ポワロがこれを感じ取っていたことは、原作で老メイドのドーカスをこう表現したことからもわかる――「昔ながらの忠実な使用人の典型といったところだ」〔『スタイルズ荘の怪事件』より訳文引用〕

イングルソープ夫人の殺害は、若者たちがもはや年長者の「束縛」の下で順番を待つよりも、手っ取り早く遺産を得ようとする時代が突然やって来たことを暗示してもいる。一九一六年にこの小説を書いたアガサは、社会に忍び寄る物質主義の影にそっと注意を向けていた。

それでいて、この小説にはポワロ作品に欠かせない本質的要素のすべてがある。お決まりの長々しい謎解きシーンで、ポワロはスタイルズ荘の住人ほぼ全員にイングルソープ夫人を毒殺した可能性があるとほのめかし、その後でようやく犯人を明らかにする。しかし、彼が多くの謎を魔法のように解き明かしていくにつれ、登場人物も視聴者も彼に愛情を感じるようになる。イングルソープ夫人の保護を受けていたシンシアも、「あの方、とてもかわいいおじさんね」と言っている［『スタイルズ荘の怪事件』より訳文引用］。確かに原作でもドラマでも、ポワロはカベンディッシュ一族の秘密を徹底的に暴くかもしれないが、それで彼に対する視聴者の親愛が損なわれることは少しもない。

そうした親愛の情は今もそのままだ。私はポワロに対する人々の愛情にいつも驚かされる。彼らは私に会ったり、通りで私を呼び止めたり、舞台に私を見に来たりするたびに、いつもポワロのことを話したがる。なかにはポワロが自分にとっていかに大きな存在であるかを何枚もの手紙に書いて送ってくれる人さえいる。

これには全く頭が下がるし、圧倒されそうになる。なぜなら、私が話をする人は誰でもポワロを愛しているようだが、私は決して彼を人から愛されるようにしたつもりはないからだ――私はただ彼をアガサの創作に忠実であるようにしただけだ。

とは言え、一九八九年一二月に『名探偵ポワロ』の第二シリーズの撮影が終わったとき、私には次のシリーズがあるのかどうか確信がなかった。ロンドン・ウィークエンドとの契約では――第一シリーズのときとは違って――新シリーズの選択権は設定されていなかった。つまり、プロダクション関係者の誰も第三シリーズがあるという保証をしなかった。

またしても、私はこれからどうなるのかわからないまま放置されたが、誰もが愛してやまないあの小男を演じ続けたいという思いは切実だった。

シーラと私は、再び彼を演じるチャンスが来たときのために生活を組み立てようとしたが、一方で私にはまだ子供たちの養育費はもちろん、家の維持費も必要だった。実際、第一シリーズの放送の二週間後、何の前触れもなく、屋根の一部が崩れ落ちてきたのだ。

しかし、私がまたポワロを演じたいと願ったのはそんなことのためではない。彼はすでに私の人生の一部になっていて、ほとんど親友のような存在だった。私もまた彼に愛情を感じるようになっていたのだ。もう二度と彼に命を吹き込むことはないかもしれないと考えるだけで悲しくなったのは、自分の俳優人生に彼の居場所を作ることだけが私の望みだったからだ。

第8章　テレビ界の最も意外なイイ男……マンゴーマン

再びクリスマスを迎えても、あの悩ましい問題はそのままだった——私はあの風変わりな探偵と再会できるのだろうか。私にはわからなかったし、シーラにもわからなかった。家族でお祝いをする私たちにわかっていたのは、ファンがポワロを愛していて、批評家も彼を気に入っているということだけだった。だが、それは長続きするだろうか。もしかして視聴者はポワロと私に飽きてきているのではないか。

その答えはすぐ明らかになり、私の心配は杞憂に終わった。一九九〇年一月七日の日曜日の晩、ＩＴＶが二時間スペシャルの『エンドハウスの怪事件』を皮切りに、『名探偵ポワロ』の第二シリーズの放送を開始すると、ありがたいことに、マスコミは一年前と全く同じように好意的だった。

実際、レビューが掲載される前から、私はこのシリーズが批評家に好評であることを知っていた。なぜなら熱烈なプレビューが続々となされていたからだ。驚くべきことに、この小柄なベルギー人は国民的大スターのようになりつつあった。一年半前に撮影を始めたばかりの頃は、世の中にどう思われるかと心配していたのが嘘のようだ。

一九九〇年の目玉番組を紹介するコーナーでは、各紙がポワロの新シリーズに対して魅力的なコメントを掲載したが、そこには女性視聴者への意外な影響についても書かれていた。

シリーズが始まる日曜日の朝、ピープル紙は「この口髭を生やした初老の主人公を見てにやにやしたり、ため息をついたりしている女性ファンからの手紙を山ほど」私が受け取っていると伝えた。それは完全な事実だったわけではなく、すべてが女性からだったわけでもないが、確かにシリーズの最盛期には週に何十通ものファンレターをもらっていた。

同じ日の朝、サンデー・ミラー紙はこう伝えていた――「ポワロは家族みんなのお気に入りとなり」、「女性視聴者にも人気だ」。私が同紙に語ったように、「多くの女性たちが彼を守ってあげたいと思っている。というのも、彼は非常に自惚れが強い反面、ちょっぴり傷つきやすいから。女性たちは何とか彼の力になりたいと思う一方、彼はあらゆる面で人をいらつかせたり、不愉快にさせたりする。典型的な独身男なんだ」

その傷つきやすさこそ、私が第二シリーズで目指してきたものだった。トゥデー紙のライターの一人、アイバン・ウォーターマンからインタビューを受けた私はこう説明した。「僕はポワロが大好きなんだ。彼は偉大な博愛主義者で、人々への愛に満ちている。とても温かい人間で、僕自身も心から大切に思っているよ」。全くその通りだった。

その前日のサン紙には、ポワロと私についての二〇のトリビアが紹介されていた。それには、私が——ポワロと同じくらい——「超几帳面」であるとか、「細かいことに特に注意」を向けるとか、シーラと出会ったのは一九七二年、コベントリーの『ドラキュラ Dracula』の舞台で共演したときだったとか、一四歳のときにウィンブルドンのジュニア選手権で決勝戦まで勝ち進んだが、演技のためにテニスを諦めたとかいったことが書かれていた。厳密に言うと、自分が望むレベルでテニスを続けるだけの時間がなかったというのが事実だ。もし俳優になるために本当に諦めたスポーツがあるとすれば、それは大好きだったラグビーで、必要なトレーニングをすると演技の時間は残らなかったからだ。

こうした個人的な事柄が取り上げられることには、少し違和感があった。私は性格俳優であって、スターでもセレブでもない。その違和感がさらに強まったのが、数週間後、ウーマンズ・レルム誌が私を「テレビ界の最も意外なイイ男」と呼んだ——「恰幅のいい」という形容はあったにせよ——ときだった。

ただ、ウーマンズ・レルム誌はこの小男に対する私の思いを説明する場ともなり、私はインタビューでこう語った。「俳優は演じる役に惚れ込まなければならない。役と深く親密な関係を持ち、その内面に入り込まなければならない。その点、僕はポワロが大好きだからとても幸運だ」

イギリスのテレビの批評家たちも非常に好意的だった。なかでもサンデー・タイムズ紙は、私の「控えめで完成されたベルギー人探偵」の再登場を歓迎し、そうしたレビューは明らかにシリーズに有利に働いた。一九九〇年の一月から二月にかけて、日曜の晩の視聴者数は前シリーズの約八〇〇万人を上回るようになり、一〇〇〇万人、一一〇〇万人、そして一二〇〇万人へと週を追うごとに増加していった。

新シリーズでの私の仕事ぶりを最も直感的に評価したのが、小説家でジャーナリストのセリア・ブレイフィールドだった。自身のコラムで批評を行なっていた彼女は、私のポワロを「見る者を虜にする」、「テレビ界で最も抗しがたい魅力の持ち主」と表現した。セリアはまた、私がポワロのあまり魅力的でない性質も恐れずに演じている一方、彼を滑稽に見せないように配慮しているという実に鋭い指摘もしてくれた。

演劇関係者も同じく好意的だった。というのも、新シリーズが始まって数日後、私は第一シリーズのエピソードの一つである『砂に書かれた三角形』が、ニューヨーク国際映画テレビ祭のドラマ部門で最優秀賞を受賞したことを知ったからである。それが明らかになったのは、アメリカの公共放送PBSの「ミステリー」・シリーズの一部として、第一シリーズの放送が始まる一九九〇年一月一八日の木曜日のわずか数日前のことだった。

第一シリーズに対するアメリカのレビューは驚くべきものだった。フィラデルフィア・インクワイアラー紙はなかでも好意的で、常勤ライターのジョナサン・ストームは、私の演技の緻密さや完成度をこう称賛した。「スーシェは、ピーター・ユスチノフやアルバート・フィニーといった往年の名優たちには捉えられなかった慈悲の心をポワロにもたらし、彼を良き友人にもしている」

ワシントン・ポスト紙は、私が「あの馬鹿げた口髭をひねり上げ、自惚れ屋のポワロを見事に」演じたと述べた一方、ニューヨーク・タイムズ紙は、私の役作りが「原作の描写を忠実に表現している」と丁寧に講評し、ブロードキャスト・ウィーク誌は私の演技を「驚嘆すべきもの」とし、「彼はあのベルギー人探偵になりきり、自分のものにした」と述べた。そしてウォール・ストリート・ジャーナル紙は、きっぱりこう締めくくった――「何はともあれ、このポワロは楽しい」

一方、カナダでもトロント・スター紙のグレッグ・クイルが同じように熱狂し、私の演技を「ポワロの決定版であり、激しやすく、潔癖で、尊大で、本質的に異常なほど自己中心的な探偵の性質が、彼の素晴らしい演技によって発揮されている」と述べた。

これ以上ないほど好意的なレビューばかりで、私は自分の仕事が認められたと実感した。

こうして素晴らしい成功を収めたわけだが、それでも次のシリーズがあるという保証はなく、私には仕事が必要だった。そんなとき、あるチャンスが飛び込んできた。私が七〇年代から八〇年代に仕事をしていたロイヤル・シェイクスピア・カンパニー（RSC）の芸術監督、トレバー・ナンからの依頼で、一九九〇年四月から五月の二か月間、ヤング・ビック劇場でシェイクスピアの『アテネのタイモン』を演じてくれないかという。

すでにRSCの専属ではなかったトレバーは、『キャッツ』や『レ・ミゼラブル』といったミュージカルをはじめ、次々とヒットを手掛け、その頃にはウエスト・エンドの一流演出家の一人としての地位を築いていた。彼とは一九七九年、モス・ハートとジョージ・S・カウフマンの喜劇『ワンス・イン・ア・ライフタイム』をウエスト・エンドの舞台で演じたときに一緒に仕事をしたが、それもずいぶん昔のことで、私はぜひまた彼と仕事をしたいと思った——が、もしポワロの新シリーズの依頼が来たらどうしよう。両方できるだろうか。もし二つが重なったらどうしよう。私は本当に迷った。

考えに考えた末、第三シリーズの確かな話もなかったので、私は思い切ってトレバーと『アテネのタイモン』をやることにした。五週間の稽古に続いて二か月間の公演ということで、私は一九九〇年五月下旬まで拘束されることになった。唯一懸念されるのは、もしポワロの新シリーズをやることになったら、私は心身の限界まで追い込まれるということだった。

しかし、『アテネのタイモン』は素晴らしいチャレンジだった。シェイクスピアの晩年の戯曲——一六〇七年か一六〇八年に初演——とされるこの作品は、それほど頻繁には上演されない。子供たちが殺されてパイにされる話と一般に思われがちなのは、『タイタス・アンドロニカス』と混同されているからだ。事実、『アテネのタイモン』が最後にRSCで上演されたのは、リチャード・パスコが主役を演じた一〇年前の一九八一年で、ポール・スコフィールドがタイモンを演じたのはさらにその十数年前だ。この戯曲がなかなか上演されない一つの理由は、それが未完の作だからである。専門家の中には、全編がシェイクスピアによって書かれたわけではないとする者もいる。

一方、私がこの役を演じてみたい理由はたくさんあった。もちろん、私はチャレンジを求めていた――どんな性格俳優でもそうではないだろうか。トレバーとシェイクスピア劇をやるのも初めてのことで、ずっとやりたいと思っていた。私にとっては、一九八七年の『セパレーション』以来の舞台でもあり、『アテネのタイモン』は、私がテレビの仕事と並んで、古典派の舞台俳優としての自分を取り戻す機会にもなりそうだった。それに、テレビで私を見た何百万という人々の一部でも劇場に足を運んでくれれば、二つのキャリアを結びつけられるとも期待した。

おわかりのように、私は俳優としての自分のメインの仕事場は舞台だと信じているため、常に舞台へ戻ろうとしてきた。私は単なるテレビ俳優や映画俳優、あるいはスターやセレブになりたいと思ったことは一度もない。私は自分がずっとなりたいと憧れてきた性格俳優であり続けたい。だから好きなメディアはあるかと訊かれると、いつもないと答える。私は夢だった性格俳優でいるためなら何でもするつもりだ。

しかし、『アテネのタイモン』が始まる前から、私は混乱状態に陥っていた。ロンドン・ウィークエンドが急にポワロの第三シリーズの制作を決定し、六月末から撮影を始めるからと私に続投を依頼してきたのだ。

一瞬、私は動揺した。もう少し早く言ってくれていたらよかったのに！『アテネのタイモン』からそのまま『名探偵ポワロ』の撮影に入ったら、自分を酷使しすぎて、満足のいく演技ができなくなる恐れがある。私はどうすればいいのだろう？

ロンドン・ウィークエンドから依頼があったのは、一九九〇年三月にイギリスでポワロの第二シリーズの放送が終わろうとしていたときで、私がタイモンの稽古をしていたときだった。少し前に第一シリーズがアメリカで成功し、ヨーロッパでもヒットしていた（その頃にはドイツでも放送されていた）ことが、ポワロの新シリーズ決定に少なからず影響を与えたようだ。もはや他に選択肢はなかった。私は再びあの小男を演じようと決心した――心からそうしたいと思ったし、断ったら後悔すると思ったからだ。そのため、ウエスト・エンドでの『アテネのタイモン』の公演が終わったら、すぐにポワロの第三シリーズの撮影に入ることになったわけだが、それは新シリーズの前に休息を取る暇が全くないこと、そして一年間ほとんど無休で仕事をすることを意味した。

仕事のチャンスをもらえるのはありがたいことだが、その反面、心身を消耗することになるのは明らかだった。それでポワロの演技が損なわれないだろうか。そんなことはないと思ったが、とりあえず様子を見る必要があった。

そんな中で『アテネのタイモン』の公演が始まった。ありがたいことに、私の演技は観客の心を捉えたようで、レビューも素晴らしく、劇場も満員だった――ポワロに会えると期待してやって来た客もいたのは間違いない。しかし、舞台は三時間近くにわたる長丁場で、特に第二幕は心身を消耗するものだった。週八回の公演を終えた私は、くたくたに疲れきって劇場を出た――が、心は達成感で一杯だった。

実際、少し後になってわかったことだが、『アテネのタイモン』は、私が集客力のある俳優として地位を確立する助けになったようで、私はこの役に大いに感謝した。

こうしてヤング・ビック劇場での公演が終わるとすぐ、私は再びトウィッケナム撮影所でポワロのプリプロダクションに入ったが、二年前の夏に初めて臨んだときほど新鮮な気持ちでないことは確かだった。

新シリーズに取り組もうとしたちょうどその頃、偶然にも、私が演じた別のテレビドラマ——エドワード・ボンドの戯曲『ビンゴ』のドラマ版で、悩めるウィリアム・シェイクスピアを演じた——が放送され、私が演じているのはポワロだけではないという事実が裏づけられた。

あるテレビ雑誌では、私が「役によって様々な顔を持つ男として、名優アレック・ギネスに急速に近づきつつある」と評価してくれた。もちろん、非常に光栄に思ったが、その余韻に浸っている暇はなく、新しい口髭をはじめ、再びパッドやスパッツを身につけるのに大忙しだった。

それまでと同様、アガサの短編を原作とした新シリーズの一作目は、『あなたの庭はどんな庭？』だった。一九三五年のチェルシー・フラワーショーで自分の名がついたバラを贈られたポワロは、会場で車椅子の老婦人と出会い、「びっくりなさるものが見られますわ」と種の袋を手渡される。その直後、老婦人はカメラの前で悶え死ぬ——スタイルズ荘のイングルソープ夫人と同じく、これまたプロデューサー側の大胆な一手だった——が、毒殺であることが判明する。そこでポワロが彼女の死について調査することになるのだが、サリー州にある屋敷には、容疑者の一人としてロシア人亡命者の女性がおり、部屋にはロシア正教の信仰を示す品々が置かれていた。

アガサが亡くなる少し前の一九七四年、『ポワロズ・アーリー・ケイスィズ（ポワロ初期の事件簿）

Poirot's Early Cases』という短編集に収録され、英米両国で発表されたこの作品は、やや内容が貧弱であるため、ドラマでは話を膨らませ、テレビ向けに脚色する必要があった。正直なところ、アガサの短編はどれもがテレビに適しているわけではなく、作品によっては一つか二つ要素を加えて、話を盛り上げる必要があった。ただし、そこは脚本家の腕の見せ所というわけで、今回はアンドリュー・マーシャルの手によって、アガサの物語がより楽しいものに工夫された。

第一話のそうした追加要素の一つが、ポワロの新しいコロンをめぐるサブプロットで、花粉症によるものと思われたヘイスティングスのアレルギーの原因が、実はこのコロンであることがわかる。ポワロの自慢とヘイスティングスのくしゃみをめぐる騒ぎが軽快に描かれ、このエピソードの最大の魅力の一つとなっている。

二作目の『100万ドル債券盗難事件』も、同じく内容の薄い作品ではあったが、ポワロとヘイスティングスがキュナード社の新造船クイーン・メリー号の処女航海でニューヨークへ旅することになり、ポワロが船酔いの恐怖を克服するという筋が含まれている。ただし、ポワロにとって痛快なことに、mal de mer（船酔い）に倒れたのは、ポワロではなく、ヘイスティングスの方だった。

その後にポワロ・シリーズの常連となったアンドリュー・グリーブが監督を務めた本作は、大西洋を渡る船の上で、一〇〇万ドル相当の債券が鍵のかかった箱から盗まれるという事件を軸としている。アンドリューは、処女航海を伝える実際のニュース映画の白黒フィルムをうまく利用して、ドラマに当時らしい雰囲気を与え、物語にちょっとした肉づけを行なった。

三作目の『プリマス行き急行列車』が一つの驚きだったのは、今やこのポワロ・シリーズには屈指の名優たちを引き寄せる力があることを明らかにしたからだ。共演者にはあのケネス・ヘイグもいて、彼は一九五六年にジョン・オズボーンの革新的な戯曲『怒りをこめてふりかえれ』〔青木範夫訳、原書房、一九五九年〕で最初に主役のジミー・ポーターを演じた名優である。舞台で彼のことを知っていた私は、彼がこのドラマで「故買屋」の役を引き受けてくれて本当に嬉しかった。彼のおかげでキャストの厚みが増した。

しかし、ポワロの新シリーズに引き寄せられたのは大御所ばかりではなかった。ドラマでは、のちにスターとなる若手の俳優たちも主要キャストに迎えられた。なかでも四作目の『スズメバチの巣』には、当時三〇代のピーター・キャパルディが出演しており、彼はその後、政治コメディーの『官僚天国！ 今日もツジツマ合わせマス』で、首相官邸の敏腕広報局長マルコム・タッカーを好演して有名になり、『ドクター・フー』シリーズでは一二代目ドクターに抜擢された。スコットランド出身で、カリスマ的魅力を持つピーターは、このエピソードで芸術家のクロード・ラングトンを演じ、冒頭近くで村祭りのピエロに扮した彼は実に見事だった。

あのエピソードで私が今でも忘れられないのが、ポワロのキャラクターを守るため、またもや監督に立ち向かわなければならなかったことだ。監督のブライアン・ファーナムは、大掛かりなクレーン・ショットで祭りの会場全体を見下ろすシーンを撮るつもりだった。上からカメラが狙うところへ、ポワロが歩いてきて、会場の向こう側にいるヘイスティングスに大声で呼びかけるというのが彼の指示だった。

それが私にはできなかった。私はブライアンを脇に呼んで、こう言った。「本当に悪いんだけど、ポワロならあんなことはしない。彼らしくないよ、向こう側にいる人間に大声で叫ぶなんて。叫ぶくらいなら、ヘイスティングスの方へわざわざ歩いていくだろうね」

私がそのことで申し訳ない気持ちになったのは、監督のせっかくのショットを台無しにしようとしていたからであり、スタッフがそのために長い時間をかけて準備していたからである。しかし、それでも私はポワロの信頼を裏切るわけにはいかなかった——どんなに気まずい思いをしても。

ブライアンは非常に理解のある男で、スタッフもそうだったが、ポワロがするように、私が会場の向こう側まで歩いていき、ヘイスティングスに話しかけるためには、そのシーンを撮り直さなければならない。皮肉なことに、アガサが一九二八年に書いた原作の短編にヘイスティングスは登場しない。彼はドラマの脚本で新たに加えられたのだった。

クレーン・ショットのことで議論した後、こうしたことが二度と起こらないように、私はいつも事前にセットに入り、カメラの配置をブライアンと話し合うことにした。実際、ピーター・キャパルディがあれほど見事な演技を披露してくれたこともあって、この『スズメバチの巣』のエピソードは、このシリーズの私のお気に入りの一作となった。

五作目では、第一シリーズも手掛けた監督のレニー・ライが、喜んで私にポワロのこだわりを表現させてくれた。そのため、ポワロが何かの鳥の卵を調べようとひざまずくシーンでは、ズボンを汚さないように、私はまたもや地面にハンカチを敷いた。卵は事件の大きな手がかりとなるのだが、この物語にはもう一つ、推理小説家に憧れる宿の主人が書いた小説の中の「大事件」もあり、ポワロは彼のために結末を見つけてやる一方、『マースドン荘の惨劇』の裏にある真相を暴く。

「エルキュール・ポワロはすべてを目に留め、何一つ忘れはしません」と話すポワロが解き明かす屋敷の殺人事件は、幽霊の仕業のように思われるが、もちろん、そうではない。このドラマの楽しいところは、ポワロが自分の蝋人形を見つけるシーンで、彼は人形にぞっとしつつも魅了される。もし私が自分の蝋人形に出くわしたら、同じように感じるだろう。

『スズメバチの巣』がこのシリーズでの私のお気に入りの一作だとすれば、『二重の手がかり』は間違いなく、私の心を最も揺さぶるエピソードだった。一九二三年に書かれたこの作品には、ポワロが心から愛した唯一の女性、あの華やかでエキゾチックなヴェラ・ロサコフ伯爵夫人が初めて登場する。

彼女はその後、二編のエピソードに出てくるが、本作が二人の最初の出会いであり、ポワロと私——にとって決して忘れられないものとなった。

一八九一年に書かれたコナン・ドイルの小説『ボヘミアの醜聞』のアイリーン・アドラーが

シャーロック・ホームズにとってそうだったように、伯爵夫人はポワロにとって常に「あの女性（ひと）」なのだろう。しかし、アドラーがホームズにしたのと違って、夫人はポワロを出し抜いたりしない。それどころか、ポワロはイギリス有数の名門貴族から何度も宝石を盗んだ彼女の罪を見逃してやる。ポワロが夫人をジャップ主任警部に引き渡すことは決してないのだが、警部は警部で、上流階級を狙った一連の宝石盗難事件の犯人を捕まえなければ首になると、ひどく心配しながらポワロのところへやって来る。

伯爵夫人を演じたのは、印象的な女優のキカ・マーカムで、当時、強い女性の役で定評があった彼女は、伯爵夫人の役に求められる適度な色気と威厳をうまく醸し出した。彼女の伯爵夫人がポワロをより一層魅了したことは間違いない。

物語の中で、ポワロは夫人にこう告白する。「あなたは私がこれまでに出会った最高に素晴らしい女性です」。そして「あなたにお会いできたのも」犯罪のおかげだと。

しかし、ポワロは冒頭でヘイスティングスにこうも言っている――「結婚は遠慮します」。このドラマのラストで、ポワロは事実上、もう二度とない恋愛のチャンスに別れを告げており、それは――アメリカでの新生活に旅立つ伯爵夫人に手を振りながら――彼が永遠に孤独のまま生きる運命にあることを示している。

ポワロは伯爵夫人がイギリスを離れ、法の裁きを逃れる手助けをするが、そんな二人の別れの場面は、イギリス映画史上最もロマンチックとされるデビッド・リーン監督の『逢びき』のラストシーンを彷彿とさせる。ただし、ここでは、新たな人生に向けて国を去るのは夫人の方で、残されたポワロは一人、失った可能性を思いながら、駅のホームに立ちつくしている。

一方、このシリーズの次のエピソードでは、ポワロが恋愛ではなく脅迫に直面する。『スペイン櫃の秘密』が最初に発表されたのは、一九六〇年、『クリスマス・プディングの冒険』〔橋本福夫・他訳、早川書房、二〇〇四年〕というアガサの短編集だった。タイトルには脅かすような感じはほとんどないが、本作はアガサが書いた中で最も恐ろしい物語の一つだ。実際、『スペイン櫃の秘密』は、『バグダッドの大櫃の謎』〔『黄色いアイリス』(中村妙子訳、早川書房、二〇〇四年)及び『マン島の黄金』〔中村妙子他訳、早川書房、二〇〇四年〕所収〕という初期の作品を膨らませたもので、そちらは一九三九年、アメリカで『ザ・レガッタ・ミステリー(レガッタ・デーの事件)*The Regatta Mystery*』という短編集に初めて収録されたが、イギリスでは一九六〇年まで発表されなかった。

冒頭から背筋が寒くなるようなこのドラマは、謎めいたカーチス大佐が絡んだ剣の決闘シーンから始まり、この男こそが陰謀の主謀者であることが明らかになる。大佐を演じたのは、これまた非凡な俳優のジョン・マケナリーで、当時四〇代後半だった彼は、きわめて劇的な形で悪意を表現することができた。私の旧友でもあるジョンは、ナショナル・シアターの元メンバーで、フランコ・ゼフィレッリ監督の一九六八年の映画『ロミオとジュリエット』で名声を得た。

『スペイン櫃の秘密』の撮影で、ジョンが私の喉元に剣を突きつけたときは、ポワロも私もさすがに震え上がった。彼の演技があまりにも真に迫っていたため、一瞬、私は本当に喉を突き刺されるのではないかと思った。

作品の舞台はまたしてもイギリスの上流階級で、ポワロはレディー・チャタートンから調査を依頼される。彼女は友人のマーゲリート・クレイトンが、気性の激しい夫のエドワードに殺されるのではないかと心配している。そこでポワロはクレイトンに会うためにあるパーティーへ出かけるが、クレイトンは——不可解にも——姿を見せなかった。翌日、目を突き刺された彼の遺体が櫃の中で発見される。

アンソニー・ホロヴィッツの見事な脚本とアンドリュー・グリーブの演出のおかげで、このドラマにはポワロと私が重なるような特別な瞬間がもう一つあった。

物語のラストで、「私はツイていただけです」と言ったポワロは、目をわずかに輝かせて、「イギリス的に謙虚になろうと」努力しているのだと続ける。そして一瞬置いてから、皮肉たっぷりにこう締めくくる。「誰よりも最高に謙虚だと言われるようにね」

ポワロと同じく、私も常に謙虚でありたいと願っているが、これについては二人とも思うところがある。というのは、私たちはどちらも自信というか、自惚れのようなものも持っているからだ。それがなければ、どうして仕事ができるだろう。

新シリーズに品格をもたらした旧友は、ジョン・マケナリーだけではなかった。第八話『盗まれたロイヤル・ルビー』で共演した故フレデリック・トレベスとステファニー・コールの二人は、どちらも私とは古い知り合いだった。フレデリックは、第二次世界大戦で商船員として従軍し、その勇敢さから大英帝国メダルを授与された。そのためか、ロイヤル・アカデミー・オブ・ドラマチック・アート（王立演劇学校）で学んだ後、彼は軍人の役を演じることが多かった。一方のステファニーは、三〇代後半のときから年配の女性を演じていたようで、ＢＢＣのドラマ・シリーズ『テンコ Tenko』やアラン・ベネットの『トーキング・ヘッズ Talking Heads』などに出演した。二人とも『盗まれたロイヤル・ルビー』を大いに盛り上げ、私は彼らのような優れた役者が喜んでポワロ・シリーズに出てくれることが嬉しかった。

一九六〇年、『クリスマス・プディングの冒険』としてイギリスで初めて発表されたこの『盗まれたロイヤル・ルビー』は、お気に入りの特別なチョコレートを一箱買ったポワロが、クリスマスを一人静かに過ごせると喜ぶシーンから始まる。ところが、イギリス政府から、エジプトのファルーク王子が所有する宝石の盗難事件を調査するように依頼され、彼の計画は崩れ去る。王子が宝石を謎めいた若い女性に渡したことを知ったポワロは、その女性を追って、フレデリック演じる著名なエジプト学者と、ステファニー演じる彼の妻の住む田舎の邸宅へ向かう。

私の一番のお気に入りのシーンは、家族が集まったクリスマス・イブの晩、ポワロがマンゴーの種の取り方を披露する場面だ。実際、このシーンをドラマに入れるように頼んだのは私なのだが、これにはこんな事情があった。

一九九〇年四月、第三シリーズの撮影が始まるほんの数週間前のこと、私はバッキンガム宮殿から女王陛下の「プライベートな」昼食会への招待状を受け取った。それによると、昼食会は五月二日で、その日は私の四四歳の誕生日だった。シーラも私も仰天し、私は半ば冗談のように、これはいたずらではないかと彼女に確かめた。しかし、シーラが手紙にあった番号に電話してみると、本当のことだとわかった。

というわけで、私はその年の誕生日、女王とエジンバラ公のご夫妻とともに昼食をいただくことになった。ゲストは合わせて一二名で、女王が興味を持たれた人々が社会の各方面から招かれていた。

食事中、私は女王の向かいにおり、テーブルの同じ側に三席分離れて座っていたフィリップ殿下と話し込んでいた。そのとき、誰かが左耳にこう囁いた。「果物はいかがでしょうか?」

私はよく見回すこともなく、軽く頷いて、差し出された巨大な果物鉢に手を入れ、適当に何かを取って自分の前の皿に置いた。そして下を見てぞっとした。何も知らずに、マンゴーを取っていたのである。私は震え上がった——「やんごとなき方」の前で、その皮をどう剝き、どう食べればいいのか全く知らなかったからだ。

ひどく動揺した私は、殿下の方を向いて、こう打ち明けた。「殿下、私は大変困った状況におりまして——できればお助けいただけませんでしょうか。誠にお恥ずかしい話ですが、私は残念ながら、このマンゴーの扱い方を全く存じませんので」

それを聞いたフィリップ殿下は大きな笑い声を上げ、即座にこう答えた。「よろしい、私が教えてあげましょう」

殿下はさっそく別のマンゴーを手に取り、私にどうやるかを見せてくれた。彼はまずよく切れるナイフを取り、その先端をマンゴーの中心にある種に当たるまで差し込んだ。そして刃先が種から離れないようにして、マンゴーをぐるりと一周させた。こうすると、マンゴーはまだ種でくっついているが、果肉は半分に割れた状態になる。

次に彼はナイフを抜き、切り口から今度はデザート・スプーンを差し込んで、果肉から種を剝がすようにして一周させた。

「ここまでやったら」と彼は笑顔で言った。「ねじって果肉を切り離す。そして種をすっかり取り除いて、ナイフで果肉に切れ込みを入れる。そこまでやったら、両手で裏返して、果肉が上になるようにして皿に置く。これでマンゴーが食べられます」

私は一人でじたばたせずとも、目の前のマンゴーを食べられることに大いに安堵した。

その日はショーンが送り迎えしてくれていたので、私は昼食会を終えて車に戻ると、すぐにブライアン・イーストマンに電話をかけてこの出来事を話し、『盗まれたロイヤル・ルビー』のイブの晩のシーンにぜひこの話を盛り込もうと言った。

これについてはドラマの中にちょっとした冗談も含めてある。屋敷の主人から誰にマンゴーの皮の剝き方を教わったのかと訊かれたポワロに、脚本家のアンソニー・ホロヴィッツはこう言わせている。「さる公爵から」

私たちは完成したドラマの映像をバッキンガム宮殿に送ったのだが、何とそれは亡くなった皇太后のお気に入りになったという。実際、私はあの昼食会以来、エジンバラ公にお目にかかるたびに、殿下からいつも「マンゴーマン」と呼ばれる。

一方、このシリーズの最後から二番目のエピソードとなる『戦勝舞踏会事件』では、作り込まれた演出の数々に大いに感心させられた。例えば、客の誰もが「有名人に扮して」来ることになっている華やかな仮面舞踏会には贅沢なセットが用意された。ポワロはすでに有名人である自分に仮装は必要ないと言い張るが、ヘイスティングスの方はちょっとふざけて、「怪傑紅はこべ」に扮して行くことにする。ドラマの冒頭シーンでは、イタリアの即興喜劇コメディア・デラルテに登場する人物をかたどった、美しい陶器の人形のセットが映し出される。このコメディア・デラルテの登場人物に扮した客の二人が遺体で発見されると、ポワロはジャップを手伝って犯人を明らかにする。撮影の終わりに、私はその模造品の磁器の人形をプレゼントしてもらい、今も大切に持っている。

『戦勝舞踏会事件』のもう一つの舞台となったのがラジオのスタジオで、脚本家のアンドリュー・マーシャルは、登場人物の一人にちょっとした冗談を含んだ台詞を言わせた——「俳優っていうのは適当なところでやめるってことを知らないんです」。事実、最後の謎解きはラジオのスタジオで行なわれ、ポワロが舞踏会で起こったことを再現し、リスナーに向けて生放送される。ただし、あの台詞にどんな含みがあったにせよ、ポワロはスタジオやマイクの誘惑にも負けず、適当なところでやめることを知っていた。

第三シリーズで最後に放送された『猟人荘の怪事件』は、ヨークシャーの猟場での雷鳥狩りが舞台となっている。もとは一九二四年、アガサの最初の短編集『ポアロ登場』に収録されていた作品だが、この短編集はロンドンの挿し絵入り週刊誌スケッチの編集者から依頼されて誕生した。本として出版される前は、ストーリーが毎週雑誌に掲載される形で発表され、その約三〇年前、シャーロック・ホームズの物語がストランド・マガジン誌に掲載されていたのとよく似ている。

撮影中はひどく寒かった。ヨークシャーの猟場の気温は氷点下で、私はポワロが腰かけることになっていた狩猟用ステッキからずり落ちてばかりいた。長雨の後で地面がひどくぬかるんでいて、ステッキがきちんと固定されなかったからだ。あるときなど、スタッフが二〇分もかけて私の服の泥を落としてくれたが、もちろん、それはポワロを汚れた服で登場させるわけにはいかないからだ。ドラマの中で、ポワロは風邪を引く——そして当然のように私も引いた。こうしたことは私がポワロを演じていた頃に何度もあった。ポワロが風邪を引くと、必ず私も風邪を引くようで、今回もそうだった。現場はこれまで経験した中でも特に寒さが厳しく、地面は雪に覆われていて、私は用心してパッドの下に保温下着まで着込んだにもかかわらず、ぶるぶる震えていた。

とうとうポワロは宿のベッドで寝込んでしまうため、狩猟会の主催者で裕福な地主のハリントン・ペイスが殺されたとき、調査はヘイスティングスとジャップに任された。しかし、ポワロも私も最後には何とか回復し、猟人荘に住む家族の前で謎解きをして、犯人を暴いた。

第三シリーズの撮影が終わったのは一九九〇年のクリスマスの直前で、第一話は一九九一年一月六日の日曜日にロンドン・ウィークエンドによって放送されることになっていた。今回もまた、あれだけ複雑なドラマにしては驚くほどの早さで処理され、最終話の第一〇話は三月一〇日に放送予定となった。撮影を終えたらすぐ放送という方針のため、私たちは次から次へといつも大急ぎで撮影を進めていた。

ショーンの車でピナーの自宅へ帰るとき、私は「自分のような人生、そしてこれほど非凡な役を演じる機会に恵まれた俳優がどれだけいるだろう」と考えた。

そのときまでに、私は二編の二時間スペシャルを含む三〇編のエピソードで三〇回、合わせて三二時間にわたってテレビのゴールデン・タイムでポワロを演じていた。次はどうなるのだろう。

第9章

どんなことにも決して自惚れないようにすることだ

撮影した第三シリーズの最終話が放送されたとき、確かだったのは、ロンドン・ウィークエンドとの間で次のシリーズの選択権は設定されていないということだけだった。私としてはポワロをまた演じたいと思っていたが、子供たちは育ち盛りだったし、仕事が必要なこともわかっていた。新シリーズの依頼があればいつでも応じられるように努めたが、生活のこともあり、働かなければならなかった。

俳優仲間から魅力がないと思われていた役を私が引き受ける気になったのは、将来への不安と仕事の必要性からだった。ジョゼフ・コンラッドのビクトリア朝時代の傑作で、一九〇七年に初めて発表された『密偵』〔土岐恒二訳、岩波書店、一九九〇年〕は、一八八六年の陰鬱なロンドンを舞台とした小説だったが、私はBBCが『ザ・シークレット・エージェント The Secret Agent』として新たにドラマ化した作品で、アナーキストでスパイのアドルフ・ヴァーロックを演じることになった。

脚本は英国の劇作家ダスティー・ヒューズ、監督は同じくイングランド出身のデビッド・ドルーリーで、キャストはヴァーロックの妻ウィニー役のシェリル・キャンベルをはじめ、ロンドン警視庁の警視監を演じるパトリック・マラハイド、イースト・エンドの密偵ヴァーロックを監視しようとするヒート警部役のウォーレン・クラークなど、錚々たる顔ぶれだった。

ヴァーロックは、私がテレビで初めて演じた根っからの悪人役という点で、私にとって画期的なキャラクターであり、ときには人をいらつかせながら、どこまでも魅力的なポワロとは全く対照的だった。ヴァーロックが社会を破壊しようとする悪党で、視聴者に親近感を抱かせるのは難しいというのは偽りのない事実だった。しかし、そんなヴァーロックを演じることは、私にとって真の挑戦だった——ヨーロッパ文学屈指の悪人を、尻尾と角を持った単なる怪物に変えるのではなく、生身の人間としていかに表現するか。実際、暗い題材ではあったが、私は彼がどんなに卑劣でも、そのキャラクターのせいで気が滅入るようなことは一度もなかった。むしろヴァーロックを演じることで、視聴者に自分の違った一面を見せるチャンスになると思ったし、私にとってそれは大きな意味があった。

当時、私は四五歳で、普通ならほとんどの人が家庭においても、仕事においてもすっかり落ち着いている頃だろう。彼らは私と同じように家や子供を持ち、運がよければ、ほぼ確実な将来も持っている。しかし、そんな贅沢が許される役者は一人もいない——特に私のように性格俳優としての道を歩もうと決意した者には。それよりもっと柔軟になって、与えられたチャンスは何でも受けるようにしなければならないことはずっと前からわかっていた。それもシーラの支えがあったからこそ、何とかやってこられたのだ。元女優の彼女は役者の生活がどういうものかを理解してくれていた。それは常にジェットコースターのようで、二人とも先のことは全くわからなかった。

それが役者の生活というものだったので、シーラも私も半年より先のことは考えないようにしていた——うまく行かなかったら、いつでも生活を変える覚悟があった。良いときも悪いときも、私たちはずっとそう思ってやってきた。うまく行かなかったら、この家を売って、もっと手頃なところへ移るか、一緒になった頃のようにナローボート〔居住設備のある河川用ボート〕の暮らしに戻ればいいといつも二人で話していた。それはいざとなったら、どこへ行くことになろうと、いつでもすべてを投げ打つ覚悟があるという姿勢だった。

しかし、ポワロが一つの可能性として残されている限り、どうしてもできないと決めていたことが一つあった——それは古巣のロイヤル・シェイクスピア・カンパニー（RSC）に戻るという選択だった。劇団を愛していた私にとって、これは辛い決断だった。事実、ありがたいことに、私はほぼ毎年、一作だけでもと劇団から復帰を求められていたが、これを受けたら長期間拘束されることになるため、もしポワロの新シリーズの依頼が来たら応じられなくなる。RSCに戻らないというのは正しい決断ではあったが、そこにいる仲間たち、特にプリンシパル・アソシエイト・ディレクターのマイケル・アッテンボローの誘いを断ることはとても辛かった。彼は私がずっと大切に思ってきたあの劇団に戻るようにいつも優しく勧めてくれた。

しかし、たとえRSCの誘いを断ることになっても、自分の決断に落ち込まなかったのは、私が常に前向きな人間だからである。私は俳優であることを本当に幸運だといつも感じているが、もし俳優としてやっていくなら、物事を現実的に考える必要があることも理解している。つまり、どんなことにも決して自惚れないようにすることだ——最高のレビューにさえも。それに成功の階段を上り続ければ、いつかは必ず頭打ちになる日が来る。私のモットーは、自分のやるべき仕事を慎重に選び、どんなに困難でもそれにベストを尽くしたら、結果は後からついて来るというものだった。

ただ、そうは言っても、ポワロを演じ続けたいという思いはあった。友人の中には、「ポワロはもうたくさんじゃないのか？」と訊く者もいた。

私はいつもこう答えた。「人々は彼を愛しているし、実際、僕もそうなんだ」

それだけに、ポワロを再び演じられるかどうかわからない状態は一層の試練となったが、いくつか慰めもあった——『名探偵ポワロ』が始まって以来、私のもとに寄せられた素晴らしいファンレターもその一つだ。過去に一、二通のファンレターをもらうことはあったが、急に大量のファンレターが殺到したことは大きな衝撃で、本当にびっくりした。

そうした手紙から気づかされたのは、私は視聴者に対して、シリーズのすべてにおいてクオリティーを保ち、最高のスタッフと最高の脚本を揃える責任があるということだった。もちろん、俳優としてずっとそのように努めてはきたが、今はそれが一層重要になった。ファンレターをくれた人たちをがっかりさせるわけにはいかないと、私は全員に返事を書くため、パートタイムの秘書を雇った。

手紙はあらゆる人々から届き、そのどれもがそれぞれに胸を打つものだった。念のために言っておくが、そうした手紙の大半が女性からだということに私も全く気づかなかったわけではない。一人暮らしをしているという九〇歳くらいのおばあさんは、日曜の晩に楽しみができたといって私に感謝の手紙をくれた。彼女は毎回、ドラマが始まる前に食卓をテレビの前へ引っ張っていき、私と一緒に夕食を取るのだという。

また、二〇代の若い娘さんからの手紙には、いつかポワロの格好で公園へ会いに来てほしいと書かれていた。そうすればレディーのように扱われるということがどういうことかわかるからという。残念ながらお誘いは断ったが、それはポワロが視聴者一人一人にとっていかに大きな存在であるかを教えてくれた。

一方、北アイルランドに住む女性からの手紙によると、彼女はポワロが何となく信用できず、好きになれなかったため、彼が出てくるドラマは一度も見たことがなかったという。

そんな彼女がテレビをつけてポワロ・シリーズを見るようになったのは、ストラットフォードのRSCによる『テンペスト』の舞台で、私の演じるキャリバンを見たからだという。驚いたことに、彼女は私のキャリバンが信頼できるキャラクターに思えたそうだ。彼女にはこの男が輝いて見えたらしく、これが演技の魅力というものなのかと訊かれた。

深く胸打たれた私は、彼女に返事を書いたが、質問の答えになったかどうかはわからない。実際、私は演じることが大好きだというだけで、演技の魅力というものについてきちんと説明できたかどうか全く自信がない。

同じく女性で、今度はスコットランドに住んでいるという人は、私の演技を称えずにはいられなかったとして、その理由をかなり詳しく書いてくれた。説明によると、彼女はポワロがあまりに特異で複雑なキャラクターであるため、通俗的な形でしか命を吹き込むことはできないと考えていたという。なので私の演技を見て大いに驚き、大いに安堵したと言ってくれた。こういった視聴者に私がやろうとしてきたことを理解してもらえたとわかって、本当に励みになった。

ちなみに、手紙はすべて女性からというわけではなかった。

アメリカのロードアイランドに住む男性はこう打ち明けてくれた。「私はあまりファンレターを書いた経験がないので、どうかこの手紙の拙い点はお許し下さい。ただ、アメリカにもあなたのファンは大勢いるということを伝えたかったのです。もちろん、私もその一人ですが、感じやすい若い娘でもなければ、ヤッピーでもグルーピーでもありません。私は六四歳になる黒人のアメリカ人で、以前は郵便局で働いていましたが、今は引退し、最初にして唯一愛した女性と幸せな結婚をして三九年になる男です。三人の子——息子が二人と娘が一人——を持つ父親で、さらに一〇人の孫を持つおじいちゃんです」

この愛嬌のある男性は、ポワロとヘイスティングスの掛け合い——二人でモノポリーをするシーンなど——が特に好きだという一方、『エンドハウスの怪事件』の謎解きシーンで他のゲストに苛立つポワロも気に入ったらしく、これを「秀逸なポワロ」と呼んだ。しかし、彼がとりわけ称賛してくれたのは、私が最も心を砕いてきた一つの事実だった——この小男の真の人間性が私の演技に凝縮されているということだ。

「あなたほどポワロの本質をよく掴んでいる人はいません」と彼は書いてくれた。「あなたは彼が自惚れ屋の自信家で、いろいろな意味で滑稽な小男であることを明らかにしながらも、[他の]どの役者も伝えてこなかった彼の優しさや生来の思いやり、そして粘り強さを表現しています。とにかく素晴らしい」。最後に彼は私の「今後のご活躍」を願ってくれたうえ、こんな感動的な一文で手紙を締めくくった——「この手紙があなたにとって何か意味のあるものになりますように」。もちろん、大いに意味のあるものだった。

しかし、私にとって最も大きな意味がある手紙は、ファンからのものではなく、アガサの娘のロザリンド・ヒックスからのものだった。第一シリーズの撮影がまだ始まってもいなかった一九八八年の夏、あのランチの席で彼女は私に厳しい試練を与え、最後にこう念を押した——私たちはポワロと**ともに**微笑むのであって、決してポワロ**を**笑ってはならない。

「親愛なる『ポワロ』」と彼女は書いてくれた。「あなたの容姿や独特の物腰、優しい思いやりやユーモア、そして時折見せる苛立ちや細かなこだわりは、まさに完璧です。あなたこそアガサ・

クリスティーのポワロです。母もきっと喜んでくれたと思います。秩序と方法、灰色の脳細胞が目に見えるようです。口髭はもう少し立派でもよかったかもしれませんが、この微妙な点についてはあなたの感じ方もよく理解しています」。最後に彼女はこう書き添えてくれた。「私たち二人からたくさんの感謝と祝福を込めて」

私は自分の演じるポワロが彼女の思い描くイメージに合わないかもしれないと心配していたので、その手紙を読んで心底ほっとした。

ロザリンド・ヒックスがこうして私を支持してくれたことが、ロンドン・ウィークエンドに第四シリーズの継続を最終決定させた要因の一つ——イギリスでの視聴率とアメリカでのドラマの成功とともに——となったのではないかと私は思っている。いずれにせよ、シリーズを打ち切りにするかどうかを決める権利は完全にロンドン・ウィークエンド側にあったわけだが、そうしなかったのは彼らの永遠の功績だ。『ザ・シークレット・エージェント』の撮影中だった私は、その決定に大喜びした。

『エンドハウスの怪事件』と『スタイルズ荘の怪事件』という二時間スペシャルの成功は、エグゼクティブ・プロデューサーのニック・エリオットに長編ドラマの人気を確信させたようで、特にアメリカでは長編が好まれるようだった。そこで彼は一九九一年初め、新たに三編の二時間スペシャルをその年の後半に撮影すること、そして今回もブライアン・イーストマンにプロデューサーを依頼することを決めた。

そういうわけで、ロザリンド・ヒックス夫妻とのあのランチから三年後の一九九一年の夏、私は再びトウィッケナム撮影所を訪れ、二時間版のポワロを三編撮影した。ただし、いくつか変更が生じた。ジャップ警部は三編すべてに登場したが、旧友のヒュー・フレイザー演じるヘイスティングスが出るのは、三編のうちの最初のエピソードだけだった。第三シリーズまでポーリン・モランが好演していた疲れ知らずのミス・レモンも、この三編のうちの二編から外されていた。

盟友三人のうちの二人が不在というのは少々残念だったが、ブライアン・イーストマンがこの新たな三編のために揃えたキャストはいずれも素晴らしく、盟友の不在をほぼ補ってくれるものだった。また、彼とロンドン・ウィークエンドがこれまでの三シリーズを通して徹底してきた時代背景へのこだわりは、今回も十分に発揮されていた。新シリーズはイギリスのテレビ界最高の――私たちの目にはアメリカのテレビ局にも負けないほどの――出来になりそうだった。

全三編の始まりを飾ったのは、アガサのファンの多くが傑作と呼ぶあの『ABC殺人事件』で、特徴はポワロのもとに「ABC」の署名が入った殺人予告の手紙が届くという点だ。第一の殺人はハンプシャーのアンドーバー、第二の殺人はケントのベクスヒル、第三の殺人はデボンのチャーストンで起き、第四の殺人はサウス・ヨークシャーのドンカスターで起きると予告されるが、ポワロはそれを阻止しようと決意する。どの犠牲者の遺体も、そばにイギリスの『ABC鉄道案内』が置かれている。

原作の『ABC殺人事件』〔堀内静子訳、早川書房、二〇〇三年〕は、もともとイギリスのデイリー・エクスプレス紙に連載されていたもので、一九三六年初めに小説として英米両国で出版された。きわめて優れた作品だったため、瞬く間に世界的ベストセラーとなり、一九六五年には映画化もされ、アメリカ人俳優のトニー・ランドールがポワロを、イギリス人俳優のロバート・モーレイがヘイスティングスを演じた。映画では、アメリカの喜劇俳優ゼロ・モステルがポワロを演じることになっていたとの噂もあったが、自分の生み出したキャラクターがスクリーンでどう描かれるかに大きな関心を持っていたアガサは、最初の脚本がポワロに恋愛対象を持たせたばかりか、ラブシーンまで要求したことに猛反対し、結局、どちらも実現しなかった。

一方、私たちのドラマにそうした問題は一切なかった――ラブシーンの痕跡さえなかった。脚本は再びあのクライブ・エクストン、監督はアンドリュー・グリーブが務め、二人とも今やポワロ・シリーズのベテランとして、私の演じるキャラクターを正確に理解していた。

実際、『ABC殺人事件』は実に楽しい作品で、私のお気に入りでもある。物語は、ベネズエラのオリノコ川へ旅していたヘイスティングスが、ポワロへのお土産としてクロコダイルの剝製を抱えて帰ってくるところから始まる。剝製はホワイトヘイブン・マンションのサイドボードに――いかにも不似合いな感じで――置かれるが、そこへ「ABC」から再び手紙が届く。旧友に会って喜ぶポワロは、ヘイスティングスに住むところが見つかるまで自分のマンションに滞在するよう勧める一方、このところ、あまり仕事がなかったことを打ち明けてもいる――「灰色の脳細胞は錆びついてますよ」

キャストは素晴らしく、特にストッキングの訪問販売をするセールスマンとして、この連続殺人事件の主要な容疑者となるアレキサンダー・ボナパルト・カストを演じたドナルド・サンプターは見事だった。私にとってドナルドと二人で演じた独房のシーンは、ポワロ・シリーズ全編の中でもハイライトの一つだ。共演者に彼のような優れた役者がいると、他の役者の演技もよくなり、一人一人に磨きがかかって、それだけ私も嬉しくなる。なぜなら、彼らの演技に負けないようにと自分の演技も向上するからだ。私たちの間に俳優同士の競争心といったものは一切なく、一人の役者の演技が全員の力を最大限に引き出すのを見るのは喜びでしかない。『ABC殺人事件』はまさにそんな作品だった。

二作目は『雲をつかむ死』で、原作〔『雲をつかむ死』(田中一江訳、早川書房、二〇二〇年)〕*Death in the Clouds*は、アガサが『ABC殺人事件』の前年の一九三五年に書いたものだ。アメリカでは*Death in the Air*と改題されたこの作品は、プロットにアガサのお気に入りの仕掛けが見られる最高の一例である。つまり、犠牲者とその潜在的殺人犯全員が一つの場所に隔離される——それはイギリスの田舎の邸宅であったり、旅の列車の中であったり、中東の隔絶された遺跡発掘現場であったり、あるいは本作のように、パリ郊外のル・ブールジェ空港からロンドン南部のクロイドン空港へ向かう機内であったりする。

監督は、俳優でもあるスティーブン・ウィティカーが務めることになっており、彼とはBBCの『ブロット・オン・ザ・ランドスケープ』で共演したこともあったが、今回は演出に回っていた。

ポワロ・シリーズの監督をするのは初めてで、実際、これだけの規模のものは手掛けたことがなかったスティーブンにとって、本作はかなりのチャレンジだったと思う。また、脚本を担当したのは、同じくこのシリーズには新顔ながら、ドラマ・シリーズ『エマーデイル Emmerdale』の脚本家としてキャリアをスタートさせたベテランのウィリアム・ハンブルだった。

ブライアン・イーストマンはこの二人に加え、優れたキャストも揃えていた。俳優エドワード・ウッドワードの娘のセーラ・ウッドワードは、このエピソードでは——実質的に——ヘイスティングスのような私の右腕だった。この「代役」によって失われるものは何もなかった。実際、いつも忠実なヘイスティングスの代わりに頭の切れる女性を相棒に持つことは、私にとって素敵な気分転換だった。

この段階では、私は誰がどのエピソードの脚本や監督を務めるかについての発言権を持っていなかったが、ブライアン・イーストマンのプロデューサーとしての判断には全幅の信頼を置いていた。その頃には、彼はすでに上質なテレビドラマを作ることで定評があり、俳優ばかりか、脚本家や監督も彼と一緒に仕事をしたがり、ポワロ・シリーズにも携わりたがった。『名探偵ポワロ』の成功を支えた土台の一つは、ブライアン・イーストマンのビジョンであり、ドラマ作りのトーンを定める彼の能力だった。特にキャストをはじめ、ロケ地や小道具——ビンテージの飛行機や車など——に関して言えば、制作にあれほどのクオリティーを確保できたのは、ブライアンだからこそであり、物語を盛り上げる背景選びのセンスにおいて彼にかなう者はいなかったと思う。

主にフランスを舞台とし、イギリス側のスタッフとともにフランス側のスタッフも必要とした『雲をつかむ死』は、謎めいたフランス人の金貸し、マダム・ジゼルの死をめぐって展開され、彼女はパリからロンドンへ向かう飛行機の機内で死んでいるのが発見される。当然ながら、ドラマではポワロの飛行機嫌いも描かれ、殺人が行なわれたとき、彼は睡眠薬でも飲んでいたのか、眠っていた。物語にはアガサのちょっとした冗談も盛り込まれており、乗客の中にダニエル・クランシーという「ミステリー作家」が含まれている。彼はある客室乗務員のお気に入りの作家である一方、容疑者の一人にもなる。

一九三五年にパリで開かれたテニスの男子全仏オープンで、イギリス人のフレッド・ペリーが優勝したという事実を背景としたこの物語では、飛行機の乗客の中にギャンブル好きの女性が登場する。実際、レディー・セシリー・ホーバリーはカジノでいつも金を擦っている。しかし、物語に独特の魅力をもたらしているのは、機内でマダム・ジゼルを殺したのは誰かという謎である。彼女はどうやって、誰によって殺されたのか。これはアガサの最も複雑なプロットの一つである。私がこうした長編ドラマに取り組むのが好きなのは、ポワロのキャラクターを発展させるチャンスになるからだが、今回はそれ以上に、ほんの数日間であれ、撮影でパリに行けることが嬉しくてたまらなかった。夢ではないかと何度も自分をつねってみたほどだ。私がバレンヌ通りにあるフランスの彫刻家、オーギュスト・ロダンの館を初めて訪れたのもこのときで、彫刻という芸術をより深く理解する助けになった。以来、私はパリへ行くといつもロダン美術館を訪れている。

第四シリーズの最終話は『愛国殺人』で、ある意味では三編の中で最も力強かった。原作〔『愛国殺人』（加島祥造訳、早川書房、二〇〇四年）〕はアガサが童謡に着想を得て書いた最初の小説で、彼女はその後の三五年間に繰り返しこのアイデアを用いた。一九三九年の第二次世界大戦勃発直後に書かれたこの作品では、変貌していく世界が描かれ、そこでは戦争前のような和やかで安定したものは何一つない。革命の気配が漂い、作中にソ連の「共産主義者」やオズワルド・モズレー率いる英国ファシスト連合の「黒シャツ党」が出てくる。この二つはクライブ・エクストンによるドラマの脚本にも登場し、監督を務めたのは二年前の『スタイルズ荘の怪事件』で素晴らしい仕事をしたロス・デベニッシュだった。

このエピソードでも、ポワロが毛嫌いするものの一つが披露され、今回、彼は歯医者へ行くことを嫌がり、歯科医という職業自体にも疑問を抱いている。物語はハーレイ街の歯科医の死から始まるが、それはポワロが治療を受けた直後のことだった。当初、その死は自殺に見えたが、ポワロとジャップ主任警部が調査を始めると、たちまち国際政治が絡んでいる可能性が明らかになる。直後に二つ目の死亡事件が起こり、まもなくしてファシスト運動の支持者と思われるフランク・カーターという男が現れる。

カーターを演じたのは、当時まだ二七歳だった新人俳優のクリストファー・エクルストンで、彼はその数か月前、ピーター・メダック監督のドラマ『レット・ヒム・ハブ・イット Let Him

Have It』で役者としての名声を築いた。このドラマは、エクルストン演じるデレク・ベントレーという読み書きのできない一〇代の少年が、一九五三年に殺人罪で絞首刑にされた事件をもとにしている。恐ろしいほどの才能に恵まれたクリストファーは、『愛国殺人』では端役でしかなかったが、彼の演技は忘れられないほど素晴らしかった。私はここに未来のスターがいることを瞬時に見抜き、果たしてその通りになった。というのも、彼はその後、『心理探偵フィッツ』や『ドクター・フー』といったテレビドラマ、『シャロウ・グレイブ』や『28日後…』といった映画、さらにドンマー・ウエアハウスやナショナル・シアターといった劇場の舞台で、その名声を確かなものにしたからだ。彼のキャリアの始まりにポワロがいたと思うと、私はとても嬉しい。

『愛国殺人』では、靴のバックルが一つの重要な役割を果たしている。これはポワロがいかに優れた探偵であるかとともに、彼が誰に対してもいかに思いやりのある人間で、相手がイギリスの貴族であろうと使用人であろうと区別しないということを視聴者に思い出させるきっかけにもなっている。そこでクライブ・エクストンは、ジャップにポワロをからかってこんな冗談を言わせている。「相変わらず、上流社会に入り込むのがうまいですね」。ポワロは受け流すが、その通りだとわかっている。クライブはまた、ポワロに探偵としての原則を明らかにさせるため、「私は方法と順序と論理を尊重します」と説明させたうえ、こう強調させている。「理論を援護するために事実を曲げるのは嫌いです」。これこそ私の知るポワロ、愛するポワロであり、この台詞を言うことは私にとって大きな喜びだった。

実はこの『愛国殺人』には、公園の女の子として私の娘のキャサリンが出ていた。何人かエキストラを必要としていたとき、彼女とシーラがたまたま現場にいたのだ。子供たちの一人もしくは両方が私と共演したのはこのときだけではない。数年後、二人はある地下鉄のシーンでエキストラとして出演したが、放送されたときには、彼らの映っている部分は編集でカットされたことがわかり、二人ともむっとしていた。

撮影が終わると、シーラと私は当時一〇歳と八歳だったロバートとキャサリンを連れて、ラーク・ライズ号という新しいナローボートで休暇に出た。それは私たちにとって二隻目のボートで、一隻目のプリマ・ドンナ号は二人が一緒になったときの新居であり、レパートリー劇団の公演ツアー中もそこで生活していた。ボートの停泊料はかかったが、それでもナローボートが公演ツアー中の役者にとって素晴らしい「住まい」なのは、それが安上がりな宿になるうえ、たいてい劇場から遠くないところに係留場所が見つかるからだ。今回、私たちはかつてよく行ったイングランド中部の運河を周遊し、人目を避けて、家族団らんを楽しんだ。ずっと忙しかった私は、重圧から解放され、世界で一番大切な人たちと水入らずで過ごせてほっとした。

内心、私は最新作の三編ではいい仕事をしたと思っていたし、満足感もあった。ただ、あれだけのファンレターを受け取った私にとって、あのシリーズには特別な意味もあった。どんなに優れたテレビ・シリーズも、しばらくすると質が低下し、人気が落ち始めるといった通例が、ポワロ・シリーズには当てはまらないということを証明してくれたからだ。私はポワロ・シリーズがそうならなかったことを喜んだ。

唯一、暗い影を落としていたのは、運河を旅行中、最愛の母ジョーンが再び体調を崩したことだった。父のジャックと結婚する前、彼女は一九二二年の大ヒット・ミュージカル『ライラック・タイム Lilac Time』で、主演のイブリン・レイと並んでダンサーを務めた。数年前から厳しい状況にあったが、一九九二年の年明けから、私は母のことが心配でたまらなくなっていた。俳優であることは素晴らしいが、家族ほど大切なものはない。

第10章 私はたぶん一年、あるいは永遠に彼と別れることになるかもしれない

恐れていたことが悲しい現実となったのは、ラーク・ライズ号でイングランドの運河を旅した家族旅行から戻ってまもなくのことだった。クリスマスの直前、腰の手術で入院した私の母は、麻酔から覚めた後しばらくして、血栓により深い昏睡状態に陥った。それが一九九一年の大晦日のことで、二月にいったん昏睡から覚めたが、医師からはもう元のようにはなれないと言われた。そして一九九二年五月五日、母はジョン、ピーター、そして私という三人の息子に看取られて、七六歳でこの世を去った。

その死は長く壮絶で、母にとっても、もちろん、家族にとっても非常に辛いものだった。見舞いに行くのが苦痛だったのは、母がもう長くは生きられないとわかっていながら、それでも何とか生きてほしいと願っていたからだ。ジョンもピーターも、そして私も、母のいない人生など想像したこともなかった。

しかし、人生のそんな暗い局面においても、アガサの亡霊は背後から私を見ているようだった。

母が昏睡状態に陥ったと聞いたとき、シーラと私はトーキーのインペリアル・ホテルに滞在していた。そこはアガサに小説の着想を与えた場所の一つだった。今さら言うまでもないが、アガサはこのトーキーで生まれ、彼女の邸宅グリーンウェイも、そこから遠くないデボン州南部のダート川の畔にあった。

私は打ちひしがれた。母は私にとってそれだけ大きな存在だったからだ。彼女の支えがなければ、私は決して俳優になれなかっただろう。父を説得して私を演劇学校へ行かせてくれたのも母だった――父の意向に大きく逆らって。実際、私がロンドン音楽演劇アカデミーで学んでいた頃、母は公演があるといつも見にやって来て、学校の伝説にさえなった。ある舞台で、私の演じる登場人物が第二幕の冒頭で母親を呼ぶシーンがあり、当然、私がそうしたところ、何と私の母が一階席から「はい！」と叫んだのである。おかげで第二幕はやり直す羽目になった。

母はまた、父と二人で客席にいることを私に知らせるための技も考案し、芝居での私の最初の間合いを狙って、大袈裟に咳をするのだった。私の俳優人生を通して、母の存在はいつも大きな励みだったが、ときには困ったこともあった。あるとき、私がエクセターで『じゃじゃ馬ならし』のペトルーチオを演じていたとき、上演中に電話口へ来て母親と話すようにとのメッセージを受け取った。

当時、祖母が病気だったため、私は祖母のことかと思って「おばあちゃんは大丈夫？」と言った。すると母は一瞬沈黙した。「あの、おばあちゃんのことが心配なんだけど」

また沈黙があり、それから母はこう言った。「あの羽根飾りの帽子を取るときは、髪を直しなさいね。禿げに見えるわよ」

母は私の演技を見た後はいつも楽屋へやって来て、私のことを心配してくれたが、それはシーラと結婚した後も続いた。母がいなければ、ポワロはもちろん、俳優としての最初の仕事さえ得られなかっただろう。私にとって二人はそれだけ大きな存在であり、正直、二人がいなければ、役者の世界で生き残ることはできなかったと思う。

母は私のキャリアにとても熱心で、私が演じる舞台は必ず見に来てくれた。実際、私がストラットフォードのロイヤル・シェイクスピア・カンパニーで『リチャード二世』のボリングブルックを演じていたとき、母が上演前に座席につけるようにと、劇団が幕開けを待ってくれたことさえあった。それだけ母は私にとっても、私の同僚にとっても大きな存在だった。彼女は私がしたことを何でも誇りに思ってくれた。母の死後、私にとって一つの慰めとなったのは、少なくとも母は私のキャリアが花開くのを見届けられたということだった。

母の葬儀が終わるとすぐ、私はポワロの最新シリーズとなる第五シリーズ全八編のうち、最初のエピソードを撮影するためにモロッコへ飛んだ。

撮影を始めるだけの心の準備が完全にできていたとは言えない。実際、再びあのベルギー人の小男になるために、パッドを身につけ、口髭をつけることがひどく難しく思えた。母の死が一瞬も頭から離れなかった私は、必死でそのことを考えないようにして、スパッツを履き、銀の持ち手のついたステッキを手に取った。今思えば、このときの私は、母の死の影響でいつもの自分ではなかった。しかし、母の思い出のため、母がいつも私にそう望んでいたようにプロとしての姿勢を貫くために、私は全力を尽くした。

母の死は、私がこの新シリーズの第一話『エジプト墳墓のなぞ』の撮影中に倒れたことの潜在的な理由だったのかもしれない。そんなことは初めてだった。照りつける太陽の下、日差しを避ける傘もなく、私がオープンカーの座席に座っていたのは、ポワロが地元の警察署に到着する一連のシーンを撮影していたときだった。大変な暑さで、その暑さがますますひどくなっていた——しかも私はパッドを身につけていた。

今でも何が起こったのかはっきりわからない。わかるのは、あるシーンで車が警察署の外に止まり、私が降りようとしたところで、すべてが真っ暗になったことだけだ。他には何も覚えておらず、やがて私はどこかの部屋で目を覚まし、仰向けに寝かされた自分が撮影部隊の看護師に酸素マスクを装着されているのに気がついた。どうやら、私は完全に意識を失って倒れたらしい。

意識を取り戻したとき、唯一はっきり覚えているのは、制作チームのスタッフの一人が腕時計を見て、その日はまだ多くの撮影が残っていたため、時間の余裕が少しもないことを心配している光景だった。それが役者の宿命というものだ。

この物語の着想が、一九二二年、イギリスのエジプト学者、ハワード・カーターによるツタンカーメン王の墳墓の発見にあることは明らかだ。発掘のニュースが最初に伝えられたのは、この小説がスケッチ誌に掲載されるわずか一年ほど前のことで、作品はその後、一九二四年に出版された短編集『ポアロ登場』に収録されることになった。実際、作品にはツタンカーメン王の呪いをめぐる要素のすべてが含まれている——つまり、失われたエジプト墳墓の発掘と、それを暴く者に降りかかる古代の呪いである。

物語では、メンハーラ王の墳墓を発見し、その封印を解いたイギリスの考古学者ジョン・ウィラード卿の死をはじめ、立て続けに死亡事件が起こる。墓が暴かれた瞬間に心臓発作で急死したとされるウィラード卿の未亡人は、何か犯罪行為があったのではないかと疑い、ポワロに相談する。まもなく、彼はエジプトの王家の谷へ向かう——ただし、ドラマではモロッコがエジプトの代わりとなっている。

ポワロは呪いの言い伝えを真剣に受け取っているようで、ヘイスティングスにこんなことさえ言っている。「迷信の力、これは非常に大きな力なんですよ」。もちろん、彼が話しているのは呪いそのものというより、迷信が及ぼす影響力のことである。なぜなら、ポワロは常に論理を重んじるからだ。

幸い、次のエピソードの『負け犬』はイギリスで撮影されることになっていたため、私ははるかに穏やかな気候の下で体を回復させることができた。アガサがこの作品を書いたのは一九二六年だったが、イギリスで発表されたのは一九六〇年、短編集『クリスマス・プディングの冒険』に収録されたときだった。ドラマ版の脚本を手掛けたのは、ポワロ・シリーズには新顔のビル・クレイグで、彼はゴルフの試合を物語の軸としたが、もっと重要なのは、冒頭でミス・レモンが新たに覚えた催眠術をポワロにかけようとしているところだ。催眠術はポワロには効かないが、物語で一役買っているのは確かである。

今回のプロットで私が唯一気に入らなかったのは、ポワロもゴルフをするかもしれないという考えだった。これには同意しかねた。制作チームにも、「ポワロはゴルフなんかしない。絶対にやらない」と言ったのを覚えている。私のポワロはいつもヘイスティングスのプレイを見て喜んでいる——実際、最後にヘイスティングスが見事にホール・イン・ワンを決めたのに感心している——が、それは見ている方が好きだからだ。

一方、『負け犬』がアガサの小品だったのに対し、次の『黄色いアイリス』はきわめて力強い作品だった。原作は一九三五年にストランド・マガジン誌に初めて掲載された後、一九三九年に『レガッタ・デーの事件』という短編集に収録されたものだが、脚本家のアンソニー・ホロヴィッツはこれを大きく膨らませ、ポワロの過去の未解決事件として、ブエノスアイレスでの一連の回想シーンを加えた。ピーター・バーバー・フレミングが監督を務めたこのエピソードでは、アルゼンチンのル・ジャルダン・デ・シーニュというレストランで殺人が行なわれるが、同国の悪徳将軍の介入によってポワロは調査を妨害される。このことを過去の汚点として恥じていたポワロだが、二年後、ロンドンに同名のレストランが開店し、名誉挽回のチャンスが訪れる。そこにはブエノスアイレスのときと全く同じメンバーが再び顔を揃えることになっていた。

物語ではアガサお得意の毒殺が行なわれ、犯行の舞台となるレストランでは、原作と同様、歌手のショーも披露されたが、歌の歌詞は原作に書かれたものとは異なっていた。

今、『黄色いアイリス』を思い返してみると、アガサのごく熱心なファンの中には、ドラマが原作から逸脱することに抵抗を感じ、手紙にそう書いてくる人もいた。残念ながら、アガサの小説すべてがテレビ向きというわけではなく、内容が貧弱すぎる場合もあるため、ドラマはあくまでも原作を「もとにして」描かれていると、私はいつもそう返事してきた。筋金入りのファンもそうした脚色は許してくれると思うが、彼らの気持ちはよくわかる。

次の二編『なぞの遺言書』と『イタリア貴族殺害事件』は、いずれもスケッチ誌に初めて掲載され、一九二四年に『ポアロ登場』に収録されて出版された。どちらもそれほど内容の濃い作品ではなかったため、ドラマ化に際しては多少の脚色を必要とした。

この二つの作品について私が最も興味深いと思ったのは、アガサが当時、ポワロというキャラクターを入念に作り上げ、読者に彼の奇癖を明らかにしようとしていたばかりか、彼の信念をも感じ取らせようとしていたことだ。『なぞの遺言書』では特にそれが顕著で、女性にも大学教育を受ける権利があると信じる断固たるフェミニストに対して、ポワロは全面的に賛同している。

私が最初にポワロ作品を読み始めたとき、ポワロをよりよく理解するために頼りとしたのは、こうした初期の作品だった。というのも、読者が時間とともにポワロをよく知るようになると、アガサは彼の特異性を描くことにそれまでほど時間を費やさなくなったからだ。その頃には、読者はすでにポワロの特異性を知りすぎるほど知るようになっていた。

第六話『チョコレートの箱』は、当時も今も私のお気に入りである。もとは『ザ・クルー・オブ・チョコレート・ボックス *The Clue of the Chocolate Box*』というタイトルで、一九二三年に初めてスケッチ誌に掲載され、その後『ポアロ登場』に収録された。ポワロがジャップ警部――勲章を授与されることになっていた――とともにブリュッセルに帰郷するという魅力的なストーリーで、ポワロがまだベルギー警察の警官だった頃の事件が描かれる。原作では、事件はポワロの回想として語られるが、脚本のダグラス・ワトキンソンは、フィリップ・ジャクソンと私を一緒にブリュッセルへ旅させることから物語を始めることにした。

おかげでこのエピソードは私にとって特別なものになった。ベルギーへの旅が素晴らしかったのは、自分が本当にポワロとして故郷へ帰っているように感じたからだ。その頃までに、私はポワロが一八五四年から一八五六年頃に、リエージュ州のスパという町に生まれたことを突き止めていたが、ドラマは若き日の彼のキャラクターを明らかにし、彼の過去についても明かす機会となった。同じく私をわくわくさせたのは、一八九〇年代を回想するシーンで警官の制服を着る予定になっていたことだ。私はいつものパッドを身につけずに済むばかりか、ポワロを年配の男として演じるためにずっとやってきた歩き方さえ捨てることができた――そう、『スタイルズ荘の怪事件』で初めて登場したとき、彼はすでに六〇代半ばだったのだ。

このエピソードはまた、ポワロの感情的な一面を表現する機会にもなった。というのもドラマの一部で、彼はヴィルジニー・メナール嬢という若い女性に心を奪われるからだ。彼女は殺人の可能性があるにもかかわらず、医師たちから自然死とされている事件について、ポワロに捜査を依頼する。ヴィルジニーを演じたのは、当時まだ二七歳だった愛らしいアンナ・チャンセラーで、彼女はその翌年、リチャード・カーティス脚本の受賞映画『フォー・ウェディング』で、「アヒル顔」のヘンリエッタを演じて一躍有名になった。まだ自由に可能性を模索する時期にあったアンナは、このドラマで実に素晴らしい演技を見せ、若き日のポワロを完全に虜にした。彼女から上着の襟につける小さな銀の花瓶型ブローチを贈られたポワロは、その日以来、いつもそれに野の花を挿して身につけていた。

実際、アガサの原作にそうした出来事はなかったが、ドラマでは、原作よりもポワロにもっと自身のことを披露する機会を与えていた。撮影はとても楽しいもので、若き日のポワロは、上司の意に反して事件を追い、ヴィルジニーに心を奪われ、ブリュッセルの街を駆け抜けさえした――年を重ねたポワロにはとてもできないことばかりで、新鮮で愉快な体験だった。

『チョコレートの箱』で印象的な演技を見せたのはアンナばかりではない。というのも、監督のケン・グリーブは、高齢の女家長の役にあのロザリー・クラッチリーを迎えていたからだ。当時七〇代初めだったロザリーは、イギリス映画界及びテレビ界のレジェンドとされる大女優で、一九五一年の大作映画『クォ・ヴァディス』ではネロ役のピーター・ユスチノフとともにアクテを演じ、一九五八年版の映画『二都物語』では、ダーク・ボガードとともにドファルジュ夫人を演じた。一九七〇年代初めには、一つならず二つのテレビ・シリーズで、ヘンリー八世の六人目の妻キャサリン・パーを演じたこともあった。

その黄褐色の肌と悲しげな黒い瞳で、ロザリーはただそこにいるだけでスクリーンを支配することができた。彼女の女優としての存在感は圧倒的で、それはほとんど無意識のうちに視聴者にも伝わった。このドラマでも彼女の演技は見事だったが、悲しいことに、わずか五年後に七七歳で亡くなった。その頃、昔からの趣味だった写真を再開し、暇さえあればカメラを向けていた私にとって、撮影の休憩中、ロザリーとアンナの二人を写真に収めることができたのは大きな喜びだった。

一方、残念ながら、この第五シリーズの最後の二編は、『チョコレートの箱』ほど優れた出来栄えとはならなかった。

『死人の鏡』〔小倉多加志訳、早川書房、二〇〇四年〕は、一九三七年に『マーダー・イン・ザ・ミューズ（厩舎街の殺人）*Murder in the Mews*』という短編集において初めて本の形で発表された中編小説だが、実際には一九三二年にレディーズ・ホーム・ジャーナル誌とストランド誌に最初に掲載された『二度目のゴング』〔『黄色いアイリス』所収〕という作品の拡大版だった。密室ミステリー――アガサお得意の設定――である本作は、ひどく尊大な美術品コレクターをめぐって展開される。ロンドンのオークションでポワロを抑えてアール・デコの鏡を競り落とした彼は、建築家に詐欺を働かれているのではないかと疑い、ポワロに調査を依頼する。しかし、ポワロが屋敷を訪ねると、彼は鍵のかかった書斎の中で、自殺と思われる状態で発見される。滞在客にディナーの時間を知らせる銅鑼の音が、最後の謎解きで重要な役割を果たすのだが、物語自体はおとなしいもので、はらはらするようなストーリーではない。

同じことが『グランド・メトロポリタンの宝石盗難事件』にも当てはまり、これもまたスケッチ誌に掲載された後、『ポアロ登場』に収録された短編だった。原題の*Jewel Robbery at the Grand Metropolitan*は、もともと*The Curious Disappearance of the Opalsen Pearls*（オパルセンの消えた真珠の謎）というタイトルで、むしろこちらの方が内容をより正確に表している。物語の中心となるのは、女優の妻のためにオークションで高価な宝石を入手した演劇プロデューサーで、彼の妻は『豚に真珠』という新しい芝居でそれを身につけることになっていた。ポワロは過労のために休養を余儀なくされ、ブライトンのグランド・メトロポリタン・ホテルに滞在するが、そこで舞台の初演を迎えた演劇プロデューサー夫妻と一緒になったことから、事件に巻き込まれる。真珠が行方不明になり、ポワロはそれを見つけるために病気も忘れて奮闘する。

原作では、真珠は「最近の石油ブームでひと財産つくった」［『ポアロ登場』より訳文引用］金持ちの株仲買人によって購入されるが、脚本家のアンソニー・ホロヴィッツは、それを演劇プロデューサーに変えることによって、最後の謎解きが劇場で行なわれるようにした。アガサの小説でも劇場は何度か使われたが、本作の原作では使われていない。ブライトンで撮影されたこのドラマには、アガサお得意のトリックがもう一つ仕掛けられている――真珠を預かっていたメイドは鍵のかかった箱から一度も目を離していないのに、どうして真珠が箱から消えてなくなったのか。この物語もやはり内容の薄い小品で、『黄色いアイリス』や『チョコレートの箱』のような活気や勢いに欠けていた。

よくわからないが、このシリーズが終わりに近づく頃までに、私は自分の仕事に十分満足できなくなっていた。おそらくそれは母の死と関係があったのかもしれない。もちろん、『チョコレートの箱』など、物語はうまく行ったが、気分は沈みがちだった。どの作品も最高の出来だったかというと確信がない。自分の演技には満足していたが、たぶん——最終話のポワロのように——休息が必要な気がした。

そんな内向きな気分のまま、私はピナーの自宅へ帰って休んだ。次にどうするべきかもわからなかったし、ついでに言えば、どうしたいかもよくわからなかった。ポワロを諦める気はなかったが、そこには悩ましい問題があった。今回もまた、ロンドン・ウィークエンドから今後についての話はなかったからだ。私のエージェントは、一九九三年二月までに翌年のポワロ・シリーズの計画を知らせるようにと彼らに期限を示していたが、もともと私がポワロ役を続投するという選択権は設定されていなかった。それはもう十分わかっていた。次のシリーズでも私がポワロ役を続けるという選択権が盛り込まれていたのは第一シリーズのときだけで、それ以降、私は毎年、宙ぶらりんな状態に置かれてきた。だが今回、私は自分自身に不満を抱えて落ち着かず、ポワロと自分の今後がどうなるのかを知るためにひたすら待ち続けていた。

確かな兆しが見えないなか、イギリスのジャック・ゴールド監督による映画で、オーストリアの巨大な政治スキャンダルをフィクションの形で描いた『ルコナ号沈没の謎を追え！』の話が舞い込み、私は華やかなウィーンの実業家ルーディ・ウォルツの役を引き受けることになった。これは一九七七年にインド洋で起きた貨物船ルコナ号の爆破事件をもとにした作品で、私の演じるウォルツはこの船をチャーターし、保険会社から一三〇〇万ポンドの賠償金を得ようと画策する。それは近代オーストリア史上最も大規模な金融・政治スキャンダルの一つとなった。実際、船の爆破を許したオーストリアの国防大臣が事件発覚後に自殺し、他にも数人の元大臣たちが隠蔽の罪で収監された。

共演者のフランコ・ネロは、D・H・ロレンスの中編小説『処女とジプシー』〔壬生郁夫訳、彩流社、二〇〇三年〕の映画版（一九七〇年）で名声を築いたイタリアの俳優で、一九六〇年代、映画監督のトニー・リチャードソンと離婚したイギリスの女優、バネッサ・レッドグレイブと恋に落ちたことで知られていた。フランコはその後も急速にキャリアを重ね、一九九〇年には、ハリウッドの大ヒット映画『ダイ・ハード2』でブルース・ウィリスとの共演も果たしたが、彼の出演作のほとんどはアメリカよりもヨーロッパで制作されたものだった。『ルコナ号沈没の謎を追え！』もヨーロッパの作品だったため、キャストもスタッフも大部分がドイツ人やオーストリア人で、イギリス代表はジャック・ゴールドと私だけだった。

しかし、背後にはやはりポワロの存在があった。私にはこのベルギー人の小男を無視することはできなかった。実際、オーストリアでの撮影中、最も嬉しかったことの一つは、一九九二年一一月一九日に『ABC殺人事件』が放送されたのをはじめ、四編の二時間版ポワロがついにアメリカのテレビに登場したことだった。ニューヨーク・タイムズ紙のジョン・J・オコナーは特に好意的で、私が出演した『ザ・シークレット・エージェント』の放送直後に同じチャンネルでポワロ・シリーズが始まったことに触れ、視聴者はおかげで「才能ある俳優の多彩な演技を楽しめた」と書いてくれた。

彼はさらに「スーシェ氏のポワロは、今や魅力的な自惚れと紛れもない明敏さの化身である。（中略）スーシェ氏ともども、『ポワロ』はますますよくなっている」と述べた。オコナー氏のこの批評がアメリカのレビュー全体の基調となり、そのほとんどは同じように好意的なものだった。しかし、そうした批評家たちさえ知らなかったのは、ポワロをよりよくするための機会が今後も得られるかどうかは私にもわからないということだった。

ポワロ・シリーズはアメリカで大変な人気を博し、ニューヨーカー誌に「エルキュール・パロット」と題したイラストまで掲載された。それはポワロのような口髭を生やしたオウムが「クラッカーをお願いします（シル・ブ・プレ）」と言っている絵なのだが、アガサが見たらどう思っただろう。

私に用意された未来の最初の予兆となったのは、一九九二年一二月初め、『ルコナ号沈没の謎を追え！』の撮影でウィーンのホテルの部屋にいたとき、イギリスにいる私のエージェント、オード・パウエルからかかってきた一本の電話だった——が、それはポワロとは関係のないことだった。オードの話によれば、劇作家のハロルド・ピンターが、アメリカの劇作家デビッド・マメットの戯曲で、自身が演出することになっている新しい舞台『オレアナ』で私を起用したいと考えているという。

「ハロルドはできるだけ早く台本を読んでもらいたいそうです」と彼女は言った。

その時点で作品のことは何も知らなかったが、おそらく二〇世紀後半の最も才能あるイギリスの劇作家とともに、同時期のアメリカ演劇界で同じく屈指の才能を誇る人物が書いた戯曲に取り組むチャンスを拒める俳優などいないことはよくわかっていた。『オレアナ』はきわめて刺激的なチャレンジであり、じっくり検討してみるつもりだった。

一週間で台本を読み、自分の役柄が素晴らしいものであることを知った私は、ぜひその役をやらせてほしいとさっそくハロルドに伝えた。私が演じるのはジョンという大学教授の役で、マメットはこの作品のためにアメリカの大学におけるセクハラや搾取の実態を徹底的に調査した。ジョンはキャロルという女学生から、レイプ未遂や職権乱用、「階級差別」を行なったとして訴えられ、その申し立てのせいでキャリアを台なしにされる。

『オレアナ』はアメリカで過去に一度だけ上演され、そのときはマメット自身が演出を手がけ、彼の妻のレベッカ・ピジョンがキャロルを演じ、ウィリアム・H・メイシーがジョンを演じた。舞台は大きな反響というより論争を引き起こし、ニューズウィーク誌の有名な演劇評論家ジャック・クロールはそれをこう評した。「マメットはジェンダーと階級をめぐる紛争地帯から魅惑的なレポートを送ってきた。それは新たな人間の秩序が生み出される前の大破壊を引き起こす戦争だ」

一方、「ブロードウェイの殺し屋」と呼ばれるニューヨーク・タイムズ紙の辛口演劇評論家フランク・リッチは、熱っぽくこう述べた。「ジョンとキャロルは、気取った表現やわざとらしい小細工を排した純度の高い言葉のやり取りによって、権力をめぐる根源的闘争となる接近戦を見事に繰り広げている」。今回、ロンドン公演の演出をピンターに依頼したのは、マメット自身だった。

私は心を奪われた。それは二〇世紀最後の四半期の偉大な戯曲となり得る作品、しかもニューヨーク以外では上演されたことのなかった作品に出演できるというまたとない機会であり、テレビの視聴者が慣れ親しんだポワロの私とは全く違う役で舞台に戻るチャンスでもあった。皮肉にも、ハロルドから連絡があったのは、一九九三年一月一七日の日曜日、『エジプト墳墓のなぞ』を皮切りに『名探偵ポワロ』の第五シリーズが始まった日だった。三月の第一週にかけて毎週日曜日に放送されることになっており、それまでのシリーズと同様、評判は上々だった。ただ、視聴者は感じていないようだったが、シーラは私が抱いていたかすかな不満を感じ取っていた。

ロンドン・ウィークエンドからは依然として今後のポワロについての連絡がない一方、『オレアナ』には今やもどかしいほどの期待感があった。ところが、エージェントのオードから最初の電話をもらい、私が台本を読み終えてから一、二週間して、彼女から再び電話がかかってきた。

「デビッド、残念なお知らせなんですが、ハロルドはジョンの役を考え直すことにしたそうです」と彼女は言った。

この役をどうしても演じたいと思っていた私は、胸を締めつけられ、意気消沈した。

「ハロルドに了解しましたと伝えて」と、私は動揺を隠すように言ったが、「でも一応、僕とコーヒーでも飲みながら、今回の決定について話し合う気はありませんかと訊いてみてもらえる？」とつけ加えた。

オードは訊いてみますと言い、その日うちに再び電話があり、ハロルドは喜んで私に会ってくれるとのことだった。

そういうわけで、二月初旬、私はケンジントンのカムデン・ヒル・スクエアにあるハロルドの自宅のオフィスにいた。彼は非常に魅力的だった。私たちは『ルコナ号沈没の謎を追え！』のほか、私がやろうと考えていることについて話した。実際、『オレアナ』の話題が出るまで三〇分ほど話した。

私は知らなかったが、ハロルドはこの会見を利用して私をオーディションしていたのだ。

「いいかい」と彼はついに言った。「君がここに座っているのは、本当は私がなぜ配役を考え直そうとしているのかを聞き出すためだろう」

彼は一瞬間を置いたが、私にはそれがとても長い時間のように思え、じっと黙っていた。「だがね、君に一つ認めなくちゃならないことがあるんだ」

そこでまたピンター特有の間があった。

「私は完全に間違っていたよ。褒め言葉になるかどうかわからないけど、君こそこの役にぴったりだ」

唖然とした私は必死に何か言おうとした。そしてようやく、彼の褒め言葉に大層な感謝の意を述べ、こう打ち明けた。「ですがハロルド、僕はポワロの新シリーズをオファーされるかもしれないんです。ロンドン・ウィークエンドの方にオファーの期限があって、それが目前に迫っているんですよ」

「そう、それは仕方ないね」と、彼は静かなきっぱりとした口調で言った。「決めるのは君だよ。望めば役は君のものだが、どうするか早急に知らせてもらいたい」。稽古の開始は数週間後に迫っていた。

彼の家を出るとき、私はそれまでの人生でこんな状況に置かれたのは初めてだと思った。ロンドン・ウィークエンドはポワロをどうするつもりなのか。オファーの期限は正確にはいつ切れるのか。私にはそれしか考えられなかった。彼らを裏切るようなことはしたくなかったし、もし求められれば、たとえ『オレアナ』に背を向けることになっても、やはりポワロをまた演じたいと思っていたが、それでもまだ私は迷っていた。

偶然ながら、シーラと私は両親が滞在していたトーキーのインペリアル・ホテルのサービス付きフラットへ一週間の休暇に出ることを決めていた。今さら計画を変更しても意味がない。私はエージェントにポワロのオファーの期限を再確認するようにだけ頼み、出発した。

期限の日が来ても、連絡はなかった。これでもう束縛はないわけだ。

翌朝、私はオードに連絡し、ハロルドに電話してジョン役を引き受けると伝えてほしいと言った。あのベルギー人の小男を演じて五年になるが、私はたぶん一年、あるいは永遠に彼と別れることになるかもしれないと初めて思った。

礼儀として、私はオードに頼んでニック・エリオットへも電話して、私の決断を伝えてほしいと言った。彼はポワロ・シリーズが始まったときからのエグゼクティブ・プロデューサーだったからだ。すると数分もしないうちに、オードが折り返し電話をかけてきて、ニックがどうしても私と話したがっていると言った。

その直後、ニックから電話があった。彼は私と同じくらい動揺していた。「君に新シリーズのオファーをすることは知ってたはずだろ」と、彼は声をうわずらせた。

「知らないよ、ニック」と私は言った。「期限が過ぎても、何の連絡もなかったし」

「でも、そうなんだ。この夏にまた撮影したいんだよ」

私は胸が張り裂けそうだった。せっかくポワロを演じるチャンスをくれるというのに、彼らを裏切るようなことになるなんて……。

「何も聞いていなかったんだよ、ニック。このまま何の展開もないと思ったから、ハロルドに『オレアナ』をやると言ったんだ」

「やめにできないか？」

「できないよ」と私は悲しくなった。「ハロルドと約束したし、それに僕はまた舞台に復帰したいんだ。一九九〇年の『アテネのタイモン』以来だし、本当に素晴らしい役だから」

ニックはひどく取り乱し、私もめちゃくちゃな気分だった。ただ、何度も謝る一方で、心の中ではどうしてもこの芝居をやりたいと思っていた。それは再び舞台に立ちたいという私の願望を満たしてくれるものであり、断るなんて正気ではないと思った。結局、ロンドン・ウィークエンドは新シリーズを一年延期し、私を待ってくれることになったが、当初はそういうことになるとはわからず、私はポワロを完全に失ってしまったかと思った。

役者の人生はいかに変わり得るものか、私はシーラに事の次第を説明しながら実感した。もし「考え直す」と決めたハロルドに、私とコーヒーでも飲みながら話しませんかと電話するようにオードに頼んでいなかったら、こういうことにはならなかっただろう。

役者は自分の判断がどこでどうつながるのかを知らないまま、キャリアの未知の領域に飛び込む。いつも思うのだが、私たち人間は、背後で蜘蛛が糸を紡ぐように人生を生きていて、振り返って初めて過去が現在にどう影響し、人生のそうした糸がどう絡んでいるかを知るのではないだろうか。

当時の私には知る由もなかったが、もしあの瞬間、ポワロに別れを告げる覚悟をしなかったら、その後もこうして舞台に立ち続ける幸運は得られなかっただろう。しかし、同じく重要なのは、あれがポワロと私にとって終わりではなかったということだ。

第11章 まさにポワロとは大違い

ハロルド・ピンターの『オレアナ』の稽古は、私がポワロから少なくとも一年は離れるという決断をしてから数週間後に始まったが、きわめて緊張を伴うものだった。演じ手は才能ある若手女優のリア・ウィリアムズと私の二人だけだったので、お馴染みの黒いセーターと分厚い眼鏡のハロルドが、いつもと変わらぬ真剣な表情で、デビッド・マメットが全三幕で描いた男女の激しい戦いの物語を演じさせたとき、私たちは逃げも隠れもできなかった。

この数週間の稽古は、私がそれまで経験してきた中でも特に過酷なものだった。というのも、この芝居はあまりにも心身を消耗させ、あまりにも男女の本質的な関係性について残酷で、あまりにも憎しみに毒されていたため、そうした負の感情が私生活にまで流れ込むのを阻止できないほどだった。シーラと子供たちは、それまでポワロというかなり温厚な人物が毎晩スタジオから帰ってくることに慣れていたが、このときの私は、女性や自分自身に対する感情に苦悩し、いけないとわかっていながら、最後は暴力に訴えてしまうという男だった。

タイトルの『オレアナ』は、一九世紀のユートピアを歌ったアメリカのフォークソングに由来するが、作品そのものにユートピア的なところは全くない。この戯曲が一九九二年にアメリカで最初に発表されたとき、私が演じるジョンは、「大学教授としての権力を無意識のうちに乱用する、独善的で傲慢な、鼻持ちならない男」として描かれていた――まさにポワロとは大違いだ。

偶然にも、私はこの作品でジョンが直面したのと同じような経験をしたことがあった。一九七五年、アメリカの大学で演劇を教えていた私は、『オレアナ』で描かれているセクハラの問題に遭遇したのだ。それはひどく暑い日の授業だった。ボールを回す演劇エクササイズをしていたら、みんなが汗だくになったので、私は深く考えることもなく男子学生にシャツを脱ぐように勧めた。

この提案が女子学生の怒りに触れるとは夢にも思わなかったが、まさしくそうなった。彼女たちはすぐさま学部長に抗議し、私はシャツを脱ぐことができない女子学生を差別したということで謝罪文を書くように言われた。

結局、事態は丸く収まったが、一団の代表者から大学での女性の権利にもっと配慮するようにとお叱りを受けた。私はその学年の終わりまで授業を継続したが、あれ以来、女子学生への対応には細心の注意を払うようになった。マメットの作品で私の演技が真に迫っていたのは、おそらく自身のこんな経験が影響していたのかもしれない。

明らかなのは、『オレアナ』が観客から両極端の反応を呼び起こしたということだ。ニューヨークのオーフィアム・シアターで公演が始まったとき、キャロルの台詞には観客から非難や罵りの声が上がり、席を立つ人も出た。セクハラ問題に腹を立てるあまり、激高して劇場を飛び出すカップルもいれば、舞台の役者に向かって何度も怒鳴る人もいた。自然発生的に拍手や声援が起こったのは、ジョンがとうとうキャロルに掴みかかったときだった。ジョン役を演じたウィリアム・H・メイシーは、のちにこんな印象的な言葉を残している。「デートには向かない舞台だ」

ハロルドと稽古をしていたとき、リアも私もイギリスではどんな反応があるのかわからなかった。リアと共演するのは初めてだったが、稽古が始まるとすぐに彼女の才能に気づいた。チェシャー出身のリアは当時まだ二九歳で、その後、イギリスのマイケル・ウィナー監督の映画『ダーティ・ウィークエンド』に出演した。彼女が舞台で飛躍を遂げたのは一九九一年のことで、アラン・エイクボーンの戯曲『ザ・リベンジャーズ・コメディーズ The Revengers' Comedies』でロンドン批評家協会の最優秀新人賞を受賞した。

赤褐色のロングヘアにほっそりした体つきのリアは、一見、風で吹き飛ばされそうなか弱いイメージだが、内面には強い個性が秘められており、それが『オレアナ』の稽古を通してはっきりと表れた。

六月二四日の木曜日、ロンドンのスローン・スクエアにあるロイヤル・コート劇場でプレビュー公演が始まり、ちょうど一週間後の七月一日に新聞各紙のレビューが明らかになった。それは全く驚くべきものだった。ガーディアン紙のマイケル・ビリントンは、「初日の舞台は、ハロルド・ピンターの演出をはじめ、演技や脚本の力に魅せられた人々の賛辞と感動に包まれた」とコメントした。ありがたいことに、ウエスト・エンドの他のどの批評家も同じように称賛してくれた。

私も嬉しかった。しばらくポワロと離れる決心をした甲斐があったし、劇場という初恋相手のもとへ私を引き戻したのが、いずれ古典になると確信した作品だったので、初めてこれを読んだとき、私は魅力されたばかりか恐怖さえ感じた。

チャールズ・スペンサーは、『オレアナ』を「記憶にある限りで最も議論を呼んだヒット作」と呼び、確かにその通りだった。ただ、彼はテレグラフ紙に、リアと私がそれぞれの役に飲み込まれないように最大限の努力をしたとも書いた。実際、私たちは演技を終えるたびに舞台袖で抱き合っていた。「互いをしっかり抱き締めるのは、本当は相手が好きだということを自分に思い出させるためです」とリアは語っていた。

こうした議論や批評、観客の反応のおかげで、『オレアナ』はウエスト・エンドのデューク・オブ・ヨーク劇場に移った九月から、公演を終えた一九九四年一月八日まで、チケットが連日完売となった。最終公演の一つを見に来たイギリスの偉大な監督ピーター・ホールは、後日ハガキをくれて、ポワロを離れて『オレアナ』をやると決めた私の判断が正しかったことを確信させてくれた。ピーターは親切にも、ジョンの弱さを巧みに表現した私の演技は観客の胸に突き刺さるようで、彼が長年見てきた中でも屈指の芝居だったと言ってくれた。

しかし、それは素晴らしい賛辞ではあったが、私がジョンになりきったからというわけではない。いつもそう望んできたように、私はただマメットの脚本に尽くし、作者としての彼に尽くしただけだ。実際、デイリー・メール紙の女性記者に語ったように、「僕はかなり古風な男でね。いわゆる礼儀やマナーを重んじるんだ。そうやって育てられたから、それが僕の一部なんだよ。女性がスムーズに進めるようにドアを開けてあげたりするけど、あれだって恩着せがましいものはない。そもそも人を気遣って何が悪いんだい？」

こんな理由もあって私はポワロを演じるのがいつも楽しかったし、ありがたいことに、そのベルギー人の小男は舞台の袖で私を待っていてくれた。仕事で他に何をしていようと、私は決して彼を忘れることができなかったし、実際、ロンドン・ウィークエンドは私のエージェントに改めて連絡してきて、一九九四年のどこかでポワロの二時間スペシャルを四編撮影したいと言ってきた。それは一九九五年の年明けから放送される予定で、特にクリスマス休暇を狙ったエピソードとして、『ポアロのクリスマス』［村上啓夫訳、早川書房、二〇〇三年］のドラマ版が含まれていた。もしロンドン・ウィークエンドがあれほど寛大でなかったら、この小男は完全に姿を消してしまったかもしれないのだから、私としては本当に嬉しかったし、心からほっとした。

とは言え、すぐさま準備に入ったわけではない。というのも、私はポワロ・シリーズのプロデューサーを務めるブライアン・イーストマンと組んで、バーミンガム出身の有名なイギリス人喜劇俳優、シド・フィールドの生涯を描いた新作の舞台に出ることになっていたからだ。ロンドン演劇界屈指のスターであった彼は、一九五〇年に四五歳の若さでこの世を去ったが、ローレンス・オリビエからアメリカの喜劇俳優ダニー・ケイ、チャーリー・チャップリンからノエル・カワードまで、あらゆる人々から称賛を受けた。フィールドの最もよく知られたフレーズにちなんで、『ホワット・ア・パフォーマンス　What a Performance』と題されたその作品は、ウィリアム・ハンブル――偶然にも『名探偵ポワロ』第四シリーズの二時間スペシャル『雲をつかむ死』の脚本を担当した――によって私のために書かれたもので、BBCの傑作コメディー『ダッズ・アーミー　Dad's Army』を手掛けた伝説的脚本家のジミー・ペリーからも助言を得た。

フィールドは、『オレアナ』からもポワロからも遠くかけ離れた存在だった。私はそれまで観客の前で歌やダンスを披露したことはなかったたし、性格俳優としての二五年間にコメディーはほとんどやってこなかった。取材を受けたインタビュアーに、「これは新生デビッド・スーシェだよ」と冗談半分に言ったことを覚えている。身のすくむような一手ではあったが、一九四〇年代のロンドンを舞台に、全盛期のフィールドが得意としたスケッチ・コメディーというスタイルを再現するチャレンジは、抗いがたいものだった。もちろん、リスクはあったが、イギリスでチャップリン以来の喜劇王とされる人物を演じることに私はノーとは言えなかったし、そもそもいきなりウエスト・エンドのまばゆい舞台で試そうとしていたわけではない。

『ホワット・ア・パフォーマンス』の公演は、ロンドンでの『オレアナ』の楽日からわずか三週間後、プリマスのこぢんまりしたドラム・シアターで始まる予定だった。そのため、私は『オレアナ』の最後の数週間はこちらの舞台の稽古に入っており、あの偉大な俳優でコメディアンのジャック・トリップに教えを請うこともあった。当時、パントマイムのデイム［滑稽な中年女性の役］として最もよく知られていた彼は、かつてフィールドの代役を務め、フィールドがごくたまに病気になったときなど、彼の代わりを演じていた。

私がシド・フィールドの役に惹きつけられたのは、一つには彼が非常に複雑で繊細な人間だったからだ。ひどく臆病で、誰にも抵抗できなかった彼は、婦人服の仕立てをしていた支配的な母親のバーサには特に逆らえなかった。彼女を恐れるあまり、シドは最初の子供が生まれるまで結婚したことさえ伝えていなかった。彼は自分の芝居が人々に笑ってもらえないことも恐れていたようだが、彼を演じるなかで私自身もそう感じ始めた。ただ、フィールドは自分を奮い立たせるために酒に頼ったが、私は決してそうはしなかった。新しい作品に取り組んでいるとき、私はアルコールを一滴も口にしない。自分の仕事に全神経を集中させる必要があるため、その妨げになるようなことは絶対にしない。

少々慌てたのは、ロンドンの演劇評論家の二人が舞台の初日にわざわざプリマスまで見に来たことだった。私としては演技に磨きをかけるためにもう少し時間が欲しいと思ったが、それほど心配する必要はなかった。なぜなら二人とも好意的だったからだ。タイムズ紙のジェレミー・キングストンは、私が「まるでとり憑かれたかのように道化」を演じたとさえ述べ、地元のマスコミにも称賛されて、プリマスでの三週間にわたる公演は大成功に終わった。

ブライアン・イーストマンは、地方での公演ツアーの後にこの舞台をロンドンへ移したいと思っていたが、一九九四年二月初めには、ロンドン・ウィークエンドがポワロの二時間シリーズ全四編の撮影を早く始めたがっていることも知っていたため、彼らをこれ以上待たせるわけにはいかなかった。それに私はポワロからずっと遠ざかっていたせいか、彼の声や物腰がまた自分を呼んでいるような気がした。妥協案として、私は九月の終わりにウエスト・エンドへ来られるように、ポワロの新シリーズの撮影が終わり次第、『ホワット・ア・パフォーマンス』の公演ツアーに出ることになった。

プリマスから戻ると息つく暇もなく、ショーンが再びピナーの自宅からトウィッケナムまで私を送り迎えしてくれた――例のパッドと銀の持ち手のステッキ、ホンブルグ帽という装備でポワロになるために。ところが実際、新シリーズの一作目『ポワロのクリスマス』の冒頭に私の出番はなく、物語は一八九六年の南アフリカで、ダイヤモンドの鉱脈を探すシメオン・リーという強欲な男が仲間を裏切るところから始まる。

原作の『ポアロのクリスマス』〔村上啓夫訳、早川書房、二〇〇三年、原題 *Hercule Poirot's Christmas*〕は、イギリスでは一九三八年、アメリカでは『マーダー・フォー・クリスマス（クリスマスの殺人）*Murder for Christmas*』というタイトルで一九三九年に発表され、全くそんな始まり方はしていない。クライブ・エクストンが再び脚本を手掛けたドラマ版では、南アフリカでの裏切りが描かれることによってリーの無慈悲な性格が浮かび上がるが、そこから時代は一気に四〇年後の一九三六年となり、老人となったリーはイングランドの田舎の大邸宅に住んでいる。彼は崩壊した家族を全員集合させる一方、自分の命が脅かされているとしてポワロを呼びつける。

リーの家族は互いに反目し、今にも流血沙汰――殺人も含めて――になりそうな雰囲気だが、こうした設定はアガサの小説ではむしろ珍しいものだ。クリスマス・イブの日、リーは屋敷の鍵のかかった書斎で、首を切られて発見される。本格的に調査に乗り出したポワロは、そこからさほど遠くない隣のウェールズで、妻のウェールズ人の家族とクリスマスを過ごしているジャップ主任警部の助けを借りることにする。これもまたアガサの他の小説にはない要素だ。そこでは血なまぐさい死――彼女お得意の毒殺ではなく、ナイフによる惨殺――が描かれるばかりか、ヘイスティングスに代わって、スコットランド・ヤードの職務を離れたジャップがポワロの助手を務めている。実際、ヘイスティングスはこの物語には一切登場せず、ストーリー自体も全く「クリスマスらしく」ない。

フィリップ・ジャクソンがこのドラマの撮影を大いに楽しんでいたのは、クライブ・エクストンの脚本によってジャップのキャラクターをより明確化させる機会を与えられたからだ。クリスマスを祝うため、ピアノを囲んで居間で嬉しそうに歌ばかり歌っているウェールズの親戚連中をよそに、ジャップは憂鬱そうに笑みを浮かべる――そんな姿は他ではあまり見られない。

私にとっては、イギリスの筋金入りの性格俳優、ジョン・ホースリーとの共演も喜びの一つで、彼が演じたシメオン・リーの忠実な老執事エドワード・トレッシリアンは、事件の解明に重大な役割を果たす。クリスマスの日に最後の謎解きが行なわれるこの作品は、最も意外な人物が犯人という点で、もとは一九四七年に『三匹の盲目のねずみ』〔『愛の探偵たち』（宇佐川晶子訳、早川書房、二〇〇四年）所収〕という短編のラジオドラマとして発表されたアガサの有名な舞台劇、『ねずみとり』の原型をなしている。

新シリーズの二作目は、アガサの小説の中でもよく知られた作品で、一九五五年にイギリスで初めて発表され、『三匹の盲目のねずみ』と同じく、タイトルにマザー・グースの歌の一節が使われた『ヒッコリー・ロードの殺人』だった。物語は、普段なら完璧に仕事をこなすミス・レモンが、ホワイトへイブン・マンションでポワロの手紙をタイプしていて三か所も打ち間違えをし、ポワロを困惑させるところから始まる。そこからミス・レモンの善良な姉で、ヒッコリー・ロードでロンドン大学の学生寮の管理人をしているハバード夫人が、一連の不可解な盗難事件に悩まされていることが明らかになる。かけがえのないミス・レモンへの忠義から、ポワロは助けを申し出るが、盗難事件はたちまち一件どころか、三件もの殺人事件へと発展する。

原作〔『ヒッコリー・ロードの殺人』（高橋豊訳、早川書房、二〇〇四年）〕が最初に発表されたとき、それはいつものような世界的称賛を得られなかった。サンデー・タイムズ紙の批評家フランシス・アイルズは、「陳腐な作品に感じられ、いつもの冴えに欠けている」と述べた。一方、アガサの熱心なファンの一人で小説家のイーヴリン・ウォーは、自身の日記に、アガサ・クリスティーの新作は「質素な暮らしの楽しみであり、悲しみである」と書き、この作品は最初の方はとても楽しいが、三分の一を過ぎたところから「質が落ち」、彼が――かなり不当に――評するところの「駄作」となって、最後は悲しみに取って代わったと記している。

しかし、ドラマ版が駄作でないことは明らかだった。監督のアンドリュー・グリーブは、それまでのシリーズで何度も一緒に仕事をしてきたが、今回もまた素晴らしかった。ネズミが時計を駆け下りるという視覚的テーマ——マザー・グースの歌にちなんで——を加えたほか、キャストにも驚くほど優れた面々を揃えた。その中には当時二三歳で、ギルドホール音楽演劇学校をほとんど出たばかりのダミアン・ルイスもおり、彼はその後、『バンド・オブ・ブラザース』や『Life 真実へのパズル』、『Homeland ホームランド』といったテレビドラマで国際的な成功を収めた。しばしばあることだが、私はここに並外れたキャリアを築くことになる若手俳優がいると感じた。それは彼の演技——比較的小さな役ではあったが——だけではなく、彼がカメラに愛されるという事実によるものでもあった。私はそれを察知し、ポワロも察知したようで、彼の目に狂いはなかった。私たち二人は、真の才能をすぐに見抜くことができた。

アンドリューは素晴らしいキャストに恵まれただけではなかった。彼は幸運にも、新シリーズ四編ではできる限り最高の小道具やロケ地を使おうというブライアン・イーストマンとロンドン・ウィークエンドの決定からも恩恵を得た——このエピソードでは、ロンドンの旧式の地下鉄車両がごく当たり前のように使用された。

さらに、脚本を担当したアンソニー・ホロヴィッツは、一九三九年一〇月に行なわれたジャローの行進をドラマの背景に置くことにした。これはイングランド北東部のニューカッスル・アポン・タインから六マイル（約一〇キロ）のところにあるジャローという町からロンドンに向けて、二〇七人の失業者が政府に雇用対策を求め、不況で壊滅的打撃を受けた地域の困窮を訴えたデモ行進である。行進は警官全員に休暇の返上を余儀なくさせ、置いてけぼりを食ったジャップ主任警部はポワロとともに捜査に乗り出す。

私はこのドラマが原作の素晴らしさを証明し、当時のネガティブな評価から作品の名誉を挽回することになったと思う。脚色も見事だったし、ロケも驚くべきものだった。一つだけ奇妙なのは、私がセットで一度もネズミを見なかったということだ――実はネズミが出てくるシーンはすべて、私の演技が終わった後にアンドリュー・グリーブによって撮影されたそうで、私が初めてネズミを見たのはフィルムの最終版だった。巧みなショットで、物語にアクセントを与えていた。

一方、このドラマはポワロというキャラクターに対する私たちの自信も証明していたと思う。シリーズが始まって五年、その自信は着実に高まっており、この頃にはもはやポワロの特異性をことさら視聴者に強調する必要はなくなっていた。ポワロはただポワロらしくしているだけで、風変わりな礼儀正しい人物として完全に認められ、誰からも――テレビの後ろにいる人にも前にいる人にも――理解され、愛されていた。

三作目の『ゴルフ場殺人事件』は、主にフランスのドービルが舞台で、ポワロはヘイスティングスに連れられて休暇でそこへやって来る――そしてこの相棒が本シリーズで初めてスポットライトを浴びる。前作に続いて、脚本はアンソニー・ホロヴィッツ、監督はアンドリュー・グリーブだったが、私にとって同じく重要だったのは、この物語がポワロに内在する孤独を探究する機会となったことだ。

無視できないのは、この小説がポワロのデビュー作である『スタイルズ荘の怪事件』からわずか三年後の一九二三年に発表された二作目のポワロ作品で、一九七七年の自伝でアガサが述べているように、執筆を始める少し前に読んだフランスのガストン・ルルーの古典的推理小説『黄色い部屋の秘密』〔高野優監訳・竹若理衣訳、早川書房、二〇一五年〕の影響を受けているということだ。

同じく無視できないのは、アガサが「ポワロとはついて離れなく」なり、最初から「あんなに年をとった」キャラクターを生み出したのはひどい失敗だったと気づかされる作品でもあったということだ。彼女自身、「初めの三、四作の後で彼を見捨て、もっと若い誰かで再出発すべきであった」と述べている〔『アガサ・クリスティー自伝（上）』（乾信一郎訳、早川書房、二〇〇四年）より訳文引用〕。私には彼女がそうしなくてよかったとしか言いようがない。

しかし、アガサは『ゴルフ場殺人事件』〔田村義進訳、早川書房、二〇一一年〕でヘイスティングスに恋のお相手を与えてやった—実際、「少し彼に飽きていた」彼女は、ヘイスティングスを結婚させて片づけてしまおうとさえ考えていた。また、この物語には、アガサが「人間・キツネ狩りの猟犬」と呼ぶフランス警察のジロー警部も登場し、彼はポワロを「時代遅れの老人」と馬鹿にした〔『アガサ・クリスティー自伝（上）』より訳文引用〕。結局、ポワロとジローは競い合うことになり、ポワロが先に謎を解いたら、ジローは愛用のパイプを差し出し、反対にジローが先に事件を解決したら、ポワロは口髭を剃り落とすという賭けをする。

私はフランス滞在を大いに楽しみ、ブライアン・イーストマンがシーラと子供たちを呼び寄せてくれたおかげで、学期の中休みの数日間を一緒に過ごすことができた。コストの関係で、国外での長期の撮影はめったになかった。

しかし、ドラマ自体は期待していたほど成功せず、私はいかにも漫画に出てきそうなイメージのジロー警部に対して、ポワロを必死で人間らしく保とうとしていた。ただ、このエピソードで相棒に対するポワロの深い思いやりが明らかになったのは確かで、ポワロは最後にヘイスティングスと彼の恋のお相手を結びつけ、自分は一人、寂しさを抱えてイギリスへ帰る。

一方、この二時間シリーズの最終話は、私にとって最も楽しいものとなった。一九三七年に初めて発表された『もの言えぬ証人』〔加島祥造訳、早川書房、二〇〇三年〕は、アガサの小説の中でも特に愛されている一作で、その理由はまずボブという名のワイヤー・フォックス・テリアが出てくることにあり、この犬こそ、タイトルの「もの言えぬ証人」というわけだ。実際、原作はアガサ自身が飼っていたワイヤー・フォックス・テリアに捧げられ、献辞には「友人たちのうちで最も忠実であり連れとして最も親しく、千匹のなかの一匹といえる愛するピーターに捧ぐ」と書かれている〔『もの言えぬ証人』より訳文引用〕。

私はドラマのテリア犬にも全く同じように感じ、目と目が合った瞬間から虜になった。実の名をスナッピーというこのかわいい犬は、私の親友となったばかりか、ポワロの心さえ捉えてしまった。ポワロは犬があまり好きではなく、ひどく臭くて汚らしいものと考えていたのだから、これは大変なことだ。にもかかわらず、ボブはポワロが犬への生来の不信感を捨てないながらも、彼に動物へのそれなりの愛情を示させた。

エドワード・ベネットが監督、ダグラス・ワトキンソンが脚本を担当したこのドラマは、湖水地方が舞台ということもあり、実に素敵な仕事だった。息をのむような美しい景色に加えて、素晴らしいキャストにも恵まれ、なかでも霊媒師の姉妹の一人を演じたあのミュリエル・パブロウは、私が子供の頃から映画で憧れていた女優だった。撮影の特殊効果もまた見事で、ポワロが最初に相談を受けた女性、エミリー・アランデルが煙のようなものを吐いて死ぬシーンは特に印象的だった。そしてもちろん、階段の上からテニスボールを落としては、駆け下りて口でキャッチするという芸当を披露してくれるボブもいた。

撮影は終始楽しいものだった――新鮮な空気と美しいロケーション、特にウィンダミア湖畔のコテージは素晴らしく、水路とナローボートが大好きな私にはとても親しみ深いものだった。とにかく、これ以上望めないほど素晴らしかった。私は湖水地方が大好きで、ポワロを演じる前、休暇でシーラと子供たちを連れてハイキングに来て以来、ずっとそうだった。まだ幼かった息子のロバートの手を引いて、思う存分楽しんだことを今も鮮明に覚えている。そんな思い出のすべてが演技の役に立ったのは、過去のシリーズで時折感じていた以上に心が安らぎ、落ち着いた気分だったからだろう。もちろん、当時増える一方だったポワロ・ファンからの手紙で、彼らがいかにこのドラマを楽しんでくれたかもよくわかった。それによると、一九九七年三月の放送後、ワイヤー・フォックス・テリアの売れ行きが飛躍的に伸びたらしい。

しかし、『もの言えぬ証人』をこんなに楽しめたのは幸運だった。というのも、一九九四年の夏の終わりに新シリーズ全四編の撮影が終わるとすぐ、私は『ホワット・ア・パフォーマンス』の公演ツアーに戻り、さらにロンドンでの初演に向けた稽古に戻ったが、残念ながら、こちらはそれほど楽しい経験にはならなかったからだ。

一座はバースやリッチモンドなどイギリス中を公演して回り、行く先々で、観客は一九四〇年代後半に喜劇の黄金時代を生きたシド・フィールドの私の演技を気に入ってくれた。ある地元紙は「ロングラン確実」と書き立て、またある地元紙は私の演技を「驚異的」と呼んでくれたが、取材にやって来たある記者に私が言ったように、見出しは「スーシェ賭けに出る」にするべきだったかもしれない。

本人を一度も見たことがない世代に向けて、そうした無類の才を持つ人物の役を演じることにはリスクがあった。しかし、一九九四年一〇月一二日の水曜日、ウエスト・エンドのシャフツベリー・アベニューにあるクイーンズ・シアターで迎えた初日の晩、私のそんな不安は消え去った。翌朝、デイリー・メール紙の演劇評論家ジャック・ティンカーは、信じがたいほど好意的なコメントを書いてくれた。「かの比類なきデビッド・スーシェ氏は、まるで奇跡のように、若き日のトニー・ハンコックのような人たちに深い畏敬の念を抱かせた、フィールドのどこかなよなよした道化ぶりを再現して見せた」

私はこのフィールドへのトリビュートに対する称賛の手紙も山ほど受け取ったが、現代の観客は本当に金を払ってまで昔のお決まりのコメディー――台本もそれほど説得力があるとは思えない――を見たいのかという厳しい現実は、この舞台に暗雲のように漂っていた。

公演が始まってほんの数日後、シーラは翌週の土曜日のチケットを二枚予約しようとチケット売り場に電話したが、その頃にはもう公演は行なわれていないだろうと言われた。

シーラはすぐ私に電話をかけてきて、「あなた、来週の土曜日にはもう上演してないって知ってた？」と言った。

私は即座に自分でチケット売り場へ電話して、事実かどうかを確かめた。するとかなり長い沈黙があった後、ようやくチケット売り場の責任者がこう言った。「大変失礼いたしました。あなたはもうご存知だと思っておりまして」

『ホワット・ア・パフォーマンス』は、少なくとも一月末までは公演を続ける予定だったにもかかわらず、ウエスト・エンドではわずか四週間後の一九九四年一一月に打ち切りとなった。それは私の二六年間の舞台人生で最も短い公演であり、さらに――賭けだとわかってはいたものの――私の自信を揺るがした。

幸い、私はエミール・ゾラの一八九〇年の小説『獣人』〔川口篤訳、岩波書店、一九九一年〕をもとにしたBBCのテレビドラマで、一九四〇年を舞台とした『クルーエル・トレイン Cruel Train』で冷酷な殺人者の役を頼まれたところだった。共演者には、『セパレーション』で舞台をともにしたサスキア・リーブスをはじめ、エイドリアン・ダンバーやミニー・ドライバーがおり、BBCはこれに二〇〇万ポンドの予算をかけていた。彼らはバーミンガムの高速道路の下に巨大なセットを作り、そこにロンドンのビクトリア駅を再現して、一九四〇年代の本物の機関車まで持ち込んだ。その努力は素晴らしいものだったが、ドラマの助けにはあまりならなかったようで、翌年に放送されたときもレビューは控えめだった。

そういうわけで、シド・フィールドの演技に対する評価やフォックス・テリアのボブとの出会い、湖水地方で過ごした数週間の楽しい日々にもかかわらず、この年はやや低調に終わった。ただ、私はまだ知らなかったが、もっとずっと悪いことが起きようとしていた――特にポワロと私にとって。

第12章 何か事件があったのではありませんか？

エルキュール・ポワロは、長年にわたって私に多くの幸せな思い出をもたらしてくれた。ポワロが一般のあらゆる人々から親しまれていることを実感したときのことは、いつまでも決して忘れないだろう。ポワロに接したときの人々の喜びようは、本当に心和むような素敵なものだった。

イースト・サセックスのヘイスティングスというこぢんまりした海辺の町でロケをしていたとき、私は考えをまとめるため、ばたばたした撮影部隊から少し離れたいと思った。ホンブルグ帽にステッキという完全装備のまま、私はちょっと角を曲がって静かな脇道に入り、一人で立って今後のことを考えていた。

そこへ突然、小柄なおばあさんがよくある四輪の四角いショッピングカートを押しながら、私のいる側の道をこちらへ向かってゆっくりと歩いてくるのが目に入った。明らかに家へ帰るところのようだった。私は何も言わなかったが、彼女は私のところまで来ると立ち止まった。

「こんにちは、ムッシュ・ポワロ」と、彼女は首をかしげて言った。

一瞬、私はどう答えるべきか迷った。ポワロとして答えるか、それともデビッド・スーシェとして答えるか。どちらの声を選ぶべきだろう。

そして決心した。

「ボンジュール、マダム」私はポワロの声とマナーそのままに答えた。

小柄なおばあさんはにっこり微笑んだが、次第に不安そうな表情が広がった。

「何か事件があったのではありませんか？」と、彼女は声を震わせた。「その、殺人か何かあったのでは？」

今度も私は返事に困った。

「ノン、ノン、マダム。リアン。何もありません」私はそう言って彼女を安心させた。

おばあさんは再び小さく微笑むと、私のそばを通り過ぎようとした。ところが一メートルも行かないうちに立ち止まり、振り返った。

「お訊きしてよろしければ」と彼女は丁寧に前置きし、「ヘイスティングスで何をしていらっしゃるの？」と言った。

またしても、私は返答に窮したが、すぐに心を決めた。「メ・バカンス、マダム。ここへは休暇で来ております」私はいかにもポワロらしく答えた。

「あら！」と彼女は納得したように言って再び歩き出したが、すぐにまた立ち止まった。

「ヘイスティングスを選んでくださってありがとう」彼女はそう言って優しく手を振り、私から離れていった。

あの日のことを思い出すと、今でも胸が熱くなる。何とも心温まる出来事であり、たとえこのベルギー人の小男がアガサの全くの想像の産物であったとしても、人々が彼をいかに大切に思っているかが伝わってくるようだった。

一方、ドーセットのプールから遠くないイングランド南岸のロケ地で撮影していたときにも素敵な出会いがあり、私は――そのときもやはり――考えをまとめたくて撮影部隊から離れたところにいた。

このときはある中年の夫婦が現れ、休暇中なのか、春の陽光を楽しんでいた。二人は腕を組み、明らかに結婚してずいぶん長いようだった。なぜなら、夫が何か言うたびに奥さんがすぐにそうねと相槌を打つような、そんな関係だったからだ。

言うまでもなく、先に話し出したのは夫の方だった。

通り過ぎるときに私に気づいた彼は、「あっ」と言って、二人とも立ち止まった。「お邪魔でないといいのですが」

私はにっこり微笑み、いかにもポワロらしく励ますように頷いた。

「話してみようか」とご主人が奥さんに言った。

「ええ、そうね」と彼女は微笑んだ。

「あの、私たち、あなたのドラマの大ファンなんです。本当に好きで。そうだろう？」

「ええ、そうね」と奥さんは微笑んだまま言った。

「放送があるときはいつも見てます。そうだろう？」

「ええ、そうね」

「見逃したことはありません。そうだろう？」

「ええ、ないわ」と奥さんが応じた。

「全部見てます。本当です」

奥さんは喜びで顔を輝かせていた。私はその場に釘づけになった。

「再放送も見ています。そうだろう？　放送があるときはいつでも」

「ええ、そうね」

「箱入りのセットも持ってます。そうだろう？」

「ええ、そうね」

ところが、そこでご主人の方に一瞬間があり、大きくて朗らかな顔がわずかに曇った。奥さんの輝くような笑顔も少し薄れた。

「その……」と、彼は何か言おうとしたが、ためらって奥さんの方を向いた。「この間、お前に言ったことを話してみようかな」

彼女は頷き、夫と同じように神妙な面持ちになった。

「あの」と、彼は温かくて飾り気のない声で続けた。「私たち、あなたのドラマの大ファンなんですが……、実はあなたの言うことが一言も理解できないんです」

私はどう答えればいいかわからず、完全に言葉を失った。

そこでできるだけ優しく微笑み、できるだけ丁寧に何かつぶやいて、心の中でこう思った。「何てこった！」

しかし、そのとき私は、シリーズ初期の『コックを捜せ』や『ダベンハイム失そう事件』の頃から、ポワロと私が歩んできた長い長い道のりを思い起こした。たとえポワロの言うことが一言も理解できなくても、それでも人々は彼を愛してくれたのだ。

そうした懐かしい思い出がふと甦ったのは、バーミンガムでBBCのドラマ『クルーエル・トレイン』の撮影を終えて帰宅したときだった。ロンドン・ウィークエンドからはポワロの新シリーズについて何の知らせもなかったが、それはいつものことだった。私は『オレアナ』の成功と『ホワット・ア・パフォーマンス』の失敗の折り合いをつけようともがき苦しみ、将来に不安を感じていた。子供たちも大きくなってきて、自分もあと一年ほどで五〇歳になろうとしていた私は、今後のキャリアに疑問を抱き始めていた。

舞台に復帰するという決断が正しかったことは確かであり、テレビでポワロ・シリーズが成功したおかげで、このベルギー人の小男を目当てに劇場へ足を運ぶ観客が新たに増えたことも確かだった。それに私がイギリス国内での名声とともに、国際的な名声を築けたのは、ポワロのおかげであることも確かだった。ポワロと『オレアナ』のジョンがあったおかげで、私のもとにはハリウッドをはじめ、世界各地からオファーが来るようになっていた。

シリーズが始まって、私がポワロを演じるようになって以来、いかに彼が人々に愛されるようになったかを示す一つの事実として、のちに私のファンクラブへと発展することになるポワロ・ファンの着実な増加があった。二、三年前から少しずつ増え始めていたものが、今や驚くほどのペースで増大していた。もちろん、これは世界中でさらに驚異的な広がりを見せたインターネットが登場する以前のことで、意外にも、特にロシアで顕著だった。

正直なところ、私はこの事態にどう反応していいのかわからなかった。というのも、私は役に応じて自分を変える性格俳優であって、常に自分自身のまま――少なくともある程度は――を演じる普通の主演俳優ではなかったからだ。しかし、ポワロに対する人々の熱愛ぶりは相当なものだった。

それもあって、一九九五年の元日の夜九時に、ITVで『ポワロのクリスマス』が放送されたとき、私はいつもより落ち着いていた。何かと忙しい大晦日の後はほとんどの人が疲れ果てている――視聴率が下がりがちになる――ため、番組を放送するのにベストな晩とは言えなかったが、ドラマは好評を博した。ただ、その後の噂によると、視聴者数は約一〇〇〇万人という最近のレベルには達しなかったらしい。

それから六週間後、一九九五年のバレンタイン・デーの二日前にITVで『ヒッコリー・ロードの殺人』が放送されたときも、批評家には好評のようだったが、やはり視聴率はそれまでの目眩がするような高さには達しなかった。

おそらく、私はそんな視聴率に嫌な予感を抱くべきだったのだろう。『ゴルフ場殺人事件』と『もの言えぬ証人』の放送が延期されるらしいという噂にもっと注意を払うべきだったのだろう。しかし、私はどちらもあまり心配しなかった。『オレアナ』に出ると決断しながらも、この四編の二時間スペシャルを撮影したことで、すべてが元に戻ったように思えたからだ。心の中で、私はロンドン・ウィークエンド・テレビジョン（LWT）がすぐにまた第七シリーズの話を持ってくると期待していた。

ところが、それは大きな間違いだった。一九九五年の早春のある朝、友人がいきなり電話をかけてきて、こう言った。「今朝の新聞を見たか？」

「いや、どうして？」と私は答えた。

「ポワロは打ち切りと報じているぞ」

私はびっくりした。そんなことは何も聞いていなかったし、噂さえ耳にしていなかったので、ほとんど信じられなかった。二時間版の九編を含め、それまで四五作品を五〇時間以上にわたって放送してきたポワロ・シリーズをもし本当に打ち切るというなら、ロンドン・ウィークエンドかITVの誰かから私に連絡があるはずだ——他の誰よりも先に。

少なからず動揺した私は、エージェントに電話して、どういうことかを確認するように頼んだ。それから一、二週間はあれこれ言い逃れをされるばかりで、はっきりした回答はなかった。

LWTの「広報担当者」はデイリー・メール紙にこう語った。「あの探偵の最後について話すのは時期尚早」であり、「何の決定もなされていない」し、「新シリーズも検討中で、スケジューリングの責任者からのゴーサインを待っているところだ」。未放送の二編についても、放送日は決まらないままだった。

もちろん、『名探偵ポワロ』の打ち切りが決定されたというのが事実だった。たぶん、視聴率の低下が一つの要因だろう。私が『オレアナ』をやると決めたことも関係したかもしれないし、LWTの誰かがシリーズは行くところまで行ったと感じたのかもしれない。私にはよくわからないし、何も聞かされていない。

正直、私は別にLWTの誰からも大した「感謝」を期待していたわけではないが、がっかりしたのは確かだった――それもひどく。決定そのものというより、その対応にがっかりした。誰も私に話をせず、マスコミが先にその事実を知ったということに、私は深く傷ついた。

しかし、私は自分自身に対しても、その決定について訊いてくる誰に対しても、「それがショービジネスというものだ。何事も永遠には続かない」と言えるだけのプロ意識があった。長年の苦い経験から学んだように、役者にできるのは、過去の栄光に未練を残さず、とにかく先へ進むということだけだ。当面、私はポワロに背を向け、生活と仕事の新たなステージへ踏み出さなければならなかった――それが何を意味しようと。ポワロと再び出会うまでには、五年という長い年月を経ることになった。

結果として、私は四〇〇〇万ポンドをかけたハリウッドのアクション・スリラー映画『エグゼクティブ・デシジョン』で、ナジ・ハッサンというアラブ人テロリストを演じることになり、カート・ラッセルやスティーブン・セガール、そしてゴージャスな新人女優ハル・ベリーと共演した。正直、最初の台本はかなりひどかったが、ハリウッドではそれが当たり前のようにしょっちゅう変更された。つまり、カメラの前で演じる段になっても、キャラクターがまだ完成しておらず、私の役柄には少なくとも二面性が生じることになった。撮影のため、私はロサンゼルスのサンセット大通りを見下ろす豪邸で一九九五年の夏を過ごした。その家はあるロック・スターが所有するもので、私が自分で借りた。シーラと子供たちは、その家にシャングリラにありそうな岩間の潮溜まりをかたどったプールがあったことを覚えている。家族は誰もそれまでそんなものを見たことがなく、実際、あれっきり見ていない。私はポワロならどう思っただろうと考えた。

撮影所のリムジンが毎朝私を迎えに来るのだが、何だか奇妙な感じだった――ポワロの撮影のときのような家庭的な雰囲気が全くないのだ。誰もが自分のステイタスを意識していた。誰が一番大きなトレーラーを持っているか、誰が特別な食事を届けてもらっているか、誰が撮影現場に遅刻してくるだけの権力を持っているか――ポワロとはまるで違った。『エグゼクティブ・デシジョン』は世界中でまずまずのヒットとなったが、私はひどく浅黒いメイクと露骨なアラビア語訛り（それが映画会社の要求だった）のせいで、スクリ[illegible]人とわからないくらいだった。正直、私のキャリアにそれほど影響を与え[illegible]とは言えない。

ピナーの自宅に戻ると、現実に襲われた。もうポワロ・シリーズはないのだから、ありとあらゆる他のチャンスに目を向けなければならない。しかし、私は舞台の仲間に恵まれた。特にその中の一人は、私にとても断れないような話を持ってきた。ロイヤル・シェイクスピア・カンパニー時代にアソシエイト・ディレクターだったハワード・デイビスは、エドワード・オールビーの優れた戯曲『ヴァージニア・ウルフなんかこわくない』［鳴海四郎訳、早川書房、二〇〇六年］で、妻の尻に敷かれる大学教授ジョージの役をやってみないかと私を誘ってくれた。マイク・ニコルズが監督した映画版では、リチャード・バートンがジョージ役、エリザベス・テイラーが無慈悲な妻マーサ役を演じて、世界的ヒットとなった作品だ。ハワードは、ロンドン北部のイズリントンにあるアルメイダ劇場での今回の舞台のマーサ役を、数々の作品で主演し、最近ではロンドンとブロードウェイで『メデイア　Medea』を演じた名女優ダイアナ・リグに依頼していた。

子供を持てなかったアメリカの大学の教授夫婦が、何も知らない若手の教授夫妻を夕食に招き、結婚生活の醜い実態を曝け出していく『ヴァージニア・ウルフなんかこわくない』は、一九六二年一〇月にブロードウェイで初演された。三時間を超える長丁場のこの作品は、二〇世紀後半におけるアメリカ演劇の金字塔となった。一九六三年にトニー賞の演劇作品賞を獲得したが、同年のピューリッツァー賞戯曲部門では、罵り言葉と露骨な性表現を理由に受賞を認められなかった。

ジョージを演じることが途方もない挑戦になると思ったのは、魅惑的でカタルシス効果のある全三幕の芝居中、役者には一瞬も息つく暇がないからだ。ジョージはその弱さと愚かさをマーサから何度も口汚く罵られるが、ときに辛辣な報復に出る。オールビーのこの作品は決して軽々しく引き受けられるものではなかったが、怒りと憎しみとアルコールにまみれた無残な結婚生活を印象的に描いた芝居として、大役を演じる素晴らしい機会だった。私は断れないどころか、そのチャンスに飛びついた。難しいのは、この見事に書かれた役柄をオールビーの戯曲の文面からどう舞台へ持ち込むかということだった。

オールビーはそれを明確にしていなかった。必要以上の言葉を決して使わない無口な劇作家として知られる彼は、稽古を見るためにアメリカからやって来て、最終リハーサルの一つが終わった後に私のところへ来た。

「君はどうしてあんなふうにジョージを演じているのかね？」と、彼は静かに言った。

「あんなふうとは？」と私は訊き返した。

「君の演じ方だよ」

「あの、私の解釈では、あなたは憎み合う男女の物語というより、愛の物語をお書きになったのではないかと思って」

オールビーは沈黙した。

「ジョージは飲んだくれと思われていますが、あなたは全幕を通して彼に二杯しか飲ませていませんよね。それどころか、他のみんなに酒を注いでいるのは彼です」と、私は続けた。「彼は人形遣いであって、彼の振る舞いは結婚生活を救うため、マーサとの関係を救うためなんです」

オールビーは再び沈黙した後、「それこそ私の書いたことだ」と最後につぶやき、劇場から出て行った。

彼がこの戯曲に込めた辛辣さやユーモアを私は捉えていたと思うし、そう思いたいが、それはいつも前もって明らかになるわけではなかった。事実はどうであれ、ロンドンでの初演から二〇年以上ぶりとなるこの舞台は大きな期待と注目を集め、比較的小規模なアルメイダ劇場での公演は初日を迎える前に完売となった。結果として、一九九六年一〇月末にイズリントンでの公演が終わると、すぐにロンドン中心部のより大規模なオールドウィッチ劇場へ移ることになった。ありがたいことに、これはアルメイダ劇場での公演に対するレビューに後押しされた結果であり、いずれも信じられないほど好意的なものだった。

デイリー・テレグラフ紙のチャールズ・スペンサーは、私がダイアナ・リグの激烈な演技に「どこまでも痛ましく」対抗し、「心の底の痛みや屈辱感がひしひしと伝わってきた」と書いてくれた。さらにタイムズ文芸付録は、この舞台が「トップレベルに位置づけられて然るべし」とさえ評した。

『ヴァージニア・ウルフなんかこわくない』に対する芝居好きの間の熱狂の波は、一九九六年一〇月三〇日に舞台がオールドウィッチへ移ってからも、少しも衰えなかった。「今年一押しの舞台」や「傑作」といった宣伝文句とともに、私たちは作品を深く理解している観客を前に、約五か月にわたって公演を続けた。

一九九七年二月にはわざわざアメリカからタイム誌がやって来て、「破れたアメリカン・ドリームを描いたオールビーの作品に込められた攻撃性と辛辣さをすべて引き出した」と評した。私は演劇批評家協会の最優秀俳優賞を受賞し、イブニング・スタンダード演劇賞の最優秀俳優賞にもノミネートされた。一九九七年三月二二日に舞台がついに終演を迎える頃には、私はもう疲れきっていた。

そのせいで映画やドラマの企画がいくつか流れたが、おかげで学校の夏休みをシーラやロバート、キャサリンと一緒に過ごすことができた。それは何年ぶりかのことだった。それまで夏はずっとポワロの撮影で忙しかったからだ。その後、私は同じITV系列で、ロンドン・ウィークエンドとは別のスコティッシュ・テレビジョンからドラマの主役をオファーされた。それはポワロ・シリーズの古くからの同僚ニック・エリオットによる依頼だったが、ポワロとはこれ以上ないほどかけ離れた役だった。

『シーソー Seesaw』という三部構成のそのドラマは、一九九八年の早春に放送される予定の現代ドラマで、私が演じるモリス・プライスは、ロンドン北部に住む裕福で成功した男だったが、あるとき一七歳の娘を誘拐されてしまう。モリスは防犯機器の販売をビジネスとし、妻のバルはインテリア・デザイナーだったが、そのバルを演じるのは『ブロット・オン・ザ・ランドスケープ』で共演した旧友のジェラルディン・ジェイムズだった。デボラ・モガーが書いた脚本は、彼女自身による原作の小説を脚色したもので、モリスはそこで娘のハンナを取り戻すために五〇万ポンドの身代金を要求される。

それは私が長年演じてきた中でも、特に現実の自分に近い役柄だった——モリスは五〇歳を超えた私とほぼ同年齢で、私と同じように妻と二人の子供があった。そして今回はパッドも顎鬚もつけず、かつらもつけず、おかしな口髭もつけないことになっていた。私がそうした変装をせずにテレビに出るのは久しぶりのことだった。また、このドラマは私を自分にとって最大の恐怖に直面させるものでもあった。もし当時まだ一四歳だった娘のキャサリンに同じことが起こったら、どうすればいいのだろう。一つだけ確かなのは、我が子のためなら自分の命も犠牲にするということだ。モリスは警察に知らせず、会社を売って身代金を払う決心をする。

事実、私が最初にこの役をオファーされたのは、『ヴァージニア・ウルフなんかこわくない』の舞台を演じているときだったが、制作準備に少し時間がかかっていたため、実際に『シーソー』の撮影を行なったのは、私がウエスト・エンドでの公演を終えてから半年ほど後のことだった。光栄にも、ジェラルディンは妻の役をオファーされたとき、私が夫を演じるのならやってもいいと言ったそうで、ありがたいことに、ＩＴＶはすでにその役を私に決めていた。『ブロット～』以来、久しぶりに彼女とまた共演できたことは喜びだった。あのドラマで私が演じたのは、彼女の料理人、運転手、そして雑用係の役だったが、最終的に二人は結ばれて夫婦になる。今回、私たちは最初から夫婦だったわけだが、それをごく自然に受け入れられたのは、昔、夫婦だったことがあるからだ。

『シーソー』は、一九九八年三月の木曜日の晩に三週連続で放送され、視聴者にも批評家にも好評のようだった。しかし、私にはそれを気にかける暇もなかった。撮影終了後、まだドラマが放送されないうちにロサンゼルスへ飛んだからだ。それはフレデリック・ノットの有名な舞台劇『ダイヤルMを廻せ！ Dial M for Murder』のリメイク版で、主要な警部役を演じるためだった。この舞台は一九五四年、グレイス・ケリーとレイ・ミランドを主演として、アルフレッド・ヒッチコックによって映画化された名作である。今回、主役の二人はマイケル・ダグラスとグウィネス・パルトロウが演じる一方、私は偉大なイギリス人性格俳優、ジョン・ウィリアムズが最初に演じたことで知られる役を務めることになった。もとになった芝居や映画ではロンドンが舞台とされたが、今回のリメイク版では、完全犯罪によって妻を殺そうとする夫の計画はニューヨークを舞台に展開された。プロデューサー側もタイトルは『パーフェクト・マーダー A Perfect Murder』［邦題は『ダイヤルM』］とすることを決めていた。

一九九五年の『エグゼクティブ・デシジョン』と今回の『ダイヤルM』の制作を経験して、私はハリウッドの映画作りが独特であることを思い知った。この新作映画のプロデューサーたちからニューヨークへ招かれたとき、私たちは一度朝食をともにした。

何の前置きもなく、彼らはほとんど声を揃えてこう言った。「あなたがアラビア語を話せて本当によかったですよ」

私は少し戸惑った。「なぜそうお思いで？」と、オレンジジュースをすすりながら言った。

「だって『エグゼクティブ・デシジョン』で見事に話しておられたでしょう」

私が残念ながらアラビア語は全く話せないと言うと、彼らは一瞬黙り込んだ。

「えっ、話せないんですか？　まあ、少なくともアラブ人には見えますね」。私は唖然とさせられた。

ハリウッドでは、チケットを売るのはスターであるというのが現実だ。「金はスクリーンに映せ」という有名な格言があるが、それによれば、マイケル・ダグラスが見たくてチケット代を払う観客は、映画の最初から最後まで、できるだけ多くのシーンで彼を見たいと思うわけで、そうやって払っただけの対価を得ようとする。

これはハリウッドのもう一つの古い格言、「ショービジネスの問題は、そこにビジネスという語があることだ」を完璧に反映している。観客を呼び込むのはスターであって、世界中のどこにいようと、映画ファンに不可欠な要素はスターだ。映画というビジネスの流れを滞らせないようにしているのは、スターにほかならない。ロイヤル・シェイクスピア・カンパニーの民主的な伝統の中で育ったイギリスの性格俳優にとって、これはなかなか学び難い教訓だが、重要なものではある。

『ダイヤルM』の制作は私にそのことをはっきり示した。たとえ私の演じる警部が筋書きに欠かせない存在だった――私は撮影を通してそれを証明した――としても、私のシーンはフィルムの最終版でカットされてしまったようだ。ただ、そこで思いがけない救いが生じた。映画会社が最初の編集フィルムをアメリカの試写会で上映したところ、観客が私の演じるキャラクターをもっと見たいと思っていることがわかったのだ。そこで撮影終了から四か月後、彼らはグウィネス・パルトロウと一緒にセット一式をアメリカから飛行機で運び込み、それをイギリスのパインウッドで組み立て、改めてラストシーンを撮影して、最終的に映画で公開した。

その後、舞台の仕事に戻った私は何だかほっとした。イタリアの劇作家エドゥアルド・デ・フィリッポの素晴らしい喜劇『サタデー、サンデー、マンデー Saturday, Sunday, Monday』で、紳士服の店を営む一家の家長、ドン・ペッピーノ・プリオーレを演じることになり、サセックスのチチェスター・フェスティバル劇場で六週間の連続公演が予定されていた。私の妻を演じるのは、アイルランド出身の女優ディアブラ・モロイだった。ナポリにあるペッピーノの家が主な舞台で、二〇世紀のイタリア演劇の名作の一つとされるこの芝居は、『オレアナ』や『ヴァージニア・ウルフなんかこわくない』といった重苦しい作品の後では大きな救いだった。おかげで、一九九八年の春から初夏にかけての私の足取りは軽やかだった。

しかし、そのとき遠くの方に、この三年間ずっと私の生活から離れていたあのベルギー人の小男の姿がかすかに見えてきた。ロンドン・ウィークエンドとITVが何編かの二時間スペシャルでポワロを復活させようと検討中で、その撮影が一九九九年に行なわれるという噂が飛び始めたのだ。心の中では、一度も彼を忘れたことなどなかったが、今、その彼が本当に戻ってこようとしているかもしれなかった。

第13章 そもそも私は彼がいかに希少な存在かということを忘れていた

しかし、ポワロが再び私の生活に姿を現す前に、またもや舞台の仕事が入った。プロデューサーのキム・ポスターが、モーツァルトの生涯を描いたピーター・シェイファーの傑作『アマデウス』の新たな舞台で、私にウィーンの作曲家アントニオ・サリエリの役を演じてみないかと言ってきたのだ。この作品は、一七八一年にオーストリアの皇帝ヨーゼフ二世の宮廷にやって来た天才モーツァルトに嫉妬するサリエリの物語だ。サリエリはこの若者の成功を妨害しようとあらゆる手を尽くすが、そこには誇りや妬み、欲望が入り混じっていた。

一九七九年、ピーター・ホールの演出によってロンドンのナショナル・シアターで行なわれた初演では、ポール・スコフィールドがサリエリ、サイモン・キャロウがモーツァルトを演じ、舞台はさらにウエスト・エンドへ移った。作品はアメリカのブロードウェイでも上演され、一九八四年にはチェコ出身の監督ミロス・フォアマンによって映画化もされた。フォアマンはアカデミー監督賞を受賞したばかりか、サリエリを演じたF・マーレイ・エイブラハムもアカデミー主演男優賞を受賞した。

私は躊躇しなかった。キムのオファーを受けたのは、何よりピーター・シェイファーが今回の舞台には加えられる要素がたくさんあると考えていたからだ。稽古が始まる前、私はピーターのところへ行って、彼がサリエリについて観客にどう感じてほしいか訊いてみた。彼の考えでは、観客はサリエリがモーツァルトに対して冷酷だと感じる一方、どんなに努力しても、この若き作曲家への嫉妬を抑えられないサリエリを哀れにも感じるはずだという。オリジナル版のサリエリは、偉大な音楽の美しさとしばしばその背後に横たわる暗い情熱を描いた秀逸な舞台劇における興味深い役どころだったが、稽古中、ピーターは何度も台本を書き直し、サリエリに悲哀を帯びたユーモア感を加えた。

故郷ウェールズを熱愛する若手俳優のマイケル・シーンは、当時まだ二九歳で、その後、イギリスの首相トニー・ブレアや番組司会者のデビッド・フロストを演じて映画やテレビで国際的な名声を築くことになるのだが、その彼が私の相手役のモーツァルトを演じることになっていた。私たちは一九九八年九月から一〇月初めにかけてイギリス諸島を回る短い公演ツアーを行なった後、舞台をロンドンへ移すことになった。一九九八年一〇月二一日の水曜日、オールド・ビック劇場で『アマデウス』の公演が始まると、国中の批評家たちが感銘を受けたようだった。マイケル・ビリントンはガーディアン紙で、「ピーター・ホールの見事な演出による上質な舞台」と評した。しかし、ピーター・シェイファーの書き直しについては疑問を抱く人もいた。チャールズ・スペンサーはデイリー・テレグラフ紙で、「素晴らしい一夜」だったとしながらも、「これは深遠なテーマを取り上げた芝居だが、それについて深遠なことは何も語られておらず、実際のところ、二流とはどういうものかを示す二流の戯曲でしかない」と述べた。

キム・ポスターは、イギリスでの成功を足掛かりにして、すぐにもこの舞台をブロードウェイに持っていくことを望んだが、その頃までに、私は再びブライアン・イーストマンからポワロの二時間版を二編作るという確かな計画を知らされていて、やると約束もしていた。キムは私がポワロの撮影を終えるまで待ってから、できるだけ早く『アマデウス』をブロードウェイに持っていくということで同意してくれた。

ロンドンでの公演が終わった後、私はある映画でナポレオンを演じるためにスペインへ行ったが、それが終わるとすぐに帰国してポワロのもとへ戻った。そして楽しかった『もの言えぬ証人』の撮影から約五年ぶりとなる一九九九年の初夏、私はスパッツとホンブルグ帽を身につけて再び現場へ足を踏み入れた。アガサの最も有名なポワロ作品の一つを二時間ドラマにした『アクロイド殺人事件』を撮影するためだ。

制作チームには少し変化があった。ロンドン・ウィークエンドに代わって、アメリカのアーツ&エンターテインメント・ネットワーク（A&E）が主な制作会社として参入し、彼らが出資して作った番組をITVに売ることになった。ただ、ブライアン・イーストマンはプロデューサーとして残り、クライブ・エクストンも引き続き脚本を担当することになっていた。ヒュー・フレイザーとポーリン・モランがそこにいなかったのは、ヘイスティングスもミス・レモンもこのエピソードには登場しなかったからだが、不屈のジャップ警部を演じるフィリップ・ジャクソンは現場に復帰していた。

一方、私はどうかと言うと、いくらポワロに戻れて喜んでいたにせよ、五年ぶりとなるポワロの演技についてどれだけのことを思い出す必要があるかを大きく見誤っていた。そもそも私は彼がいかに希少な存在かということを忘れていた――独特の歩き方や行動様式、思考方法など。ポワロを演じた最初の七年間で、彼は私にとって好きなときにさっとつけたり、外したりできる使い心地のよい手袋のようになっていた。ところが、五年のブランクを経た今、その手袋は戸棚の中で少し固くなってしまったようで、容易にはつけられなかった。

以前と全く同じ演じ方を取り戻すため、私は『アクロイド殺人事件』の現場に入る前に、何時間もかけて過去のポワロ・シリーズ四五作品を見返した。私はとにかく視聴者に違和感を与えないようにしたかった。そして作品を見ながら、自惚れが強く、細部にこだわり、風変わりで――ときには人をいらつかせる――彼の性癖を思い出した一方、使用人など弱い立場に置かれた人々に対する彼の生来の魅力や優しさを改めて感じた。

そうしたなかで、私の中でしばらく前から膨らみつつあった願望が確かなものになった。それは彼の最期を描いた最終話『カーテン』までのポワロ作品全編をドラマ化したいというものだった。

一方、ブライアン・イーストマンとクライブ・エクストンは賢明にも、ポワロが長らくスクリーンから離れていたことをうまく利用し、五年ぶりとなるこの最初のエピソードの始まりを、彼がイギリスのキングス・アボットという村の小さなコテージの庭でカボチャを育てているという設定にした。ポワロはもうずいぶん前からホワイトヘイブン・マンションには住んでおらず、少なくとも建前上は、引退の身だった。言わせてもらうと、私がカボチャと一緒に初めて画面に登場したときに着ていたあのおかしな庭仕事用の服については少々不満があった。ポワロなら絶対にあんな格好はしないと私は確信していたが、今回だけはそのことを胸に秘めておいた――ワンシーンだけのことだったからだ。

原作の『アクロイド殺し』〔羽田詩津子訳、早川書房、二〇〇三年〕は驚くべき物語で、推理小説のベストセラー作家としてのアガサの地位を確固たるものにした一方、ポワロをその当時屈指の架空の探偵にした。アガサがこの作品を書いたのは一九二五年、三五歳のときで、翌年の春に発表するや絶賛されたが、読者の中には犯人の選び方が「フェアではない」と感じる人もいた。彼らはそれを少しずるいと思ったようだが、アガサ自身は断固として否定した。

『アクロイド殺し』はアガサの――そしてポワロの――最初のヒット作で、初年度だけでも、イギリスでハードカバーが五〇〇〇部以上売れた。その要因の一つは、この作品にアガサのミステリー小説の中でも特に独創的な容疑者の面々が集まっており、正体を明かすことなく、犯人自身にストーリーを語らせているところだろう。このアイデアはルイス・マウントバッテン卿がアガサに提供したものと言われているが、彼女は義兄のジェームズ・ワッツも――犯人自身が殺人を語るという――同じアイデアを思いついたとしている。

この物語では、ポワロがロンドンを離れてそこに隠居したにもかかわらず、実は田舎が嫌いだということも明らかにされている。クライブ・エクストンはドラマの冒頭で、「そこには古代ローマよりも凄まじい嫉妬と競争心が渦巻いている」と、ポワロに田舎の生活の実態について語らせ、さらに「都会の邪悪から逃れられると思いました」とも言わせている。しかし、ジャップはポワロとの再会を心から喜び、懐かしそうにこう声をかける。「昔のようにやりましょうよ」

原作でいつも興味をそそられるのが、登場人物の一人である詮索好きなキャロラインが、アガサのもう一人の主要な探偵、ミス・マープルの原型だったと言われていることで、ミス・マープルは一九三〇年の『牧師館の殺人』〔羽田詩津子訳、早川書房、二〇一一年〕で初登場することになった。

アンドリュー・グリーブが監督を務めるこの『アクロイド殺人事件』に、私は大きな期待を寄せていた――ストーリーは素晴らしいし、ロケ地も最高、セットもよくできていて、キャストも強力だった。にもかかわらず、撮影終了後、私は何か物足りなさを感じた。なぜだかよくわからないが、おそらく期待が大きすぎたせいもあったのだろう。最後の謎解きは予想外のどんでん返しで、あっと驚くようなものだったはずなのに、どうしてなのか、何かが欠けていた。

面白いことに、『アクロイド殺し』を――映画や舞台で――再現しようとする試みはそれまでにもいくつかあったが、いずれも同じく苦戦したようで、アガサの原作にある究極のラストシーンには遠く及ばなかった。

舞台版では、劇作家のマイケル・モートンが『アリバイ　Alibi』というタイトルで戯曲化したものが、一九二八年五月、俳優で劇場経営者でもあったジェラルド・デュ・モーリエの演出により、チャールズ・ロートンをポワロ役としてウエスト・エンドで上演された。圧倒的とは言えないものの、まずまずの成功を収めたが、やはり四半世紀後にアガサの『ねずみとり』が果たした驚異的な成功とは比べものにならなかった。映画版では、同じく『アリバイ』というタイトルで、オースティン・トレバーをポワロ役とした作品が一九三一年に上映されたが、こちらもまた振わなかった。ロートンが一九三二年に舞台をロンドンからニューヨークへ移し、再びポワロを演じたときも、公演はわずか二四回で打ち切りとなった。

『アクロイド殺し』が発表されたのは、アガサ・クリスティーの生涯においても辛い時期のことで、アーチボルド・クリスティー大佐との結婚生活が破局を迎えようとしていた頃である。二人は一九二八年に最終的に離婚したが、それから二年もしないうちに、彼女は一四歳年下の考古学者マックス・マローワンと再婚し、真の幸せを手に入れている。一九二九年の秋、離婚後のアガサは一人で休暇を取り、カレーからイスタンブールまでオリエント急行で旅に出ることにした。そこからさらに、彼女はバグダッドからさほど遠くない場所にある発掘現場を訪れた。いったん帰国した彼女は、翌年三月、今度は主に船でその発掘現場まで再び旅し、そこでマローワンと出会った。アガサが最初に訪れたとき、彼は虫垂炎でいなかったらしい。二人はオリエント急行で一緒にイギリスへ戻り、そのすぐ後、彼はアガサに結婚を申し込んだ。

マックス・マローワンとアガサ・クリスティーが、一九三〇年九月一一日にエジンバラの小さな教会で結婚し、再びオリエント急行でハネムーンに出かけたというのは、とてもロマンチックだと思う。

考古学者という新しい夫の職業は、その後のアガサの作品に大きなインスピレーションを与えることになった。一年もしないうちに、二人は再びバグダッドからさほど遠くないニネベという場所にある発掘現場へ戻った。一九三一年の秋、その地でアガサが書き始めたのが、ポワロ物の『エッジウェア卿の死』〔福島正実訳、早川書房、二〇〇四年〕で、これは一九三三年春にイギリスで出版され、そのすぐ後に『晩餐会の13人』〔厚木淳訳、東京創元社、一九七五年〕というタイトルでアメリカでも出版された。作品はニネベでマックス・マローワンの同僚だった考古学者とその妻に捧げられた。

一九九九年の夏、二時間スペシャルの第二弾としてブライアン・イーストマンと私が制作に取り掛かったのがこの物語だったが、それはひどく奇妙な経験だった。覚えているかもしれないが、私はかつてテレビ向けに作られたこの小説の映画版で、ピーター・ユスチノフがポワロを演じる『エッジウェア卿殺人事件』に出たことがあった。私はそこでジャップ警部を演じ、今でもそれを生涯最悪の芝居の一つと思っているのだが、親切なピーターは私ならきっと素晴らしいポワロになれると言ってくれた。ピーターはとても愉快で楽しい人物だったので、彼のことを思い出すと優しい気持ちで一杯になる。

トウィッケナムで『エッジウェア卿の死』の撮影を始めたとき、ジャップ警部を演じたときの記憶がどっと甦ってきたが、今回のドラマはあのときとは全く違った。ポワロ・シリーズの古参メンバーであるアンソニー・ホロヴィッツは、クライブ・エクストンが『アクロイド殺人事件』で描いたポワロの現役復帰というテーマを引き継ぐ形で脚本を書いていた。ホワイトヘイブン・マンションではポワロのためにお祝いの夕食会まで開かれ、ジャップとヘイスティングス、ミス・レモンが顔を揃えた——ヘイスティングスはアルゼンチンに妻を残したまま、急遽帰国したところだった。そんな再会の場面で、アンソニーはジャップにちょっぴり皮肉っぽくこう言わせている。「こうしてまた四人揃ったのに、ただ一つだけ欠けてますよ——死体です」。しかし、その死体が現れるのにほとんど時間はかからなかった——エッジウェア卿が殺されたからだ。

この物語の着想の一部となったのは、アガサが一九二〇年代にロンドンで見たルース・ドレイパーというアメリカのエンターテイナーの舞台だった。「じつに手際がよく、役になりきっていると思った」と彼女は自伝に書いており（『アガサ・クリスティー自伝（下）』（乾信一郎訳、早川書房、二〇〇四年）より訳文引用）、今回のドラマでも、ミス・レモンがポワロとヘイスティングスに同じようなショーを見に行くように勧めるところから物語が展開する。しかし、ポワロが犯人を明らかにする最後の謎解きの場面になると、ピーター・ユスチノフがアメリカのテレビ映画で私と共演したときのことを思い出さずにはいられなかった。彼は非常におどけた感じだったので、私は自分なりのポワロを貫こうと決めていたにもかかわらず、彼の演技をなかなか頭から振り払うことができなかった。ようやく何とか自分なりのポワロを演じ、ピーターの記憶を払拭することができたのは、年月とともに、ポワロの演技に着実に自信がついてきたからだ。そして今回、ポワロと改めて向き合ったことで、私はもう少し重々しさをもって彼を演じようという勇気を得た。ピーター版とは違って、私のポワロはいかに風変わりに見えても、真面目に受け止められるべき人物だったからだ。

撮影が終わるとすぐ、私は『アマデウス』のアメリカ公演のためにピーター・ホールの一座に戻った。相手役のモーツァルトは今回もマイケル・シーンだった。舞台は一九九九年一〇月五日にロサンゼルスのアーマンソン・シアターで幕を開け、一二月一六日にはブロードウェイのミュージック・ボックス・シアターへ移る予定だった。つまり、私は一九〇〇年代の最後を自宅から離れて過ごすことになったわけだが、この舞台にはそれだけの価値があった。

ロサンゼルスでの初演はうまく行ったが、バラエティ誌は、カリフォルニアの芝居ファンには映画版で十分満足だったのではないかとし、「シェイファーの舞台劇は余分に思われる」と締めくくった。これに同調するコメントばかりではない。ハリウッド・リポーター誌は、ピーター・シェイファーが「上質な戯曲をさらに上質なものにした」と述べ、私の演技を「感動もの」と評してくれた。だがロサンゼルス・タイムズ紙も、オスカー受賞映画の後でさらにまた『アマデウス』を見たいと思うかどうかは疑問だとした。

ニューヨークでも、レビューはやはり賛否両論だった。あれだけの映画の後では舞台には無理があるのではないかとする人もいた。ニューヨーク・タイムズ紙のベン・ブラントリーに言わせれば、マイケル・シーンのモーツァルトはよかったが、私のサリエリには心を動かされなかったらしい。とは言え、ほとんどの人々は私たちをどちらも気に入ってくれたようで、ニューズデイ紙は「きわめて楽しく、オリジナル版よりずっと満足できる」と述べた。ニューヨークの伝説的評論家クライブ・バーンズも、「考え抜かれていないながらも非常に楽しい舞台」と評した。

観客もこれに同意してくれたようで、私はロサンゼルス批評家協会賞にノミネートされたばかりか、ニューヨークのアウター・クリティクス・サークル賞とトニー賞にもノミネートされた。しかし、私を同じくらい感激させたのは、あのミロス・フォアマンから直筆の手紙をもらったことだ。映画『アマデウス』をオスカーで八部門、BAFTA（英国映画テレビ芸術アカデミー賞）で四部門、ゴールデン・グローブ賞で四部門に輝く傑作へと導いたチェコ出身の映画監督が、私の演技を絶賛してくれたのだ。

二〇〇〇年の五月末、私は再びポワロになるためにロンドンへ戻ったが、撮影に入る前にシーラと日本へ飛んだ。この国最大のテレビ局で、一億人の視聴者を持つNHKのゲストとして招かれたのだ。『名探偵ポワロ』はNHKの大人気シリーズの一つということで、東京に到着した私たちは訪日中の外交官のように扱われた。どこへ行くにもリムジンが用意され、あちこちにレッド・カーペットが敷かれた。

衣装を身につけていなくても、日本の誰もが私のことを知っているようで、私は主要なニュース番組のすべてでインタビューを受けた。アガサのポワロ作品全編をドラマ化し、テレビでは珍しい一連の作品群として残したいという野望を初めて公の場で語ったのは、そのときだった。私は日本のインタビュアーの何人かに、ポワロの生涯には明確な始まりと中間と終わりがあり、ぜひそれをスクリーンで表現したいと語った。ポワロを描いたアガサの全作品を、彼の最後の事件『カーテン』まで演じきりたかった。

日本を訪れたことで、私は『名探偵ポワロ』が『主任警部モース』のようなそれまでの記録的長寿ドラマさえも追い抜き、イギリス最大の輸出放送コンテンツの一つとなっていたことを思い知った。専門家によっては、エストニア、リトアニア、韓国、エジプト、ブラジル、アンゴラ、アイスランド、モーリシャス、イラン、シンガポール、中国、そしてもちろん、日本といった世界中のあらゆる国々で、一〇億人を超える視聴者がこのシリーズを見たとも言われる。ただし、ここではっきり言っておくが、その夏、シーラと日本中を王様のように案内されるまで、私はそのことをきちんと理解していなかった。

帰国して現実に戻り、今度は夏の盛りにチュニジアへ飛ばされたのには少々戸惑った。アーツ&エンターテインメント・ネットワークの新たな二本立ての二時間スペシャルのうち、第一弾となる『メソポタミア殺人事件』を撮影するためだ［放送順は二作目］。原作［『メソポタミヤの殺人』（田村義進訳、早川書房、二〇二〇年）］が発表されたのは一九三六年で、一部はアガサが新しい夫とともにかの地に滞在していた間に書かれた。マックス・マローワンとの再婚を考えれば、アガサがいくつかの物語の舞台を、イラクやシリアといった中東の砂漠にある遺跡の発掘現場にするようになったのも意外ではない。この小説は「遺跡の調査に携わっている多くの友人」に捧げられた〔『メソポタミヤの殺人』より訳文引用〕。

監督はランカシャー出身のトム・クレッグで、当時六〇代の彼はそれまで『名探偵ポワロ』で一緒に仕事をしたことはなかったが、イギリスのテレビ・シリーズ『炎の英雄シャープ』を手掛けたベテランだった。脚本のクライブ・エクストンは、今回もアガサの原作にいくつか変更を加えた。具体的には、原作では登場していないヘイスティングスを物語の一部に据えたうえ、ポワロを原作ほど砂漠に魅了されていないように描いた。また原作では、事件が起こる前までポワロは「シリア軍内部の不正事件を調査していた」〔『メソポタミヤの殺人』より訳文引用〕とされているが、クライブはこれも大胆に改変し、ポワロがバグダッドにいる理由を、原作では全く関係のないあのエキゾチックでミステリアスなロサコフ伯爵夫人からの招待ということにした。

撮影が始まると、私はもう一つの興味深い点に心を動かされた。原作の最後で、事件を解決したポワロは再びシリアへ戻るが、そこからオリエント急行に乗って帰国する途中、さらなる殺人事件に「巻き込まれる」ことになる。実際、この事件を描いたアガサの有名な小説は、『メソポタミヤの殺人』の二年前の一九三四年に発表されているので、この二作が結びついていることは明らかだ。

チュニジアのロケ地は実際の遺跡発掘現場で、そこで働いているエキストラの数は膨大に思われた。今回の殺人の犠牲者は、調査隊の隊長エリック・ライドナー博士の妻ルイーズで、博士の周囲には例によって一癖も二癖もある者たちが顔を揃え、その全員に彼の妻を殺す動機があった。このミステリーには、またしても密室という要素に加え、「時間の推移」という要素が組み込まれており、これはアガサが好んで使った物語の仕掛けである。最後の謎解きシーンも全シリーズ屈指の長さで、やや緩慢なドラマの展開をさらに助長した感はあるものの、ロケ地は独特の魅力をもたらしていた。

ロンドンに戻ると、今度はこの第八シリーズの二作目の二時間スペシャル『白昼の悪魔』に取り掛かった［放送順は一作目］。原作［『白昼の悪魔』（鳴海四郎訳、早川書房、二〇〇三年）］は、第二次大戦初期、アガサが週二日、ロンドンのユニバーシティー・カレッジ病院の調剤薬局で働いていたときに書かれたもので、そこでの彼女はクリスティー夫人ではなく、マローワン夫人として知られていた。一九四一年に発表されると各紙で高い評価を受け、特にタイムズ文芸付録では、「本作を超えるのは至難の業だ。彼女は謎を地雷のように破裂させる」と評された一方、デイリー・テレグラフ紙では、アガサの「最高傑作」と絶賛され、「至高の探偵小説」と呼ばれた。

確かにそれは優れた物語で、私たちのドラマに一つの大きな利点をもたらしたのは明らかである。というのも、撮影はあのバー・アイランド・ホテルで行なわれることになっていたからだ。アーチボルド・ネトルフォールドという変わり者の大富豪によって建てられたこのホテルは、デボンの南の海岸沖の小さな島に立ち、キングスブリッジからさほど遠くないところにある。イングランドでも指折りの洒落たアール・デコ様式のホテルで、客を乗せて本土との間を行き来する専用の電動シー・トラクターを備えている。そういうわけで、二〇〇〇年の九月、私はイングランド屈指の美しい海辺の景色に囲まれて、実に楽しい数日間を過ごすことになった。

脚本家のアンソニー・ホロヴィッツは、今回もアガサの原作を一部改変した。原作では、ポワロはただ数日間の休暇を取ってホワイトヘイブン・マンションを離れているだけだが、ドラマでは、ヘイスティングス大尉がアルゼンチンでの経験をもとに出資したエル・ランチェーロというロンドンの新しいレストランで、彼は病に倒れる。しかし、ヘイスティングスに伴われ、サンディ・コーヴ・ホテルと名前を変えたバー・アイランド・ホテルに到着してからは、原作とドラマが再び合流する。

物語の軸となるのは、アレーナ・スチュアートという有名な女優で、彼女もまた島に滞在している。ポワロは殺人が行なわれる危険をすぐに察知するが、それは何よりも他の滞在客の多くがアレーナを激しく嫌っているようだったからだ。海岸で客の一人が素晴らしい景色だと言ったとき、ポワロは「でも天が下、至るところに悪魔はいるんです」と言って注意を促す。彼は殺人を防ごうとするが失敗に終わり、ビーチでアレーナの死体が発見される。そして最後の謎解きで、容疑者全員に確かなアリバイがあるというきわめて複雑な筋書きが明かされる。

この作品は一九八二年、ガイ・ハミルトンの監督、劇作家アンソニー・シェイファー（偶然にも『アマデウス』を書いたピーター・シェイファーの兄）の脚本によって『地中海殺人事件』として映画化されていた。ピーター・ユスチノフがポワロを演じ、共演者にはジェームズ・メイソンやマギー・スミスもいたが、アガサの優れた原作と比べると、批評家たちにはやや退屈に感じられたようだ。

私は少し不安だった。その夏に作った二編の新作は、ポワロ・シリーズが伸び悩んでいるというのにどちらもキャラクターとしての進展が感じられなかったからだ。まるで現状に甘んじ、過去の栄光の上にあぐらをかいて、一作一作をより面白く、より魅力的にしようという努力を怠っているかのようで、当初からの向上心が失われていた。この二編は確かに見る価値があり、世界中の人々を楽しませてくれることは明らかだったが、私は内心、いくつかの要素、特にわくわくするような高揚感や想像力に欠けているように思った。

そうしたことは、この二編が最終的にイギリスのITVで放送されたときの反応にも表れていた。『メソポタミア殺人事件』と『白昼の悪魔』は、どちらも二〇〇二年に放送される予定だったが、その頃には当初のようなポワロ・ブームの波は引いてしまっていたようだった。十数年前に第一シリーズや第二シリーズが始まったときのような熱狂は皆無だった。ポワロ・シリーズは、世界的には人気が高まっていたかもしれないが、国内では緩やかな下り坂にあるようだった。

第14章 転機の一つ——デイム・アガサに捧げるレガシー

二〇〇〇年の終わり、私は「足踏み状態」にあったポワロへのかすかな不安はいったん忘れて、がらりと異なるキャラクターへと大きく方向転換した。『NCS：マンハント Manhunt』というBBCの二時間の犯罪ドラマで、ポワロとはこれ以上ないほどかけ離れた役を演じたのだ。それは非常に冷徹なドラマに出てくるいかにも現代的なイギリス人刑事で、不格好なトレンチコートに不機嫌な表情、ぶっきらぼうな態度に口髭も何もなく、おまけにいつも周囲の人間に怒鳴り散らしているような男だった。

ポワロの繊細な物腰とはまるでかけ離れていたわけだが、いくつか救いもあった。BBC1で二夜連続放送されたこの二時間ドラマでは、国家犯罪対策局（NCS）の警部補である私の下で働く部長刑事役に、『安いマンションの事件』で共演したサマンサ・ボンドがいたほか、捜査班が追う標的役——反社会的な殺人犯で誘拐犯——にケネス・クラナムもいたからだ。実際、私は数か月後に再びこの二時間ドラマで同じ役を演じることになったが、それは新世紀に入ってポワロから離れて歩み出した私の旅のほんの序盤にすぎなかった。

最初の『NCS』からしばらく後、私は同じBBCのシリーズで、一見立派な校長先生が大変な過ちを犯してしまう『マーダー・イン・マインド：教師 Murder in Mind: Teacher』というドラマに出演した。今回、私が演じるキャラクターは、正当防衛ながら同性愛者の男を殺してしまい、それを知った娘から、最初の殺人を隠蔽するために再び殺人を犯すことを勧められる。興味深いことに、殺された若い男を演じたのは、あのスコットランド出身の俳優ジェームズ・マカボイで、彼は『ステート・オブ・プレイ：陰謀の構図』や『恥はかき捨て』で英国テレビ界のスターとなり、その後、『ラストキング・オブ・スコットランド』や『X - MEN』シリーズといった映画でハリウッドでも成功を収めた。

なぜだか知らないが、ポワロがないと、私のところにはやたら暗い役ばかりが回ってくるようで、なかでも一八七五年のアンソニー・トロロープの傑作小説『ザ・ウェイ・ウィー・リブ・ナウ *The Way We Live Now*』をもとにドラマ化したBBCの四部作では、オーガスタス・メルモットという極めつきの悪人を演じた。

アンドリュー・デイビスの見事な脚本による本作は珠玉の時代劇で、素晴らしいキャストに加え、美しいロケ地や衣装、小道具、そして悪党のメルモットをはじめとする印象的な登場人物に彩られていた。メルモットは謎めいた素性を持つ卑劣なユダヤ人資本家で、一八七〇年代のロンドンにやって来て、名と財を成した。上流社会は先を争って彼に近づき、その金を利用しようとした。

メルモットは、『アマデウス』のサリエリと同じくらい興味深い役柄で、私は彼を演じるのが待ちきれなかった。というのも、メルモットと同じく謎めいた外国人資本家で、同じくロンドンにやって来て——この場合は一九世紀ではなく、一九七〇年代——上流社会を魅了したチェコスロバキア出身のカリスマ的人物、ロバート・マクスウェルを強く思い起こさせたからだ。

ポワロの役を引き受けたときと同じように、私はメルモットの役作りのため、マクスウェルの伝記を入手できる限りすべて読み、それによってメルモットがどんな人物で、一九世紀のロンドンでどんな振る舞いをしていたのかを深く理解しようとした。マクスウェルはまさにメルモットと同じような働きをしていたようで、そのことは彼の未亡人エリザベスに会って裏づけられた。彼女は親切にも亡き夫とその仕事ぶりについて、私により深い洞察を与えてくれた。

奇妙なことに、マクスウェル——とメルモット——について理解を深めれば深めるほど、私は自分の中に二人に通じる何かがあるように感じた。というのは、当時、あるインタビュアーに語ったように、「私はロシアとフランス、そしてユダヤの祖先を合わせ持つミックス・グリル」だったからだが、その後、祖先にフランス人は一人もいないことが判明した。それに私の祖先は一部ユダヤ系だったが、私自身はちょうどポワロを演じ始める二年前にキリスト教に改宗していた。

出自の共通点についての事実がどうであれ、マクスウェルとメルモットの二人に魅了されるところがあったのは確かで、それだけに私はポワロのときと同じくらいメルモットになりきろうと決意した。その決意がさらに強まったのは、自伝でトロロープ自身がメルモットについて記した部分を読んだときだった。私はメルモットがいかに現代にも通じる人間であるかを知った。

しかしながら、まがいものになってしまった世界では、不誠実な人間が高級なタイプになり、大規模に活躍し、高い地位に昇って、羽振りよく奔放に振る舞う。そうであるなら、そんなやつらが一見すばらしく見えても、忌まわしさに変わりがないことを男女に進んで教えてやるのは、かえって立派な根拠があるように思える。もし不誠実が壁中に絵を掛け、どの戸棚にも宝石を置き、隅から隅まで大理石と象牙で造作した豪勢な宮殿に住み、アピキウスふうの美食を提供し、国会議員になり、数百万ポンドを扱うことができたら、そんな不誠実は恥とはならない。そんな不誠実は下卑たやくざ者とはならない。

〔『自伝』（アンソニー・トロロープ著、木下善貞訳、開文社出版、二〇一八年）より訳文引用〕

これこそ私がスクリーンで表現したいことだった――不誠実を許されるどころか、流行にさえした男、みずから作った蜘蛛の巣で蜘蛛として働き、騙されやすい蝿たちを捕まえては、自身の魅力で腑抜けにし、貪り食うのが大好きな男。これは性格俳優にとって申し分のないチャレンジだった。クリストファー・ホウスがデイリー・テレグラフ紙で述べたように、「メルモットは、フェイギン〔ディケンズの『オリバー・ツイスト』に出てくる老悪漢〕と同じくらい強烈なキャラクター」

だったが、私は自分ならこの男に命を吹き込めると思った。

制作にはいかなる出費も惜しまれなかった。予算は七〇〇万ポンドを上回ると噂され、キャストにはマシュー・マクファディンやパロマ・バエザをはじめ、シェリル・キャンベル、トニー・ブリットン、ロブ・ブライドン、キリアン・マーフィーなどが顔を揃え、撮影も大部分がベッドフォードシャーの壮麗な邸宅、ルトン・フーで行なわれた。

しかも、驚くべき偶然としか言いようがないが、各七五分のエピソードからなるこの四部作の第一話は、二〇〇一年一一月一一日、ロバート・マクスウェルの没後一〇年の祥月に放送された。批評家たちに気に入ってもらえたのは確かなようだった。ピーター・パターソンは、デイリー・メール紙でずばりとこう表現した。「『ザ・ウェイ・ウィー・リブ・ナウ』が大成功を予感させるのは、それが巧みに演じられ、贅沢に作られているからばかりではない。そのタイトルと内容の両方が、あの懐かしき八〇年代に符合するからでもある」。単独の特集記事で、同紙はこのドラマを「今日のテレビにおける砂漠のオアシス」と呼んだ。一方、タイムズ紙は「活気とユーモアがあり、演技も見事で、絶対に見逃す手はない」と述べ、ガーディアン紙は「トロロープの美味しいシロップ」と呼び、「この冬最初の必見ドラマの一つ」と締めくくった。

制作にはアメリカのボストン公共放送局（WGBH）が関わっていたため、『ザ・ウェイ・ウィー・リブ・ナウ』は当然ながらアメリカでもすぐに公開されることになり、二〇〇二年四月二二日に放送されて、同じく好評を博した。ボストン・グローブ紙はこれを「現代にも通じる古典」と呼んだ一方、サンフランシスコ・クロニクル紙は「並外れた知性と深みを持ったメロドラマ」と評し、ロサンゼルス・デイリー・ニューズ紙は「機知に富み、複雑な筋立てに溢れ、細部まで豊かに作り込まれて、私たちの普段の生き方の卑猥な実態が描かれている」と述べた。

しかし、こうしたレビューが掲載される頃には、私はすでにBBCの別のドラマ——イギリス人法廷弁護士ジョージ・カーマンの伝記ドラマ——で撮影を終えていた。メルモットと同じくらい矛盾した面のあるカーマンは、法律の世界で輝かしいキャリアを築いた一方、アルコール依存症や家庭内暴力、賭博の前歴を持っていた。この『ゲット・カーマン Get Carman』は二〇〇二年四月に放送され、当時、葛藤を抱えた父親についての本を執筆したばかりだったカーマンの息子ドミニクへの長時間インタビューが呼び物だった。

ただ、私が最も興味をそそられたのは、殺人の共謀罪で起訴された自由党党首ジェレミー・ソープの弁護や、脱税容疑をかけられたコメディアンのケン・ドッドの弁護など、このドラマでカーマンの重要な法廷シーンのいくつかが再現されていたことで、そこにはカーマンが法廷で披露した名台詞も含まれていた——「会計士にはコメディアンもいるが、コメディアンは決して会計士ではない」

このときもまた、私はカーマンの家族から直接アドバイスを得るという幸運に恵まれ、なかでも三番目の妻フランシスは、後日、親切にも私に手紙をくれた。カーマンのことをよく知る彼女にとって、彼がリアルに描かれているのを見るのは奇妙な感じだったという。

たとえポワロがなくても、私は急に引く手あまたの売れっ子になった。カーマンのドキュメンタリーが放送された直後、今度は一九九一年のイラク情報省局長という別の実在の人物を演じることになった。アメリカのケーブル・テレビ放送局HBOのテレビ映画『ライブ・フロム・バグダッド 湾岸戦争最前線』は、報道が戦争の行方に与え得る影響を描いた作品で、米英らによる二〇〇三年三月のイラク侵攻のわずか数か月前に撮影され、大きな話題となった。ロサンゼルス在住のイギリス人、ミック・ジャクソンが監督を務めた本作は、二四時間放送のニュース専門局が伝えた第一次湾岸戦争に至るまでの緊迫した情勢を振り返り、報道が紛争回避の助けとなり得るかを問いかけた映画である。

私は二人の世界的映画スターと共演することになった。一人は現地イラクへ赴いたCNNの製作責任者ロバート・ウィーナー役のマイケル・キートン、もう一人は彼に合流した同僚のプロデューサー役のヘレナ・ボナム・カーターである。一方の私が演じたのは、イラク情報省局長のナジィ・アル・ハディシで、彼はひねくれ者の悪党かと思えば、頭が切れて魅力的な一面もある男だった。私は大いに楽しんだ。アメリカでの仕事としては非常に満足のいくものだったばかりか、撮影中、私がエリザベス女王の「誕生日叙勲」リストで大英帝国四等勲位（OBE）を授与されたこともあり、一層忘れられない経験となった。私はこの事実を現場の誰にも話していなかったのだが、リストが発表された日の朝、現場の私のキャンバス・チェアの背には「デビッド・スーシェOBE」の文字が描かれていた。何とも嬉しいスタッフの心遣いだった。

私の次の出演作もアメリカの映画で、二〇〇二年秋、マイケル・ダグラスとの二度目の共演となる『セイブ・ザ・ワールド』というコメディーだった。この映画は私に悪党役から（ほぼ）抜け出すチャンスをくれた。私が演じたのは、マイケル・ダグラス――実はCIAの秘密捜査官――とロシアの潜水艦をめぐって取引しようとする情緒不安定な密輸業者の役だった。多くのシーンで白いズボンに白いセーターを合わせていた私は、いかにもなよなよした感じで、ポワロなら絶対に許さないような格好だった。

イギリスへ戻るとすぐ、私は叙勲式のためにバッキンガム宮殿へ招かれた。例のマンゴー事件のことや、その後、ポワロが女王の母君のお気に入りのテレビ番組だったことを知った経緯などが懐かしく思い出された。九年後、私は幸運にも大英帝国三等勲位（CBE）に選ばれ、皇太子から勲章を授与された。その頃には、私が最後にポワロを演じてからすでに二年が過ぎていたため、正直、ポワロが再び日の目を見ることがあるのだろうかと疑問に思い始めていた。ところが、そこへ衝撃的なニュースが飛び込んできた。休暇でシーラと新しいナローボートに乗っていた私は、ブライアン・イーストマンから電話をもらい、何かポワロに関する話が進行中であることを知った。

ところが、電話の向こうのブライアンは歯切れが悪く、「どうなっているのかよくわからない」と言葉を濁した。私に何かできることはあるかと訊くと、今はないが、必ずまた連絡すると言った。

まもなくして、彼は再び私に電話をかけてきた。それによると、アガサ・クリスティーの著作権を代表し、最後の四編でアーツ&エンターテインメント・ネットワーク（A&E）と提携関係にあったコリオンの上層部が、従来のポワロ・シリーズに抜本的な変化を求めているそうで、その変化に伴って、これまでシリーズの成功に尽力してきたブライアンが制作から外されることになりそうだという。私は何でも協力すると約束したが、心の中では自分が雇われの身の役者にすぎず、シリーズの運営については何の力もないことを知っていた。

私は岐路に立たされた。ポワロを演じる機会を与えてくれたうえ、ポワロの奇癖や特異性を知り尽くしているのは私だけだと主張したときも味方になってくれたブライアンには、途方もない恩義があった。最初にこの役を私に演じさせてはどうかと考え、それをブライアンに提案したのは、アガサ・クリスティーの家族の中でも特に娘のロザリンドだったが、そこからこのシリーズを世界的な大ヒットへと導いてきたのはブライアンだった。そんな彼の支えなしでも、私はポワロを続けたいのか……。それはきわめて難しい判断だった。なぜなら二度とポワロを演じられない、二度とアガサのポワロ作品全編を演じるという夢は果たせないと考えるだけで、耐えられない自分もいたからだ。

一連の会合の末、ITV系列のグラナダ・テレビジョンがポワロの新作四編を進めようとしていること、そしてブライアンがプロデューサーだった頃、ロンドン・ウィークエンドがやっていた以上にドラマのイメージや雰囲気にこだわろうとしていることが明らかになった。しかも、彼らはこの新作四編の制作に何百万ポンドという資金を費やす用意もあった。

グラナダとＩＴＶを代表して、新たにミシェル・バックとダミアン・ティマーという二人のエグゼクティブ・プロデューサーが加わることになり、彼らはポワロの今後の方向性について明確なビジョンを持っていた。具体的には、新作をすべて二時間スペシャルにして、長編映画並みの制作クオリティーとキャストで臨もうとしていた。

ホワイトヘイブン・マンションでヘイスティングスやミス・レモンがあれこれポワロの世話をする、といった当初の一時間版にあったような「家庭」的な雰囲気は求められなかった。事実、今後はアガサのどの作品にも、ヘイスティングスやミス・レモンといったキャラクターを意図的に登場させること（私たちが時々やったように）はせず、それよりも原作にできるだけ忠実であることが求められた。画面を横切る列車のカットとクリストファー・ガニングの音楽で始まるオープニング・タイトルも消えることになった。代わりに、各エピソードがそれまでの「Agatha Christie's Poirot」から「Agatha Christie: Poirot」というタイトルの下で単独のドラマとなり〔日本版では引き続き『名探偵ポワロ』のまま〕、放送スケジュールにおいても、シリーズの一部としてではなく、作品それぞれの価値に基づく位置づけが求められた。要するに、ミシェルとダミアン率いる新チームは、ポワロのドラマ一作一作をＩＴＶの一大イベントにしたかったのである。

なぜブライアンが関わらないことになったのかについては、今も未解決の謎である。私が知っているのは、ロンドンのリッツ・ホテルへ私をお茶に招いたミシェルとダミアンが、彼らの意向について説明してくれたことだけだ。二人は信じられないほどの歓迎ぶりで、きわめて熱心にこう話してくれた。従来のシリーズは少し型にはまりすぎた感があるので、新作ではポワロに新しい雰囲気を与えたいと思っている。ただ、権利者からの指示として、あくまでもアガサの原作と登場人物に忠実でありたい。私は二人の話に魅了され、興奮したが、頭の片隅ではやはりブライアンのことが気にかかっていた。

どうしたらいいのだろう。彼なしで進めていいのだろうか。

結局、シーラに一番根本的なことを訊かれて気がついた。「あなたはポワロを演じ続けたいの？」

答えはもちろん、イエスだった。

「だったら、やらなきゃ」と彼女は優しく言った。「ブライアンもわかってくれるわよ」

その通りだった。私が電話をかけて、新シリーズを新しいチームと進めるつもりだと伝えると、彼は驚くほど理解を示してくれた。

「もちろん、続ければいいよ」と彼は言った。「僕たちの友情とは関係ない。やらなきゃだめだ」

ブライアンは非常に寛大だったが、私は彼を失うことにひどく動揺した。なぜなら、ともに過ごした一四年間は私の俳優人生で最もドラマチックな日々だったからだ。しかし、まだ四編の新しいドラマを作らなければならない。そのときは知る由もなかったが、この四編がポワロと私の関係に転機をもたらすことになった。

その後も、ブライアンとはずっと親しく付き合っている。彼と妻のクリスタベルは、私がウエスト・エンドの舞台に出ているときはいつも見に来てくれるし、ロサンゼルスで撮影していたときは私を夕食へ誘ってもくれた。ポワロを演じるチャンスを与えてくれたブライアンに、私は今でも心から感謝している。

二〇〇二年一一月、ITVはアガサの有名なポワロ作品『ナイルに死す』を中心に、いくつか新しいエピソードを制作すると発表し、同時にBBCからミス・マープル・シリーズを引き継いだことも明らかにした。

私たちが二〇〇三年早々に新作ポワロの第一弾に取り掛かったのは、ITVがそのうちの二編をその年のクリスマスに放送したいと考えていたからだ。一作目は『五匹の子豚』で、監督は私が出演したBBCの『NCS：マンハント』を手掛けたポール・アンウィンだった。脚本はポワロでは新顔のケヴィン・エリオットが担当し、彼はその後、ポワロの最終話『カーテン』の脚本も書くことになった。

『五匹の子豚』は、トウィッケナムでの初期のポワロとは大きく異なっていた。この新作ドラマにははっきりと長編映画の雰囲気があり、それは撮影を始めた瞬間から明らかだった。手持ちカメラを使ったショットがぐっと増え、屋外シーン用のセットもより精巧で、小道具もさらに立派になった。私たちはまさに映画の世界にいた――たとえその映画がテレビ向けに作られていたとしても。

違いはキャスティングにも反映されていた。ミシェルとダミアンは、どのエピソードも視聴者が見てすぐわかるような有名俳優ばかりで固めることを決めており、それはこの新作ポワロをテレビの「一大イベント」にするという彼らの決意の表れだった。そのため、私は『五匹の子豚』で何人もの優れた役者に囲まれることとなった――BBCのドラマ『ザ・ダッチェス・オブ・デューク・ストリート The Duchess of Duke Street』で有名なジェマ・ジョーンズをはじめ、ダイアナ・リグの娘レイチェル・スターリング、マギー・スミスの息子トビー・スティーヴンス、有能なソフィー・ウィンクルマンのほか、法廷弁護士役で出番は少なかったが、努力家で高い評価を受けているパトリック・マラハイドもいた。そこにはヘイスティングス役のヒュー・フレイザーも、ジャップ警部役のフィリップ・ジャクソンも、ミス・レモン役のポーリン・モランもいなかったが、それは彼らのキャラクターがアガサの原作に出てこなかったためだ。ポワロ・ファミリーのホームドラマ的な要素が失われたのは確かだった。

一九四二年に執筆され、その翌年、娘のロザリンドがアガサの初孫マシューを産む少し前に発表された『五匹の子豚』〔山本やよい訳、早川書房、二〇一〇年〕は、アメリカでは『マーダー・イン・レトロスペクティブ *Murder in Retrospect*』と改題され、ポワロが初めて過去の事件の再調査を依頼される。有名ながら、いつも好感が持てるわけではないアミアス・クレイルというイギリス人画家をめぐる何年も前の殺人事件である。アミアスが毒殺され、彼の妻が犯人として絞首刑に処されてから一四年後、娘のルーシーがポワロに事件の再調査を依頼し、母親の汚名をそそいで欲しいと頼む。イギリス版のタイトルは、「このこぶたさん かいものに　このこぶたくん おるすばん……」〔『マザー・グース 愛される唄70選』（谷川俊太郎訳・渡辺茂解説、講談社インターナショナル、一九九六年）より訳文引用〕で始まるマザー・グースの童謡に由来するもので、アガサは自身のマザー・グース好きをポワロのせいにしているが、彼は作中でそれには全く触れていない。

冒頭から一連の回想シーンが鮮明に描かれる『五匹の子豚』で、ポワロは殺人の主な容疑者である五人の男女のもとを訪れ、一人一人に彼特有のやり方で話を聞く。ケヴィン・エリオットが脚本で言わせているように、ポワロは「人の心理を読むことで成功しました。そう、なぜ人は罪を犯すのか」。そして彼はアガサの最も秀逸かつ複雑なミステリーの一つで見事にこれを証明する。ポワロは「人間には驚くほど無限の行為能力が」あると打ち明ける。

強力なキャストに囲まれた私は、俳優としてより高い演技力を求められた。しかも、それは一流の俳優陣と仕事をしていたからというだけではない。予算がさらにまた拡大され、ＩＴＶはこの新作ドラマにそれぞれ二〇〇万ポンドを超える予算をかけたと伝えられていた。しかし、主演俳優としての私の責任が一層重大なものになったのは、何よりもこのドラマで新たに無報酬のアソシエイト・プロデューサーという役割を与えられたからであり、私はより大きな影響力を持つことになった。

このためにポワロと私の関係性は大きく変わった。なぜなら、私は今や自分が演じるキャラクターの保護者、守護者としての役割を委ねられたからであり、もはやただ役を演じるだけの雇われ俳優ではなくなったからだ。実際、新シリーズのキャストやスタッフの中で、一九八八年の夏にトウィッケナムに集まった制作チームにいたのは、私一人だけ——運転手のショーンを除けば——だった。

まさに新しい世界の幕開けだった。というのも、私は突然、ドラマについて下されるほぼすべての決定に関わることになったからだ。その証拠に、私は口髭についてのメイクアップ会議に呼ばれた。新しい制作チームは、ポワロの口髭をよりリアルに見せることを求めた——『五匹の子豚』での私の口髭を見れば、四年前のものとは全く違うことがわかるだろう。新しい口髭はより薄くて細長くなり、従来のように小鼻の方へ巻き上がる代わりに、真っ直ぐ外側へ向いている。パッドも一式がらりと変わった。私が「アルマジロ・スーツ」と呼んでいたそのパッドは、層がいくつも折り重なってできていたため腕の曲げ伸ばしがしやすく、ジャケットどころか、シャツさえ——初めて——着ることができたうえ、アガサがポワロの姿勢をクロウタドリのようだと描写した通り、頭をもう少し前に出して歩くこともできた。

今回、シリーズのアソシエイト・プロデューサーとしての責任も加わった私は、ポワロと自分が一心同体であるかのように感じていた。ポワロならそうは言わないと私が思えば、ポワロの台詞を変えることさえ許されていた。撮影前の「トーン・ミーティング」に呼ばれたり、ドラマ全編の一次編集版を下見したり、視聴者への見せ方についての意見を述べたりもした。実際、私には創作全般に関する発言権があった。たとえ監督やキャストの人選について直接的な影響力はないとしても、何か特に考えがある場合、チームは私の意見に耳を傾けてくれた。

私はもはやただポワロを演じているだけではなかった。そのことは現場にも顕著に反映され、撮影中、多くのスタッフが私にアドバイスを求めるようになった。それまでにないほどの発言力や影響力を与えられた私は、カメラの前でより存在感を強めようとますます奮い立ち、特に今回のように優れた役者が一緒のときはなおさらだった。例えば、『五匹の子豚』の終盤で、トビー・スティーヴンスが見せた涙の告白の演技には感動した。

こうした変化は、この第九シリーズの第二弾『杉の柩』で確かなものになった。この作品でも、私たちは素晴らしいキャストに恵まれた。その筆頭がリバプール出身のポール・マクガンで、兄弟も息子も俳優という彼は、カルト映画『ウィズネイルと僕』や物議を醸したBBCのシリーズ『炎の反逆者』で有名だった。また、オックスフォード大学で演劇協会初の女性代表となったダイアナ・クイックもキャストの一人で、彼女は一九八〇年代のドラマ『華麗なる貴族』〔別題『ブライズヘッドふたたび』〕のレディー・ジュリア・フライト役で知られた。さらに、ルパート・ペンリー＝ジョーンズは、この撮影を終えた直後にBBCのスパイ・シリーズ『MI-5 英国機密諜報部』で名声を築いた。

一九四〇年に発表された原作の『杉の柩』〔恩地三保子訳、早川書房、二〇〇四年〕は、タイトルをシェイクスピアの『十二夜』から取っている――「くるがいい、くるがいい、死よ、この身を杉の柩に横たえよ」〔『シェイクスピア全集 十二夜』（小田島雄志訳、白水社、一九八三年）より訳文引用〕。実際、主なテーマは老いの屈辱にあるが、ポワロ作品には数少ない裁判シーン――ポワロが誤審を回避しようとして——も含まれている。このドラマは、シリーズには新顔のデビッド・ムーアが監督、同じく新顔のデビッド・ピリが脚本を担当し、他のエピソードより重苦しい内容ではあったが、殺人罪で起訴され、有罪判決を受けるエリノア・カーライルを演じたエリザベス・ダーモット・ウォルシュの演技は際立っていた。

ただ、アガサはこの物語に不満があったようで、一九六五年にこう語っている。それは「よく書けていたはずなのに、ポワロを入れたことで台無しになってしまった。何かが違うとずっと思っていたけれど、しばらく後に読み直してみてやっと気づいた」。幸い、多くの読者はそうは思わなかったし、私たちのドラマ版も——少し陰鬱なところはあるが——上々の出来だった。

撮影では、屋外シーンの多くをサリー州にあるスー・ライダーのホスピスで行なった。そこにはたくさんの高齢者が入居していて、彼らのほとんどがポワロのファンということだったので、私は衣装を身につけて病棟を訪問することになった。そのとき初めて、私は人々がポワロからいかに多くの喜びを得ているかを実感した。

病棟を回りながら、私はそこで暮らしている人たちのほとんどが私をポワロだと思って接していることに気づいたため、そのまま役に徹することにして、質問にもポワロらしく応じ、歩き方はもちろん、行動様式のすべてをポワロで通した。一方、入所者の多くが二度と自宅へ帰ることはないと知った私は、ベッドを回りながら、終末期を施設で過ごした父のことを思い出さずにはいられなかった。父は当時、私が見舞いに行っても、私が誰だかはっきりわからないときもあった。

ただ、ホスピスの入居者にポワロの格好で会うことは、撮影以外の場でポワロだと認識されること――光栄なことではあるが――に比べれば、私にはずっと気楽だった。というのも、ちょうどこの頃に忘れられない特別な出来事があったからだ。

ある朝、私はミーティングのため、ピナーの自宅から地下鉄でロンドンへ向かっていた。静かに本を読んだり、考え事をしたりしていたのだが、列車が郊外の住宅地を抜けて町へ入ったとき、突然――まさに青天の霹靂のごとく――車内の誰かが「ポワロよ！」と声を上げた。

見上げると、その声の主は修道服を着た尼僧であることがわかった。彼女は私の方へ駆け寄ってきて、何も知らない二人の乗客の間に無理やり体をねじ込み、私の真向かいの席に陣取ると、腕を伸ばして私の手を掴み、激しく揺さぶりながら、私に会えた喜びを口にした。私は精一杯の笑みを浮かべ、丁寧に頷いた。

しかし、事態はそこで終わらなかった。尼僧はちょうど「無言の行が明けた」ところだったので、私に会えた喜びを伝えずにはいられないのだと説明してくれた。彼女はさらに車内の乗客全員に聞こえるような大声を張り上げて、修道院では自分たち尼僧はみんなポワロの大ファンで、本当は規則違反だけれど、日曜の晩の日没後にドラマを見るのが毎週の楽しみなのだと言った。

「私たちの禁断の秘密なんです」と彼女は満面の笑みを浮かべ、「何て素晴らしいのかしら」と有頂天になった。

私の方はもう恥ずかしさで顔が真っ赤になり、穴があったら入りたいの一心で、今すぐ車両の床から下の線路に飛び降りたいと願うほどだった。というのも、まるで自分が修道院で毎週日曜日の晩に上映されるポルノ映画のスターになったように感じたからだ。

私は何とかその尼僧に明るくさよならを言うと、ベイカー・ストリート駅で列車を飛び降り、帽子を目深にかぶって人混みに姿を消した。しかし、考えてみれば、世界中にそれだけ多様なファンがいて、彼らの誰もがポワロに胸を躍らせていたというのは、私にとって非常に幸運なことでもある。最近知ったところによれば、ポワロ・シリーズは、ベルリンの壁の崩壊前の東ドイツでほとんど唯一許可されていた——その他はすべて検閲された——英語のテレビ番組だったという。ポワロがそんなにも愛されるのはなぜなのだろう。私の中でこの疑問がますます大きくなっていった。

話を現場に戻すと、事態はむしろこちらの方が落ち着いていた。新シリーズの撮影三作目〔放送順は四作目〕は、第二次世界大戦末期に書かれ、一九四六年に発表された『ホロー荘の殺人』〔中村能三訳、早川書房、二〇〇三年〕で、緊縮財政の時代にありながら、初年度にハードカバーで四万部を超えるベストセラーとなり、アガサが大成功を収めた作品の一つだ。彼女自身もこれを「探偵小説というより、むしろ普通小説」〔『アガサ・クリスティー自伝（下）』より訳文引用〕とし、サー・ヘンリーやレディー・アンカテルをはじめ、とりわけ魅力的なキャラクターを何人も登場させている。そしてこの夫妻の住む田舎の邸宅が「ホロー荘」である。

アガサがこのタイトルの一部をアルフレッド・テニスンの詩「モード」から取ったのは事実だ——野の下に横たわる「小さな木の後ろの恐ろしい洞穴(ホロー)」を詠った一節で、それを囲む「赤い筋の入った岩棚は血という無言の恐怖を滴らせる」。しかし、彼女の着想は、ロンドン生まれの俳優で、恐ろしいほどの二重顎を持つフランシス・L・サリバンのサリー州の邸宅から得たものでもある。一九三〇年代、サリバンは友人だったアガサのためにポワロを演じていたが、おそらく現在では、一九四八年のデビッド・リーン監督によるディケンズの映画『オリヴァ・ツイスト』でのバンブル氏が最もよく記憶されているだろう。このサリバン夫妻がヘイズルミアに持っていたのがホロー荘と呼ばれる屋敷で、アガサは「彼らのプールを殺人の舞台に使わせてもらったことへの謝意をこめて」〔『ホロー荘の殺人』より訳文引用〕、本作を二人に捧げている。

今回もまた、新しい制作チームはドラマに一流の俳優陣を揃える意向だったため、幸運にもサー・ヘンリー・アンカテル役に、ロイヤル・シェイクスピア・カンパニー（RSC）時代からの親友エドワード・ハードウィックを迎えることができた。彼はイギリスの有名な映画スター、セドリック・ハードウィックの息子で、おそらくジェレミー・ブレット主演のITVのシャーロック・ホームズ・シリーズで、八年間ドクター・ワトソンを演じたことで最もよく知られている。

ホロー荘での週末のパーティーに客を招き、事件のきっかけを作るレディー・アンカテル役は、伝説の映画女優サラ・マイルズが演じることになった。彼女は一九六二年の『可愛い妖精』でローレンス・オリビエと共演して名声を得た後、デビッド・リーン監督の『ライアンの娘』に出演して、オスカーにノミネートされた。型破りなことで知られるサラは、テレビにはめったに出ないが、私と一緒にポワロをやる気になってくれた。

アンカテル家の執事ガジョンを演じたのは、同じく映画スターのエドワード・フォックスで、私にはフレッド・ジンネマン監督の映画『ジャッカルの日』での暗殺者役が忘れがたい。共演者に象徴的な映画スターが二人もいることに興奮した私は、時間を見つけてはエドワードと『ジャッカルの日』の撮影話をした。

一方、サラは撮影が進むにつれてますます楽しそうで、朝、現場に到着すると、こう言って私を少し当惑させた――「あなたは彼よ。彼の生まれ変わりよ」。サラが私をローレンス・オリビエと比べているのだとわかるまで、私は彼女の言っている意味が理解できなかった。

「そうならいいが」と私は思った。

旧友のエドワード・ハードウィックと一緒に過ごせたことも嬉しかった。私たちは時期こそ違うが、どちらもロイヤル・シェイクスピア・カンパニー出身で、彼とは私が初めて大役を得たテレビドラマ『オッペンハイマー　Oppenheimer』で共演した。撮影の合間には、よく昔話に花を咲かせた。そうしたこともあって、『ホロー荘の殺人』は私にとって最も忘れがたい一作となった。

ただ、残念ながら、作品そのものはキャストに見合うものではなかった。ニック・ディアが書いた脚本は素晴らしかったが、それもあまり救いにはならなかった。『杉の柩』がそうだったように、この作品はアガサ自身がポワロ向きでないことを認めており、確かにその通りだった。どう見ても、ポワロはやや場違いに思える。自伝で、アガサはこう語っている。「『ホロー荘の殺人』はいつも思っていたことだったが、ポアロの登場が失敗の小説だった。わたしは自分の小説にポアロを出すことに慣れきっていたから、この小説にも当然彼がはいってきているのだが、ここでは失敗だった。彼は彼としての役目をちゃんと果たしてはいるが、この小説から彼を抜きにしたらもっとよくなるのではなかろうかと、わたしは思いつづけていた」［『アガサ・クリスティー自伝（下）』より訳文引用］

事実、この小説が最初に発表されてからわずか五年後の一九五一年、これを舞台化することになったアガサは、「ポアロを取りのけて」［『アガサ・クリスティー自伝（下）』より訳文引用］、代わりにスコットランド・ヤードのコフーン警部を登場させた。彼女はポワロだと観客の注意を他の登場人物たちから逸らせてしまうことになるが、退屈な警官なら注意を引くことはないと考えた。ポワロを生み出した当初は彼を様々な舞台に登場させていたが、彼女はいつもそれに満足していたわけではなかったようだ。

とは言え、サイモン・ラングトンが監督を務めたドラマ版は上出来だったと思うし、今でもその考えに変わりはない。しかし、新シリーズの撮影最終作で放送では三作目の『ナイルに死す』とは比べものにならず、こちらはアガサの傑作をドラマ化した作品だけに全く格が違った。

ただ、本当のところ、これらの新作ドラマは四編とも私にはとても大切なもので、デイム・アガサに捧げるレガシーとして残せたことを非常に誇りに思っている。彼女にはぜひこの四編を見てもらいたかった。きっとどれも楽しんでくれただろうし、特にこの『ナイルに死す』は気に入ってもらえたと思う。ケヴィン・エリオットの脚本とアンディ・ウィルソンの監督による本作では、ほとんどの撮影がエジプト・ロケで行なわれた。ドラマでカルナック号として使った船が、一九七八年のピーター・ユスチノフ主演によるオールスター映画――ベティー・デイビス、デビッド・ニーブン、ミア・ファローなど――に出てくる汽船と同じものだと知ったら、アガサもきっと喜んでくれたはずだ〔ドラマで使用された船は実際には映画とは異なるもの〕。

一九三七年に発表された『ナイルに死す』〔黒原敏行訳、早川書房、二〇二〇年〕は、再婚当初、アガサがマックス・マローワンと何度もエジプトを訪れていたときに書かれたもので、彼女の最高傑作にして最も人気の高い作品の一つだ。のちにアガサ自身が語っているように、「この本は私の『外国旅行』物の中でも随一だと思う。中心となる状況が魅力的でドラマチックな可能性が感じられるし、サイモン、リネット、ジャクリーンという三人の登場人物が私には実在しているように思える」。それから八〇年たった今でも、これに異を唱える者はいないと思う。

ただし、今回のドラマ版はアガサを少しドキッとさせたかもしれない。というのも、冒頭にいきなり若い二人のベッドシーンがあるからで、これはアガサのどの小説にも見られないものだ――その気配がほのめかされることはあっても。物語の主役は、わがままで高慢な資産家の娘リネット・リッジウェイで、彼女は親友のジャクリーン・ド・ベルフォールから、ハンサムだが一文無しの婚約者サイモン・ドイルを略奪する。二人は結婚してハネムーンでエジプトを訪れるが、行く先々でジャクリーンに付きまとわれる。ナイル川クルーズの船に乗り込んで逃れようとするも、ジャクリーンは再び二人の前に現れる。この蒸気船が舞台となってリネットが殺され、ミステリーが始まる。

クルーズ船の他の乗客たちについても、アガサの小説きっての魅力的な顔ぶれが並んでいる。アメリカの貴婦人とその冴えない話し相手、女流作家とその娘、社会主義者の粗野な青年（実はイギリスの貴族とわかる）にリネットの怪しげなアメリカの管財人、そしてイギリス諜報部高官のレイス大佐。ちなみに大佐はドラマの中で、砂漠の向こうからラクダに乗って現れるというまさにミステリアスな登場の仕方をする。

ユスチノフ版のキャストには及ばない一方で、私たちのドラマ版にも卓越した俳優が何人もいた。『ホロー荘の殺人』で共演したエドワード・フォックスの弟で、レイス大佐を演じたジェームズ・フォックス、イギリスの女優フランシス・デ・ラ・トゥーア、テレビ・シリーズ『刑事スタスキー&ハッチ』で知られるアメリカ人のデビッド・ソウル、そしてヒロインの一人、リネットを演じた美しいエミリー・ブラント。撮影は二〇〇三年冬に終わり、本作は私のお気に入りの一作となった。あのときの経験はまるで昨日のことのように覚えているし、今でも心から誇りに思う。

しかし、いつまでも頭にこびりついて離れない思い出が一つある。それは撮影中、キャストとスタッフの全員が激しい腹痛に見舞われたことだ——ただし、シーラと私だけは免れた。子供たちはもう大人になっていたので、ロケにはシーラも一緒に来ていた。おそらく私たちが健康を損なわずに済んだのは、サラダであれフルーツであれ、滞在中は火の通っていないものは一切口にしなかったためだろう。とは言え、私も完全に免れたわけではない。撮影が終わり、飛行機でロンドンへ戻るやいなや、私はこれ以上ないほどひどい「モンテスマの復讐」［旅行者に多い下痢］に襲われた。愚かにも、気が緩んだ私は機内で生のフルーツサラダを食べてしまい、それがひどい苦痛を引き起こした。だが幸い、撮影の嫌な思い出はそれだけだった。

『ナイルに死す』は、私にポワロの演技を深め、彼の孤独や傷つきやすさという特別な一面を印象づけるチャンスも与えてくれた。例えば、彼が蒸気船の船尾に立ち、暮れゆく空を見つめているシーンがある。それは一度も家庭を持ったことがなく、それだけ激しく女性を愛することもできなかったポワロの悲しみや寂しさを表しているように思う。

振り返ってみると、この四編のドラマはポワロと私の歴史に一つの転機をもたらした。というのも、この四編を通して私たちはさらに近づき、私はポワロの保護者、守護者となり、ポワロは視聴者に自分の内面をよりさらけ出すようになったからだ。これらは私たち二人にとって非常に重要な作品となった。

この第九シリーズの撮影が終わった頃、もう一つ驚くべき出来事があった。それはこうだ。ピナーの自宅で、私は父方の祖父の写真を見つけた。南アフリカのケープタウンに住んでいた祖父は、いつも町一番のおしゃれな男として知られていたが、一八九五年頃に撮られたその写真には、つばのある帽子に三つ揃えのスーツ、手にはステッキを持った祖父の姿が写っていた。まるでポワロのようで、不思議な縁を感じさせた。

第15章 私が書いた最悪の本

新たなスタイルのポワロがイギリスの批評家たちに好評だったのは確かなようで、彼らの言葉通り、ITVはこの四編の新作で世間をあっと驚かせた。なかでも最初の二編には、一二月の最も高視聴率が狙えそうな日が選ばれ、『五匹の子豚』は二〇〇三年一二月一四日の日曜日、『杉の柩』は二〇〇三年のボクシング・デー〔クリスマスの翌日〕の金曜日、それぞれ夜九時のゴールデン・タイムに放送された。

批評家たちは、シリーズ全体の雰囲気が一新されたことにすぐ気がついた。ピーター・パターソンは、デイリー・メール紙でそれをずばりと言い当て、「ポワロの新シリーズ全四編の一作目は、これまでずっとITVはぱっとしないと思っていた人々を黙らせるほど優雅で贅沢なものだった」と述べ、『五匹の子豚』を「高級感があって面白い」と評した。シーラと私も同感で、日曜日の晩に二人で一緒に放送を見たとき、彼女は特に感心していた。

タイムズ紙では、ポール・ホガートが同じく作品を絶賛し、制作のクオリティーが一段と増したことに気づき、強力なキャストと「ケヴィン・エリオットのエッジの効いた魅力的な脚本」について触れるとともに、「ビジュアル的にも大胆だった」とコメントした。

デイリー・エクスプレス紙では、ロバート・ゴア＝ラングトンが、「ポワロのいいところは、家族みんなで楽しめて、誰が犯人かで賭けができるところだ」と述べ、このドラマの成功は私の「功績が大きい」と褒めてくれたうえ、私が探偵として「完璧」だったとも言ってくれた。

一方、『杉の柩』も同様に好評を得たが、私個人としては、ボクシング・デーに見るにはあまりふさわしくないと感じていた。優れたストーリーではあるが、クリスマスのお祝いムードを盛り上げるような楽しいドラマとは言い難い。私はそれが視聴者のお祭り気分に水を差すことになりはしないかと心配したが、放送スケジュールについてはITVが決めることで、私にはどうにもできなかった。結局、視聴率は非常によかったので、私の心配は杞憂に終わった。

そこでITVは、シリーズ第三弾となる『ナイルに死す』を同じく魅力的な日程に組み込み、二〇〇四年四月一二日のイースターの月曜日の夜九時に放送した。デイリー・メール紙はこれを「実に見応えのある殺人ドラマ」と呼び、ピーター・パターソンは「キャストの素晴らしさ」を称えたうえ、「クリスティーの型に忠実でありながら、半分それを茶化したようなこの移り気な作品」を十分に楽しんだと締めくくった。

偶然にも、イギリスの別の放送局であるチャンネル4で、ユスチノフ主演の映画『ナイル殺人事件』が放送されていた。私たちのドラマ版が放送される月曜日に先立って土曜日の晩に放送されたのだが、これが一部の批評家の目に留まった。チャーリー・キャッチポールは、デイリー・エクスプレス紙で両者の違いを指摘し、チャンネル4が「アガサ・クリスティーによる古典的ミステリーの一九七八年の映画版を今さら持ち出してきて一〇〇回目にも思えるほどだった」のに対し、ドラマ版は――それに比べて――「贅を凝らした逸品で、映画版を大袈裟でぎこちないものに見せた」と述べた。

主要な三つの制作会社がいかに『ナイルに死す』に自信を持っていたかを示すように、彼らはドラマがイースターにイギリスで放送された翌月、カンヌの国際テレビ番組見本市（業界ではMIPとして知られる）でこれを特別上映することにしていた。狙いは、新スタイルのポワロを世界中の番組バイヤーに紹介することだったが、そうするだけの理由は十分にあった。

というのも、その頃までに、ポワロ・シリーズは世界八三か国に販売されており、約一〇年にわたってイギリス屈指の国際的ベストセラー番組となっていたからだ。国外販売を担っていたグラナダ・インターナショナルは、四〇〇〇人のバイヤーが集まるこの見本市をチャンスと捉え、新しくなった『名探偵ポワロ』がいかに洗練されたかをアピールし、そうすることでドラマをテレビの一大イベントにしようとしていた。そんな彼らを応援するため、私も喜んで同行した。

新シリーズ四編の最終話となる『ホロー荘の殺人』は、二〇〇四年八月三〇日、バンク・ホリデーの月曜日の夜九時にITVによって満を持して放送された。ところが、キャストの豪華な顔ぶれにもかかわらず、レビューは今一つ勢いに欠けていた。タイムズ紙が「ポワロは夕食後のジェスチャー・ゲームのようになりつつある――その気になって楽しむか、わざわざ付き合う気になれないか」と冷めたコメントをした一方、ジェームズ・ワトソンはデイリー・テレグラフ紙で、「せっかくこれまでのところは面白かったのに、残念ながら、関係者は誰もその明らかな欠陥をごまかせなかったようだ。クリスティーの筋書きからすると、昨晩のものは少し型にはまりすぎていた」と述べた。

ただ、共演者たちの考えは違った。撮影終了後、サラ・マイルズとエドワード・フォックスは、『ホロー荘の殺人』の制作がいかに楽しかったかを伝える手紙をくれた。これにはとても胸を打たれた。私自身もこのドラマを誇りに思っていたからだ。

しかも、批評家たちの冷めた反応にもかかわらず、世界はこの新作ポワロに熱狂し、新シリーズは旧シリーズを上回る売れ行きを示した。ポワロの関係者はにわかに活気づき、ＩＴＶはさっそく新たな四編の制作を決定し、撮影は二〇〇五年に行なわれた。

新しくなったポワロの最初のシリーズが成功したことで、私も改めて奮い立った。アガサのポワロ作品全編を演じきるという念願が、絶対ではないにしろ、もしかしたら本当に果たせるかもしれないと思われた。当時、私はあるインタビューで、六五歳になるまでに果たしたいと語ったが、二〇一一年がその年だった。最終的に夢が叶うまでにはさらに約二年を要するとは、このときは知る由もなかった。

新しい制作チームによるポワロの第二シリーズの一作目は『青列車の秘密』で、これもまたアガらしい優れたミステリーだったが、本人は好きではなかったようで、一九六六年のある新聞のインタビューで、彼女はこれを「私が書いた最悪の本」と呼び、「嫌でたまらない」と語った。それは自分と自分の作品に対するあまりにも厳しい評価だった。

しかし、アガサがこの『青列車の秘密』〔青木久惠訳、早川書房、二〇〇四年〕を書いたのが、人生で最も不幸せな時期の一つであったことは否定できない。一九二七年二月、彼女は娘のロザリンドとカナリア諸島で休暇中だったのだが、そのせいで作品への評価が歪んでしまったとも考えられる。というのも、アガサがこの作品を書いていたのは、アーチボルドとの別居とあの一一日間の失踪事件のすぐ後のことだったからだ。心の痛みが態度に否定的な影響を与えたに違いない。確かなのは、彼女が一時、書くことを楽しめず、ただ出版社との契約のために書いていたということだ。

しかし、それがキャリアの転換点となった。後年、自伝で語っているように、「このときがわたしにとってアマチュアからプロへ転じた瞬間であった。プロの重荷をわたしは身につけた——それは書きたくないときにも書くこと、あまり気に入ってもいないものでも書くこと、そしてとくによく書けていないものでも書くことだった」〔『アガサ・クリスティー自伝（下）』より訳文引用〕。事実、イギリスではこの本がハードカバーで初版七〇〇〇部も売れ、前作同様に好評だった。作品はイギリスでは一九二八年三月、アメリカでは同じ年の少し後に出版された。

まもなく離婚が成立すると、アーチボルドはすぐさま長年の愛人ナンシー・ニールと再婚した。

二人の結婚生活は、一九五八年にナンシーが癌で亡くなるまで続いたが、そのわずか四年後にはアーチボルド自身も他界した。離婚後、アガサは作品に前夫の姓を使うことをやめたがったが、彼女の名声はすでに確たるものだったため、英米両国の出版社が断固として変更に反対した。その結果、彼女は終生、アガサ・クリスティーとして作家活動を続けることになった。

『青列車の秘密』のドラマ版では、脚本家のガイ・アンドリュースが物語を膨らませるため、そもそも登場していないキャラクターを加えるなど、原作の細部をあれこれ変更し、時代設定も一九二〇年代から一九三〇年代に変えた。監督を務めたのは、シリーズには新顔のヘティ・マクドナルドで、彼女は作品によりシャープで現代的な雰囲気をもたらした。

今回もやはり、ヘイスティングスやジャップ警部、ミス・レモンはいなかったが、プロデューサー側は豪華なキャストを用意してくれた。イギリス勢にはリンゼイ・ダンカン、ロジャー・ロイド＝パック、ニコラス・ファレルが名を連ね、アメリカ勢にはあの名優、エリオット・グールドがいた。私はエリオットを迎えることに興奮したが、後で知ったところによると、彼も死ぬほどポワロに出たいと思っていたので、依頼が来て大喜びしたという。キャストがあまりにも素晴らしいので、夢ではないかと自分をつねってみなければならないほどだった。何しろ私はハリウッドを代表するカルト的映画スターとポワロで共演することになったのだ。そのうえ、彼の方も大いに楽しんでいるようだった。

撮影は、列車の目的地であるニースの代わりに、同じ南フランスのマントンで行なわれたほか、イギリスのシェパートン撮影所にセットも組まれた。実物と全く同じ寸法で車両が作られ、その客車や通路の狭さには閉所恐怖症になりそうだった。一方、列車の外観については、しばらくイギリスのピーターバラに滞在して撮影が行なわれた。そこには本物のブルートレイン（青列車）のオリジナルの客車がいくつも保存されていたが、気候はコート・ダジュールのようにはいかなかった。

アガサはこの作品を嫌っていたようだが、ドラマ版は今でも断然、私のお気に入りの一作だ。少し暗くはあるが、それでもエリオット・グールドをはじめ、リンゼイ・ダンカンやアリス・イブ——イギリスの俳優トレバー・イブの有能な娘——などによる素晴らしい演技がいくつも見られる。また、スティーブン・マッケオンの印象的な音楽も作品に雰囲気を添えていた。今思い出しても楽しくなるようなドラマだ。

二〇〇五年に撮影した新シリーズの二作目は『葬儀を終えて』［放送順は三作目］で、原作はイギリスの女王エリザベス二世の戴冠式が行なわれた一九五三年に発表され、同年、アメリカでも——『フューネラルズ・アー・フェイタル（葬儀は死を招く）*Funerals Are Fatal*』と改題されて——出版された。これはアガサが機能不全の一族を描いた作品の一つで、そこでは誰もがいがみ合っているように見える。実際、この物語では、親族関係が非常に複雑であるため、誰がどういう人物かを読者がきちんと理解できるように、アガサは賢明にも小説に一族全体の家系図を添えた。

今回もまた、ポワロは単独で行動しており、富豪のリチャード・アバネシーの遺言の書き換えをめぐって調査に呼ばれる。というのも、遺言が正式に読み上げられたとき、彼の残された妹が親族の前でこんな発言をしたからだ。「兄さん、ほんとは殺されたんでしょ?」そのときまで、誰もがリチャードは自然死したものと思い込んでいた。一族の弁護士はポワロを呼ぶ。

またしても、キャストが素晴らしかった。『ブロット・オン・ザ・ランドスケープ』で私の妻を演じ、ITVのサスペンス・ドラマ『シーソー』でも共演したジェラルディン・ジェイムズをはじめ、アンナ・カルダー＝マーシャルにアンソニー・バレンタイン、そして——おそらく最もホットな——若きマイケル・ファスベンダーもいた。彼はその後、新世代のトップ俳優の一人として、『イングロリアス・バスターズ』やリドリー・スコット監督の『プロメテウス』などの映画に出演し、ハリウッドで輝かしいキャリアを築くことになった。マイケルはBBCの犯罪ドラマ『NCS：マンハント』でも私と共演した。

ドラマでは、またもや原作からの大幅な改変がいくつもなされたうえ、新顔の脚本家フィロミーナ・マクドナーはポワロの心理をより深く掘り下げるため、先のシリーズで次第に明らかになっていた彼の強い孤独感を、ある会話シーンの台詞に盛り込んだ。彼女はポワロにこう言わせている——「人生の旅っていうのは、独りで歩いていく者には厳しいものです」

念のために言っておくと、原作では、アガサもポワロの複雑な性格をもう少しはっきり表現しており、彼にこう言わせている。「女性に親切心はありません。やさしいときはありますがね」[『葬儀を終えて』(加賀山卓朗訳、早川書房、二〇二〇年)より訳文引用]。これは女性不信の男の見解というより、女性に性的魅力を感じたことのない男の考えだろう。私に言わせれば、ポワロは他者に性的欲望の兆候を感じ取ることはできても、自分自身はセックスにまるで関心のない男だった。おそらくロサコフ伯爵夫人とヴィルジニー・メナールを例外とすれば、彼は恋愛にも懐疑的であり、母性的な愛情ということなら少しは感傷的にもなるが、下半身に関しては、彼は存在しないも同然だった。ポワロの人生は、あくまでも論理と「灰色の脳細胞」に基づくものであり、それが彼にずば抜けた推理力と、他者の性格を見抜く鋭い洞察力をもたらしているのだ。

これはアガサの天分の一つだ。彼女の登場人物の描き方が素晴らしいからこそ、読者や視聴者は物語の展開に興味を持ち続けることができる。彼女は登場人物の頭の中をすっかり把握した上で、その知識をポワロに授け、彼にそれを論証させる——特に最後の謎解きシーンで。

私個人の考えにすぎないが、アガサは物語を結末から書き始め、冒頭に向かって遡る形で展開させていったのではないだろうか。彼女は筋書きを考え、誰が犯人になり得るかを考えた上で、それを考慮しながら始まりに戻り、登場人物全員に殺人の動機を含めた個々の性質を与え、一つの物語にまとめ上げた。このため、彼女の小説では往々にして、どの登場人物にも罪を犯した可能性があるように思える。

私はどうかと言うと、ポワロの新しい脚本に最初に目を通すとき、最後の謎解きから読み始めることは確かに助けになる。脚本を逆に読み進むことにより、頭の中で個々の登場人物のキャラクターが明確になり、その過程で、結末に必要な関連した事実が物語のどこにどうやって出てくるかを確かめることができる。それもあって、ドラマでは最後の謎解きシーンがやや長くなる。謎解きシーンはポワロの見せ場であり、それまでの事柄すべてが集約されて頂点に達し、彼が物語とその登場人物を完全に支配する瞬間である。そこに至ってついに彼は犯罪そのものである謎を解き明かすことになる。

ミシェル・バックとダミアン・ティマーが起用されて以来、現場では二台のカメラを同時に回しながらの撮影が行なわれるようになっていた。つまり、結末の謎解きシーンでの私の長台詞が中断なしで――ときには二〇分かけて――撮影されるということだ。こうした謎解きシーンの撮影は、私の舞台での経験がドラマに生かされる機会となった。なぜなら、舞台俳優は中断を必要としないからだ。

とは言え、長台詞を覚えるのが簡単だったわけではない。事実、それは歳とともに確実に難しくなってきたが、細部まで丸暗記する以外に方法はない。私は舞台俳優として訓練を積んできた自分を信じている――それが本来の私であり、ポワロをも超えた真の姿だからだ。私は台詞を一人で覚えるが、ポワロの台詞を一つ残らず聞いてきた人間が二人いる――運転手のショーンとシーラだ。第一シリーズのときと同じように、私は現場へ向かう車の中でまだショーンを相手に台詞の練習をしていたし、シーラはいつも私が台詞を覚えるのに協力してくれた。謎解きシーンは特にそうで、一緒に台詞の練習をするときなど、彼女はポワロ以外の登場人物をすべて引き受けてくれた。

これは大変な仕事で、ときには朝四時や五時に起き、迎えの車が来るまでの一時間で台詞を覚えることもあった。夜は八時に帰宅し、スープを一杯飲んでから、一時間半ほど再び台詞の練習をした後、一〇時には寝た。翌朝四時か五時に起き、またこのサイクルを繰り返せるようにするためだ。

シリーズには新顔のモーリス・フィリップスが監督を務めた『葬儀を終えて』は、二〇〇五年夏、一部はシェパートン撮影所、一部はハンプシャーのロザフィールド・パークで撮影され、興味深いことに、劇場の舞台裏のシーンもいくつかあった。これによってドラマがさらによくなったのは、そうしたシーンがポワロに芝居のセンスを発揮させ、最後の謎解きで私が俳優としてやろうとしていたことが明確になったからである。

このドラマには、私にとって他にも嬉しいことがあった。まず運転手のショーンが、ポワロの運転手役としてスクリーンにデビューしたことだ。送り迎えは私たちにとって毎朝の日課だったが、ドラマの中のショーンは私の台詞を聞いていなかったし、それに何のコメントもしなかった――いつもなら必ず何かコメントするのに！　また、ジェラルディン・ジェイムズとの再共演も素晴らしかったし、他のキャストも驚くほど協力的で、特にゲスト出演のアンソニー・バレンタインは、イタリア人画家の役で見事な演技を見せてくれた。

このように『葬儀を終えて』の撮影はとても楽しかったが、新シリーズの撮影三作目となる『ひらいたトランプ』［放送順は二作目］ほど、私にとって大きな意味を持つものはなかった。この作品は、ドラマの中のポワロとしての私の人生に最大かつ最も重要な変化の一つをもたらした。それは名女優ゾーイ・ワナメイカー演じる風変わりな推理作家、オリヴァ夫人の登場である。

一九三六年に発表された『ひらいたトランプ』〔加島祥造訳、早川書房、二〇〇三年〕をアガサが最初に書き始めたとき、彼女は四人の犯罪者と四人の捜査陣を一堂に会させ、二つのテーブルでブリッジをさせる――一つは犯罪者のテーブル、もう一つは捜査陣のテーブル――というアイデアを持っていた。そこに九人目の人物として存在するのが、この集まりの主催者だった。彼はどちらのグループのブリッジにも加わらず、四人の犯罪者がゲームをしている部屋で椅子に座っているが、やがて殺人の犠牲者となる。アガサが投げ掛けた問いは単純だった――四人の犯罪者のうちの誰が彼を殺したのか、そして四人の捜査陣のうちの誰がそれを解決するのか。

そんなに簡単なプロット――明らかな容疑者が四人だけ――では読者に受けないかもしれないと懸念したアガサは、この小説の序文でこう説明している。「そこで、この小説における読者の推理は、心理的方向をとることになる。わたしはそこにこそこの作品の興味が存在すると言いたい。なぜなら、すべての状況が提示された後、われわれが殺人者の〈心理〉をたどって犯人を推測するというのは、探偵小説の醍醐味のはずだからだ」〔『ひらいたトランプ』より訳文引用〕。彼女の小説ではしばしばそうであるように、事件を解決へと導くのは登場人物の心理というわけだ。

四人の捜査陣のうちの一人であるアリアドニ・オリヴァ夫人は、スヴェン・ヤルセンというフィンランド人探偵を生み出した推理作家で、彼女がアガサ自身をモデルとしていることは明らかだ。

私に言わせれば、オリヴァ夫人はアガサが最も親しみを感じたキャラクターの一人であり、それは彼女の二番目の夫マックス・マローワンも認めるところで、自身の回想録にもそう記している。

重要なのは、この頃までに約二〇年もポワロ作品を書いてきたアガサが、オリヴァ夫人になぜスヴェン・ヤルセンにうんざりしてきたかについて一連の説明をさせていることで、それはアガサ本人の心境を物語っているようだった。「ただ一つ、あたしの後悔してることがあるの」と、オリヴァ夫人は捜査陣の一人であるバトル警視（ドラマではなぜかウィーラー警視に置き換わっている）に打ち明けている。「それはね、主人公の探偵をフィンランド人にしたことなの。フィンランドのこと、あたし全然知らないでしょ。ところが、フィンランドからよく手紙がきて、その探偵の言動がおかしいだのなんだの言ってくるの」［『ひらいたトランプ』より訳文引用］。アガサ自身がポワロに不満を募らせていたことの表れであることは間違いない。

しかし、アガサは自分の分身の方は気に入っていたに違いない。というのも、アリアドニ・オリヴァはこれ以降のポワロ作品にたびたび登場することになったからで、とりわけ、ドラマの制作チームが将来的に映像化を考えていた作品には頻繁に出てきた。結果として、彼らは継続的に夫人を演じてくれる女優を探すことになり、その候補としてゾーイ・ワナメイカーはどうかと言ってきた。私はその提案に興奮した。なぜならゾーイとは一九七八年にロイヤル・シェイクスピア・カンパニー（RSC）の連続公演で初めて舞台をともにした仲だったからだ。翌年、私たちは劇団の象徴的な演目『ワンス・イン・ア・ライフタイム』でも共演したが、これはモス・ハートとジョージ・S・カウフマンによる一九三〇年の戯曲で、トーキー映画のハリウッドへの影響を描いた風刺喜劇である。（面白いことに、ポワロのこのシリーズの撮影が終わった直後、私はロンドンのナショナル・シアターでの新たな舞台『ワンス・イン・ア・ライフタイム』で、再びあの映画界の大物の役を演じることになった）。

ハートとカウフマンによるこの喜劇は、舞台俳優としてのキャリアをスタートさせたばかりの私にとって最も幸せな思い出の一つであり、ゾーイとはとても親しくなった。私が知っている女優の中でも、彼女は特に妹のような存在だ。私たちの演技は本能的に結びついているようで、彼女が残りの全ポワロ作品でオリヴァ夫人を演じる契約を承諾してくれたときは嬉しかった。再会が素晴らしいものになると思ったし、二人が共演するといつでも火花が散るとわかっていたからだ。

ゾーイとまた一緒に仕事ができるのは最高だったが、ドラマが新しい制作チームに引き継がれて以来、私の頭から離れなくなっていた大きな問題が一つあった。それはポワロに住まいがないということだった。当時のポワロはいつもどこかよそにいて、決して家にいなかったため、結果として、他の多くの探偵がそうであるように、家庭的要素が失われてしまっていた。以前のホワイトヘイブン・マンションの部屋のセットはすでに取り壊されていたので、私にはポワロがますます根無し草のように感じられた――もはやヘイスティングスもジャップ警部もミス・レモンもいなかっただけになおさらだった。

ポワロにもう一度住まいを持たせたいと思った私は、それを話し合うためにミシェル・バックとダミアン・ティマーにミーティングを求めた。幸い、二人とも私の考えに同意してくれて、プロダクション・デザイナーのジェフ・テスラーに制作を依頼することになった――そのセットは最終シリーズの『ビッグ・フォー』まで使われた。部屋が完成すると、私はジェフからある朝早くにそれを見に来てほしいと言われた。実際、彼はひどく緊張していた。というのも、ポワロに関しては私がいかに細かいかを知っていたからだ。

ジェフと新しい部屋を見るためにスタジオへ入る前、私は一呼吸置いて役に入り込んだ。その部屋をポワロの目で見られるようにするためだ。そうしておいて正解だった。なぜならセットに足を踏み入れた瞬間、私は涙が出そうになったからだ。部屋はポワロにぴったりのものだった。彼が手入れをする盆栽からマントルピースの置き時計、オレンジ色の布張りがなされたアール・デコ様式の直線的なソファー・セット、そしてクロームのサイド・テーブルまで、どこを取っても完璧だった。その部屋にはまさしくポワロが望んだはずの正確さと対称性があった。こうして彼は再び自分の住まいを持ったのだった。

部屋には私自身の時計も置かれていた。大の時計好きで、時計のコレクターでもある私は、制作チームが変わってまもない頃、お気に入りの時計店で見事なアール・デコの時計を見つけた。大理石の土台に二組の支柱が立ち、その間に菱形の文字盤があって、てっぺんにクローム製の犬が乗っている。私はポワロにこれとそっくりの時計――てっぺんにいるのはキツネだが――が出てきて、彼がよくそれを撫でてはハンカチで指紋を拭き取るのを知っていた。私はその場でその時計を購入し、制作チームに寄贈した。時計はポワロの新しい部屋のマントルピースに置かれることになった。

今、あの見事なアール・デコの時計は私のフラットに置いてあるが、ポワロの住まいとの共通点はこれだけではない。私は気圧計も大好きで、ポワロの新しい部屋にもぜひ一つ置くべきだと主張した——私の自宅にいくつか置いてあるように。ジェフが新しい部屋に置いた盆栽も、今は私の家にあり、ポワロがこの盆栽の手入れに使った小さな園芸道具のセットも私が持っている。こうしたことからもわかるように、どういうわけか、私はポワロといくつかこだわりを共有している。

私がポワロに再び与えてやりたかったもう一つの家庭的要素が、男性の使用人だった。もはやポワロの世話をしてくれるミス・レモンのような女性はいなかったが、最終話の『満潮に乗って』には、ポワロのあらゆる要求に応えてくれるジョージという執事が登場する。

私はこの役に打ってつけの俳優を知っていた。撮影が始まる直前、私はロンドンのダッチェス・シアターで、テレンス・ラティガンによる一九六三年の戯曲『マン・アンド・ボーイ Man and Boy』のリバイバルに出演し、好評を得た。その舞台の主演俳優の一人に、私の右腕スベンの役を演じたデビッド・イェランドがいた。彼は私とほぼ同じ年なのだが、私よりもずっと若く見えるうえ、娘のハンナはすでにポワロ・シリーズの『エッジウェア卿の死』で出演を果たしていた。デビッドは、映画『炎のランナー』でのちに国王エドワード八世となる皇太子を演じて有名になったが、私は彼ほどジョージの役をうまく演じられる人物を他に思いつかなかった。ゾーイと同じく、彼もジョージが登場する残りの全ポワロ作品でこの役を演じる契約を結ぶことになった。

『ひらいたトランプ』では、監督はこれまた新顔のセアラ・ハーディング、脚本は『ホロー荘の殺人』を手掛けたニック・ディアが担当し、テレビ・シリーズ『刑事フォイル』のハニーサックル・ウィークスのほか、私が故ジョン・ギールグッドに匹敵する名優になれると信じているアレックス・ジェニングズもキャストに迎えられた。しかし、他のほぼすべてが霞んで見えてしまうほど重要だったのは、私とゾーイ、ポワロとアリアドニの関係だった。二人はタイトルが現れる前の画面から一緒にいるが、一度も後ろを振り返っていない。

『ひらいたトランプ』は、アガサの最も独創的な犯罪小説の一つであり、それはドラマの脚本にも反映され、特に最後の謎解きシーンには見事な仕掛けがなされている――たとえ彼女が原作の序文で述べているように、犯人はたった四人の容疑者のうちの一人だとしても。

視聴者にポワロの人間性への理解を深めてもらおうとする試みは、この第一〇シリーズの四作目となる最終話でさらに進展した。一九四八年に英米両国で発表された『満潮に乗って』〔恩地三保子訳、早川書房、二〇〇四年〕は、ヨーロッパでの勝利の喜びに緊縮財政が暗い影を落としていた戦後のイギリスが舞台だったが、ドラマでは一九三〇年代が舞台とされた。とは言え、やはり第二次大戦後の困難な時代を描いた原作が反映されている。作品には悲哀が感じられ、タイトルはシェイクスピアの『ジュリアス・シーザー』の一節で、第四幕のブルータスの台詞から取られている――「およそ人の行ないには潮時というものがある、うまく満潮に乗りさえすれば運はひらける」

［『満潮に乗って』より訳文引用］

原作とドラマ版では、ポワロの心理的特性がより一層明らかにされ、彼の道徳的信念、とりわけ、カトリックの信仰が描かれ、脚本家のガイ・アンドリュースもそれを台詞に盛り込んだ。私は以前からポワロの宗教的信念がきわめて強いことを知っており、実際、このことは何年も前に彼の特徴リストに書き記していた。彼は毎晩、ホット・チョコレートを飲んでベッドに入る前に、ロザリオを手に祈禱書と聖書を読んでいた。

私にとって、ポワロをポワロたらしめている本質的な部分は、自分は世界から悪を取り除くために神からこの世へ遣わされたのだという信念にあった。それは彼の行動すべての根底にある存在理由だった。ドラマが回を重ねるにつれて、それが真実だという私の確信も強まっていった。確信は『オリエント急行の殺人』で頂点に達することとなり、そこでポワロは激しい道徳的ジレンマに直面する。ただ、『満潮に乗って』においてもそれは明白で、堕胎の問題と向き合うポワロが、ロザリオを手に祈っている姿が見られる。それはこのドラマで最も印象的なシーンの一つだ。

制作はシェパートン撮影所を拠点とし、監督はアンディ・ウィルソンが務めた一方、ジェニー・アガターやセリア・イムリー、ニコラス・ル・プレボストなど、今回もキャストは優れた顔ぶれだった。また、エドワード・ウッドワードの息子のティム・ウッドワードのほか、何と言っても、ホワイトヘイブン・マンションの部屋を取り仕切る執事のジョージ役としてデビッド・イェランドが出演していた。物語のテーマは、またもやイギリスの田舎の邸宅を舞台とした遺言をめぐる争いである。

実際、原作にあるウォームズリイ・ヒースの邸宅は、サニングデール・ゴルフ場の近くにあったアーチボルドとアガサの家をモデルにしたものだが、ここは彼女にとってあまり幸せな思い出のある家ではなかったせいか、作品には暗さが感じられる。ただ、この小説を読んだ作家のエリザベス・ボウエンは、こう言ってアガサを称賛した。「ほのぼのしたものと不気味なものとを混ぜ合わせることにかけての彼女の才能が、これほど明確に表れた作品はめったにない」。その才能は私たちのドラマにも確かに反映されていた。

撮影中、私はドラマのＤＶＤの発売に合わせた企画で、よくある「舞台裏」を描いたドキュメンタリーに協力することになった。それはとても楽しい仕事で、私は二〇〇五年がポワロに関して「最も幸せな年」だったとインタビュアーに語った。実際、その通りだった。この小男と私は、類まれな同志としての深い絆で結ばれていた。

第16章 一体どうしてまたこんな忌々しい、もったいぶった、厄介な小男を生み出してしまったんだろう

二〇〇五年秋、ポワロの第一〇シリーズの最終話『満潮に乗って』の撮影が終わるとすぐ、私はロンドンのナショナル・シアターで、モス・ハートとジョージ・S・カウフマンによる一九三〇年の喜劇『ワンス・イン・ア・ライフタイム』の稽古に入った。しかも二六年前にロイヤル・シェイクスピア・カンパニーでやったときと同じく、あの奇怪できわめて滑稽な映画界の大物、ハーマン・グロガウアーの役だ。どう考えてもポワロにはほど遠く、私は太い葉巻を振りかざし、これ以上ないほど派手で悪趣味なスーツを着て、舞台を闊歩していたのだが、これが非常に楽しかった。

実際、翌年の二〇〇六年は私にとって興味深い年となった。ナショナル・シアターでの舞台が終わると、今度はＩＴＶのテレビ映画『ザ・フラッド The Flood』に出演した。これはロンドンが壊滅の危機にさらされるというテムズ川の巨大な風津波を描いた作品で、共演者にはロバート・カーライルやトム・コートネイがいた。南アフリカで撮影され、特殊効果がたっぷり使われ

たこの映画で、私は国を留守にしていた首相に代わって対応を迫られる副首相を演じた——性格俳優ならではの人生の一幕だ。

さらにその後、私は非常に感動的なプロジェクトに参加することになった。それは絶滅の危機に直面した動物たちを追うドキュメンタリーの制作で、どの動物を担当したいかと訊かれた私は、返事に一瞬も迷わなかった——ジャイアント・パンダの危機的状況について伝えたかったからだ。動物を愛する私にとって、ジャイアント・パンダは常に特別な存在で、彼らがいつ絶滅してもおかしくないことを私はずっと心配してきた。かつて中国の皇帝はパンダに強い魔力があると考え、皇族や廷臣たちを悪霊から守るため、宮廷でパンダを飼っていたという。

だが残念ながら、そんな時代は終わった。ジャイアント・パンダは今、狩猟の対象にされ、生存を脅かされている。あの白黒模様はハンターに対して全くカムフラージュにならない——緑色の竹を背景にするとひどく目立つ——ばかりか、中国の人口や経済が急速に拡大するなか、パンダの生息地である森林も激減している。しかも、パンダは一日に一六時間も眠り、繁殖にもひどく困難を伴うため、彼らはこちらが耐えられないほど悲しそうな目をしている。ドキュメンタリーの制作を手掛けるITVの提案で、私はジャイアント・パンダのことをもっとよく知るため、一週間、中国南西部にある臥龍(ウーロン)研究センターを訪れることになった。

現地に着いて驚いた。私が初めて中国でジャイアント・パンダを見たとき、パンダはじっと動かなかったため、模型を見ているのかと思ったが、急に動いたのでびっくりした。しかし、ゆっくりと歩くパンダはいかにも傷つきやすい感じで、あの白黒のおどけた顔――きっと神様の手の込んだいたずらに違いない――がこちらを向いたとき、私の心はとろけそうになった。世界にはもうごく少数のジャイアント・パンダしかいないが、彼らの絶滅を阻止するのに遅すぎるということはない。

それがこのドキュメンタリーで私が伝えたいメッセージだった。一方、滞在中に私が同じく実感したのは、たとえ中国にいても、私はポワロから逃れられないということだった。あるとき、ドキュメンタリーの撮影をしていると、日本人観光客のグループがパンダの見学にやって来た。すると突然、どうしてわかったのか知らないが、グループの一人が私に気づいて大声を上げた――「エルキュール・ポワロだ！」。パンダはそっちのけにされ、私は嬉しそうな笑顔の日本人観光客に囲まれた。彼らは盛んにサインを求めたり、私と一緒に写真を撮りたがったりした。それはとても光栄なことだったが、私には自分よりパンダの方がずっと大事で――興味深くも――あったため、少々戸惑った。とは言え、私はポワロが世界中のあらゆる人々から並々ならぬ愛情を受けていることを改めて思い知った。

中国から帰っても、ポワロに新シリーズの気配はなかったが、私はそれまで演じたテレビドラマのキャラクターで最も興味深いものとなりそうな役を依頼された――何かと問題の多いイギリスのメディア王、ロバート・マクスウェルである。デイリー・ミラー紙のオーナーで、国会議員でもあった彼は、六八歳だった一九九一年一一月五日、カナリア諸島沖のヨットから不審な状況で姿を消し、後日、大西洋上で水死体となって発見された。犯罪を示す証拠がなかったため、自殺とされたが、暗殺の噂も飛び交っていた。葬儀はイスラエルで国葬同然に執り行なわれた。ＢＢＣはそんな彼の生涯最後の数か月を描いたドキュメンタリー・ドラマを作ろうとしていた。

言うまでもなく、この「キャプテン・ボブ」ことロバート・マクスウェルは、私がアンソニー・トロロープの『ザ・ウェイ・ウィー・リブ・ナウ』でオーガスタス・メルモットを演じる際に役作りの参考にした人物だが、今回、そのマクスウェル本人を演じてほしいと依頼されたわけだ。クレッグ・ワーナーが脚本を手掛けた本作は、『マクスウェル　Maxwell』というシンプルなタイトルで、彼の妄想症とも言うべき巧妙かつ類まれな魅力を伝える絶好の機会となった。私はこの悪徳実業家、ロバート・マクスウェルの真の姿を演じられるチャンスに喜んだ。

しかし、一つ問題があった。身長約一九〇センチ、体重約一四〇キロという堂々たる体格のマクスウェルほど、私は背も高くなければ、恰幅もよくないということだ。だからと言って、体を大きく見せるためにパッドをつけたり、靴を上げ底にしたりはしたくなかった。ただ、彼の声だけは自分のものにしたかった。私にとって、声は彼の体ではなく、その人間性に入り込むための入り口だった。なぜなら彼の声は体の奥底から発せられていたからだ。それは彼の強さや落ち着き、そして信じられないほどの自信の表れだった――九歳になるまで自分の靴さえ持っていなかった男にしては大したものだ。また幸運にも、私はメルモットを演じたときにマクスウェルの妻ベティーに会ったことがあり、彼女が相当の威厳と品位を持って夫の不品行に対処してきた姿に何よりも深い尊敬の念を抱いた。マクスウェルをパロディーとしてではなく、複雑な人間性の持ち主として表現したい理由はそこにもあった。

完成した作品は批評家たちに好評だったようだ。インディペンデント紙は、「実際のマクスウェルの致命的な専制ぶりが見事に演じられていた」とした一方、タイムズ紙は、「マクスウェルは体重も身長もスーシェの二倍はあったということに最初は少々違和感を覚えたが、スーシェの声は不思議とマクスウェル本人のものに近く、胴回りが足りない分は声でカバーされていた」と評した。

この『マクスウェル』の撮影直後、今度は『バンク・ジョブ』というイギリスの犯罪映画に出演した。これは一九七一年九月に起こった実際の銀行強盗事件をもとにした作品で、強盗団はロンドンのベイカー・ストリートにある銀行の金庫室へと通じるトンネルを掘り、いくつもの貸金庫から何百万ポンドにも相当する宝石や現金を奪って逃げた。強盗団が一度も捕まらなかったことから、映画はその金庫に警官の汚職や王女の性的スキャンダルの証拠が入っていたからではないかという筋書で展開された。脚本は、ロニー・バーカー主演のBBCの傑作コメディー『ポリッジ Porridge』を手掛けたディック・クレメントとイアン・ラ・フレネ、監督はオーストラリア出身のロジャー・ドナルドソンで、作品は終始一貫した泥棒映画（ケイパー・ムービー）だった。私が演じたのは、ルー・ヴォーゲルというけちなポルノの帝王で、ディックとイアンの脚本による凄まじい交渉シーンもあった。何が影響したのか、映画は二〇〇八年二月に公開されるや、イギリスで興行収入第一位に輝いた。

映画の撮影が終わっても、『マクスウェル』が二〇〇七年五月四日にＢＢＣ２で放送されても、依然としてポワロに新作の気配はなかったため、私は再び舞台へ戻り、サセックスのチチェスター・フェスティバル劇場での新しい芝居に向けた稽古に入った。アメリカの弁護士、ロジャー・クレインが書いた『ザ・ラスト・コンフェッション The Last Confession』は、一九七八年に教皇に選出されたヨハネ・パウロ一世の死をめぐるサスペンスである。私が演じたジョバンニ・ベネリ枢機卿は、陰の実力者として、ベネチアの枢機卿アルビーノ・ルチアーニをヨハネ・パウロ一世として教皇に選出しようと画策するが、教皇は選出からわずか三三日後に死亡する。在位が短命に終わったことで、ベネリは神への信仰を失いそうになり、教皇の死をめぐっては暗殺説が噂される。

バチカン政治をきわめて謀略的に描いたこの舞台は、公演ツアーでプリマス、バース、マルバーン、ミルトン・キーンズなど、イギリス各地を回った後、ロンドンのシアター・ロイヤルで二〇〇七年六月二八日から九月一五日まで限定公演が行なわれた。デビッド・ジョーンズの演出によるこの舞台は国中の演劇批評家のほとんどに支持されたようで、タイムズ紙は私が抱いていた役のイメージをずばりと言い当てた。「スーシェのベネリは物柔らかだがどこか陰気な人物で」、「高まる信仰の危機と、ルチアーニの死に意図せず荷担したことへの罪悪感に心を引き裂かれる」。一方、デイリー・テレグラフ紙は、私がロバート・マクスウェルに続いて、「またしても権力者の役を感動的に演じて」見せたとした。

二〇〇八年一一月、私は幸運にも、ニューヨーク国際テレビ芸術科学アカデミーの第三六回授賞式で、マクスウェルの演技により国際エミー賞の最優秀男優賞を受賞した。

そして『ザ・ラスト・コンフェッション』の公演中、ＩＴＶがついにポワロの新作四編の制作を決定した。最終話はアガサの「外国」物の傑作で、シリアの遺跡発掘現場を舞台とした『死との約束』だった。そのため二〇〇七年の初秋、ショーンと私は再びポワロの撮影現場へ向かうことになったが、もはやピナーの家からではなかった。二〇〇六年三月、シーラと私は約二〇年にわたる郊外での暮らしからロンドンへ戻ることを決め、テムズ川沿いのフラットへ引っ越した。子供たちも成長し、二人が幼かった頃に満喫したような広さや静けさは必要なくなったからだ。それに、私たちはまた劇場へも行きたかったので、ロンドンにいる方がずっと便利だったのだ。

ポワロの第一一シリーズの一作目は『マギンティ夫人は死んだ』で、原作〔『マギンティ夫人は死んだ』（田村隆一訳、早川書房、二〇〇三年）原題 *Mrs McGinty's Dead*〕は、『ブラッド・ウィル・テル *Blood Will Tell*』というタイトルで最初にアメリカで出版された。この小説が書かれた一九五二年は、現在も記録的なロングランを続ける舞台劇『ねずみとり』がロンドンのウエスト・エンドで初めて披露された年だった。実際、アガサはこの『マギンティ夫人は死んだ』を、「あなたのご親切を感謝して」として、『ねずみとり』のプロデューサーだったピーター・サンダーズに捧げている〔『マギンティ夫人は死んだ』より訳文引用〕。もとは戦後のイギリスを舞台に、当時の中流階級の困窮が描かれた本作には、『ひらいたトランプ』で初登場を果たし、アガサの分身とも言える推理作家のアリアドニ・オリヴァが再び登場する。

この頃までに、オリヴァ夫人は自身のフィンランド人探偵スヴェン・ヤルセンにうんざりしているのだが、それはアガサ自身が内心、エルキュール・ポワロにうんざりしてきたことの表れである。小説で、彼女は夫人にこんなことまで言わせている。「スベン・ヤルセンが好きですって？ とんでもない、こんなやせっぽちのベジタリアンのフィンランド人に、実際に会ったら、わたしがいままで書いて来たどんな殺人方法より、ずっとましな方法でかたづけてやるから」〔『マギンティ夫人は死んだ』より訳文引用〕。アガサもポワロに対して同じように感じた瞬間があったに違いない。

実際、一九三八年のデイリー・メール紙で『死との約束』〔高橋豊訳、早川書房、二〇〇四年〕の連載が始まる際、彼女はその前置きとしてはっきりこう述べている。「『一体どうしてまたこんな忌々しい、もったいぶった、厄介な小男を生み出してしまったんだろう』と感じる瞬間が何度もある。絶えず物をまっすぐに直し、絶えず自慢し、絶えず口髭をひねり、卵型の頭を傾けているなんて。私はイライラすると、あなたなんてほんの数行で葬ることもできるのよと言ってやる。すると彼は仰々しくこう答える。『そんなふうにポワロを片づけることは不可能です！　実に利口な男ですから』」

アガサは――自分でもそう言っているように――「彼に経済的な恩義を受けている」ことを嫌というほどわかっていたが、それでもわずか数年後、彼女はポワロの最期を描いた小説『カーテン』

を執筆した。伝えられるところによれば、版元のコリンズはこの小説の存在を知ったもののポワロを死なせることに反対したため、アガサはその後も三〇年間、ポワロ作品を書き続けた。実際、ポワロの死の物語が発表されたのは、彼女自身が亡くなる直前の一九七五年だった。

アガサが当時、ポワロを持て余していたことを考えると、一九六四年に『マギンティ夫人は死んだ』が映画化されたとき、メトロ・ゴールドウィン・メイヤー社がこれを『ミス・マープル／最も卑劣な殺人』と改題し、エルキュール・ポワロが完全に排除され、代わりにマーガレット・ラザフォード演じるミス・マープルに置き換えられたことは暗示的とも言える。

本作では、オリヴァ夫人役のゾーイ・ワナメイカーが復帰し、監督をアシュリー・ピアス、脚本を『ホロー荘の殺人』も手掛けたニック・ディアが担当して、撮影当初は昔のポワロ・ファミリーに戻ったかのようだった。メイク係の女性たちから音響係の男性たち、アシスタントや衣装係の女性陣まで、私はスタッフの多くをよく知っていた。しかし、そんな家庭的な雰囲気のせいで、過去二シリーズでやってきたような、ポワロの人間性をさらに掘り下げた演技が妨げられることのないように注意した。当時、あるインタビュアーに語ったように、「私はポワロに意外と残酷な面があることを知り、それは『マギンティ夫人は死んだ』のラストに表れている」

ブロードヒニーという架空の村で年配の掃除婦が殺されるというこの陰惨な物語では、被害者の下宿人が逮捕されて有罪となり、死刑を宣告されるが、ポワロはこの男の無実を証明するために時間との闘いを迫られる。劇中には、真実が暴かれるのを阻止しようとする何者かによってポワロが線路へ突き落とされ、殺されそうになるという珍しいシーンもある。この襲撃にポワロは激しく反応し、物腰はいつも通りながら、大いに興奮する。

シアン・フィリップスやポール・リースといった素晴らしいキャストを迎えた『マギンティ夫人は死んだ』では、私がそれまであまり気づいていなかったことも明らかになった。スタッフのみならず共演者の多くが、ポワロの解釈を求めて私のところへやって来るようになったのだ。彼らは私の演じ方に関心を持っていたが、それは舞台俳優としての私の知名度とも関係があったと思う。一九九四年の『オレアナ』以来、私は徐々に注目され始め、先のポワロ・シリーズ以降、その地位は確固たるものになっていた。

同じ二〇〇七年の秋に撮影された本シリーズの二作目は、その後のポワロ作品の中でも「屈指」とされる小説を原作としていた。イギリスでは一九五九年、アメリカではその翌年に発表された『鳩のなかの猫』〔橋本福夫訳、早川書房、二〇〇四年〕は、「英国一の名門女子校」が舞台で、ポワロは新学期の授与式に賞のプレゼンターとして招かれる。作中でメドウバンクと呼ばれている学園は、アガサの娘ロザリンドが少女の頃に通っていたイースト・サセックス州ベクスヒルのカレドニアがモデルだったと言われている。

原作では一九五〇年代が舞台だったが、俳優で作家でもある脚本家のマーク・ゲイティス——コメディー・グループ「リーグ・オブ・ジェントルマン 奇人同盟！」のメンバーで、BBCの『ドクター・フー』の脚本も手掛けている——は、それを一九三〇年代に遡らせた。私たちのドラマではこうしたことが慣例となっていた。ブライアン・イーストマンがプロデューサーだったごく初期の頃から、このドラマでは視聴者に一定の時代感覚を与えるため、物語の舞台はいつも一九三〇年代半ばに設定されることになっていた。

ドラマのタイトルで、アガサの原作に「based on（基づいた）」と表示されるのは、そのためでもあった。そうすることで、場合によっては登場人物を変更したり、ときには――稀ではあるが――容疑者の動機を変更したりすることもできた。『鳩のなかの猫』の場合、原作では物語の半ば過ぎに出てくるポワロを、ドラマではほぼ最初から登場させた。

監督はジェームズ・ケントで、キャストも校長のオノリア・バルストロードを演じたハリエット・ウォルターをはじめ、優れた俳優が揃ったこの作品は、ポワロ・シリーズがイギリスの映像業界で獲得したステイタスを改めて実感させた。どの俳優もこのシリーズに大変な敬意を抱いているようで、それはドラマを引き継いだミシェル・バックとダミアン・ティマーが私に示したビジョンをより説得力のあるものにした――「私たちは映画を作りたい」。彼らはまさにそれを実現させたのだ。

『鳩のなかの猫』は少々むごたらしい物語で、事実、ある女性教師が槍で刺し殺される。しかし、私が撮影のときからずっと感じていたのは、劇中で男はほとんど自分だけということだった。主要な捜査官として、アントン・レッサーがケルシー警部役で出てくるのは確かだが、それ以外のキャストはほぼ全員女性だった。そのため、事件の総括シーンでは、私がほとんど唯一の男性として、女性ばかりがひしめく部屋で話すことになった。それはかなり奇妙な体験で、かつて遭遇したことのない状況だった。ただ、プロット自体はアガサにお馴染みの領域のもので、革命によって地位を追われたアラブの王子と盗まれた宝石、誘拐に見せかけた逃亡、そしてなりすまし――「鳩のなかの猫」のように――など、学園では何もかもが見た目とは異なり、誰もが秘密を抱えていた。

二〇〇七年一一月から翌年の春までは撮影に間があったが、その年はずっと多忙だったため、私としてはむしろありがたかった。『第三の女』の制作のため、ポワロの撮影が再開されたのは翌年の四月で、原作〔『第三の女』（小尾芙佐訳、早川書房、二〇〇四年）〕は一九六六年に発表された晩年の一作だった。アガサはこの小説で「スウィンギング・シクスティーズ（活気に満ちた六〇年代）」を生きる「現代の若者たち」を描こうとしたのだが、例によって、ドラマでは脚本家のピーター・フラナリーが時代設定を一九三〇年代に遡らせた。とは言え、その複雑な筋書きで視聴者を虜にする魅力は全く失われなかった。

ドラマでは、あの飽くなきアリアドニ・オリヴァが再び登場するのだが、アガサはいつも彼女に推理作家という「職業」に対する自身の見解を反映させていた。原作で、アガサはこの架空の分身に出版社への不満さえ言わせている――「あたしの書いたものの良し悪しがあなたにわかるもんですか」〔『第三の女』より訳文引用〕。とは言え、どちらの女性も執筆をやめようなどとは一瞬も考えなかっただろう。

ダン・リードが監督を務めたこのドラマでは、BBCの有名な連続ホーム・コメディー『トゥ・ザ・マナー・ボーン To the Manor Born』で主役を演じたピーター・ボウルズをはじめ、ジェームズ・ウィルビーやヘイドン・グウィンがキャストに名を連ね、こうした有能な俳優たちを惹きつけるポワロ・シリーズの影響力が改めて証明された。なかでもヒロインのノーマ・レスタリックを演じた若手女優のジェミマ・ルーパーは、特に目を引いた。ホワイトヘイブン・マンションの部屋を訪れたノーマは、「人を殺したかもしれない」と執事のジョージに告げ、それがポワロ自身にも告げられる。嬉しいことに、彼女とは二年後、アーサー・ミラーの戯曲『みんな我が子』のウエスト・エンドの舞台で共演することになった。

しかし、この新シリーズ四編の目玉は、最後に撮影された『死との約束』だった。原作〔『死との約束』(高橋豊訳、早川書房、二〇〇四年)〕はアガサのポワロ物の中でも屈指の人気作で、しかも私が大いに喜んだことに、撮影は海外で行なわれることになっていた。海外ロケはいつも楽しみだった。ポワロにとっては少なからず苦痛であることはよくわかっていたが、私には解放感をもたらしてくれた。ポワロはいつも暑さが苦手で、スーツに埃がつくのを嫌い、テントで寝泊まりすることを決して喜ばなかった。アガサの小説の中では、中東をはじめ、何度も外国へ旅していたはずだが、やはりイギリスにいるときのようには寛げなかったようだ。

一九三八年に発表された原作では、ヨルダンのペトラが舞台とされたが、中東の政情不安のため、実際にドラマの遺跡発掘現場として撮影されたのは、モロッコにある一八世紀のフランスの要塞跡の近くで、港湾都市アル・ジャディーダから車で約一時間、カサブランカから二時間のところにある砂だらけの地方だった。この作品もまた、アガサが夫のマックス・マローワンに同行した調査旅行に着想を得たものだった。今回、ドラマでは新たに登場人物が加えられたが、なかでも異彩を放っているのが考古学者のボイントン卿である。洗礼者ヨハネの首を探す彼は、それがこの地のどこかにあると確信し、何年も発掘を続けている。そしてみずからの偉大な勝利となる大発見の証人として、カトリック教徒のポワロを招いた。

脚本はガイ・アンドリュース、監督は前年に『マギンティ夫人は死んだ』を手掛けたアシュリー・ピアスで、キャストもまたもや超一流だった。常に情熱的なボイントン卿をティム・カリー、その夫人をシェリル・キャンベル、精神科医をジョン・ハナーが演じたほか、本シリーズの『鳩のなかの猫』で脚本を担当したマーク・ゲイティスがボイントン卿の息子を演じ、アメリカの美人女優エリザベス・マクガバンがセリア・ウェストホルム卿夫人を演じた。アガサの原作によれば、ウェストホルム卿夫人は「非常な尊敬を受け、同時にほとんどの人から嫌われ」てもいたようで［『死との約束』より訳文引用］、しばしばイギリス初の女性国会議員となったレディー・アスターがモデルと言われる。

撮影は実に楽しいものだった。シーラが一緒に来ていたし、五月の砂漠の暑さにもかかわらず、共演者の多くがそれぞれ愉快に過ごしているようだった。私と同じくらい熱心なアマチュア写真家であるジョン・ハナーは、私のライカを最新のデジタル・カメラに持ち替えさせようとしたが、彼の説得は失敗に終わり、私は今もライカを愛用している。ティム・カリーも現場を楽しんでいるようだったし、同じく共演者だったポール・フリーマンとは感動の再会を果たした。一九六九年に若手俳優としてチェスターのゲートウェイ・シアターにやって来た私は、ポールがT・S・エリオットの舞台『寺院の殺人』でベケットを演じたとき、キャストの一人だった。彼と再び一緒に仕事ができてとても嬉しかった。

このドラマでも、脚本のガイ・アンドリュースはポワロの内面をより深く掘り下げ、信仰に忠実な彼の姿を強調した。あるシーンで、ポワロはロザリオを手に聖書を読み、「悪魔のような人」と呼ばれた登場人物の一人に対して、自身の厳格な道徳的指針を確かめる。こうした本質的要素は、ポワロの演技においてますます中心的なものとなっていて、過去三シリーズを通して発展してきていた。つまり、当時の私は二〇年前よりもずっとシリアスにポワロを演じていたということだ。彼にはまだユーモラスなところもあったが、信仰や信念の意識はさらに深まっていた。

しかし、撮影中、もしかしたらこれが最後のポワロになるかもしれないという感じもあった。どこからそんな噂が出たのか知らないが、私は急に人からこれが最後なのかと訊かれるようになり、そのたびに知らないと言い続けた。このドラマでは登場人物が多く、砂漠のシーンでのエキストラも膨大で、撮影にかなりの金がかかっていることはよくわかっていた。それにITVの内部には、ポワロ・シリーズにあまりにもコストがかかりすぎていて、はるかに安上がりな「リアリティー」番組の世界では許されないほどだといった批判があることもわかっていた。明らかに、ポワロの先行きには大きな疑問符がついているようで、それはドラマのエンディングにも表れていた。

『死との約束』のラストシーンで、ポワロは愛らしいゾーイ・ボイル演じる孤児の少女ジニーに十字架を手渡し、「全知全能の神」の御手を信じるならば、「癒やすことのできない傷はありません」と語りかける。そうしてポワロはホテルの出口へと中庭を進み、そのままシルエットとなる。ジニーが手のひらの十字架を見つめ、ふと見上げた次の瞬間、ポワロは姿を消していた。

あのとき、これがポワロの最後のシーンになるかもしれないと思った人間は、キャストの中にも、スタッフの中にもたくさんいた。白状すると、私もそう思った。

第17章 あの嫌らしいヘアネットや口髭ネットはつけないでしょうね？

最新シリーズの第一話『マギンティ夫人は死んだ』が二〇〇八年九月一四日にＩＴＶで放送された一方で、私はまだ心のどこかでポワロが永遠に姿を消してしまったと感じていた。何と言っても、私はもう六二歳になっていた。一九八八年の夏、トゥウィッケナム撮影所でポワロ・シリーズを始めてから二〇年、これが五八作目だった。もう十分ではないか……。

振り返ってみると、不安もあったが、信じられないほど素晴らしい年月だった。英米両国の視聴者がポワロ・シリーズをいまだに楽しんでいるのは間違いなかった。私の演じるベルギー人の小男にすっかり親しんでいた彼らは、再びこの小男に会えて喜んでいるようだ。しかも、それは英米両国だけに留まらない。年を追うごとに他の多くの国々でもポワロ・ファンが増えていき、シリーズはヨーロッパをはじめ、ロシア、インド、日本、中国、オーストラリア、ニュージーランド、さらにはブラジル、アルゼンチン、そして南アフリカでも放送されていた。

シリーズがこれほど成功したのには、ポワロと私が視聴者にずっと愛されてきたということもあった。『マギンティ夫人は死んだ』が放送されたとき、イギリスのある新聞がレビューで述べたように、「ポワロが素晴らしいのは、常に期待を裏切ることなく、満足感を与えてくれるところだ――名だたる共演者、作り込まれた世界観、そしてもちろん、あの灰色の脳細胞の持ち主になりきったスーシェの独特の演技」

ただ、誰もがこれほど絶賛してくれたわけではない。ある批評家は本作をこう評した――レンズに「ワセリンを塗ったような光」と「馬鹿げた訛り」で、「古めかしさを演出し、ワイン片手にソファに座り、何も考えずに見られるおめでたいドラマ」

『マギンティ夫人は死んだ』が放送されたとき、私があるインタビューで語ったように、確かにポワロにはちょっと厄介なところもある。だが、それでも私は彼が大好きだった。「過ちを許さない厳格な人生観や細部にまでこだわる態度に苛立つこともあるけれど、仕方がない、それが彼なんだ！」と私は説明した。

一方で、残りのエピソードをすべて撮影し、ポワロ作品全編を完遂したいという私の強い思いは変わらなかった。それは私の最大の願いだったが、ＩＴＶの誰もが賛同してくれたわけではない。私たちはアガサのポワロ作品のうち、すでに六一編をドラマ化していたが、彼の最後のエピソードを含めて、まだ九編が残っていた。この九編の撮影を果たせれば、ポワロ作品全編を映像化したことになる。私にはそれ以上望むことはなかった。それさえ果たせれば、ポワロにきちんと別れを告げることができると思ったからだ。

翌週の日曜日に『鳩のなかの猫』が放送され、さらにその翌週の日曜日に『第三の女』が放送されると、批評家たちは褒めない代わりに酷評もせず、その一方で視聴率は再び上昇していった。ゾーイ・ワナメイカーやハリエット・ウォルター、ジェミマ・ルーパーがこれら三作品に彩りを添えたほか、デビッド・イェランド演じる執事のジョージが、ホワイトヘイブン・マンションの新しい部屋でポワロにクレーム・ド・マント〔ミント風味のリキュール〕を差し出すシーンも見物だった。

しかし、この第一一シリーズの四作目『死との約束』がようやく放送されたのは、それから一年三か月も後のことだった。この作品に自信があったITVは、満を持して二〇〇九年のクリスマスに放送しようとしたのだろうが、彼らがここまで放送を遅らせたことには何か隠れたメッセージがあるようにも思えた——これがポワロの最後の挨拶になるということなのだろうか。

私には彼らの意図が全くわからなかったが、それを心配しながら家で悶々としているわけにもいかなかった。二〇〇八年のクリスマスの直前、私はアメリカの俳優で、六年前からロンドンのオールド・ビック劇場の芸術監督を務めていたケヴィン・スペイシーから、思いがけない電話をもらった。彼は私にある頼み事をした——ピューリッツァー賞候補にもなった作家のジョー・サットンによる新作舞台『コンプリシット Complicit』に、アメリカ人弁護士のロジャー・コーワン役として土壇場で参加してくれないかという。これは報道倫理の問題を探究した作品で、ジャーナリストは当局に協力し、テロの容疑者への拷問を見過ごす用意があるのかというテーマが描かれていた。

ケヴィン・スペイシーがみずから演出を務めるその舞台は、長期公演ではなく、二〇〇九年一月末から二月末までの約五週間の公演になるようだった。キャストは他に二人だけで、一人は『死との約束』で共演したエリザベス・マクガバン、もう一人はハリウッドの伝説的俳優で、『JAWS／ジョーズ』や『未知との遭遇』に出演し、『グッバイガール』でアカデミー主演男優賞を受賞したリチャード・ドレイファスだった。私に打診されたドレイファスの弁護士役は、もともと別の俳優が演じるはずだったが、直前で降板を余儀なくされていた。

私はこの挑戦に抵抗できなかった。敬愛するケヴィン・スペイシーと一緒に仕事がしたかったし、芝居自体も倫理をテーマにした重要かつ興味深いものだった――調査ジャーナリストは、個人的な情報源を法によって明らかにさせられるべきなのか。ドレイファス演じる主人公は――ニューヨークでの同時多発テロの後――「テロとの戦い」では拷問も支持するという強硬な意見記事を書いていたが、アメリカ政府が国際法を無視し、軍に残虐行為を行なわせているという疑惑が浮上し、考えを変えた。彼はある政府関係者から、新たな見解を裏づけるような文書を提供され、結果として、アメリカ連邦最高裁の大陪審に召喚されて、情報源を明かすように迫られる。拒否すれば、実刑判決の恐れがあった。

実に強烈なテーマで、演じるのも楽しかったが、残念ながら、オールド・ビック劇場の観客の心は捉えられなかったようだ。しかし、嬉しいことに、この『コンプリシット』の公演が終わった直後、ＩＴＶは『死との約束』が最後のポワロにはならないことを明らかにした。彼らはさらに四編を制作すると発表し、その目玉となるのがアガサの名作『オリエント急行の殺人』だった。ダミアン・ティマーから電話でそう聞いたとき、私は興奮と恐怖が入り混じる思いだった。あの名作――これには確固たる見解を持っていた――を新たに作るという興奮と同時に、一九七四年の映画版『オリエント急行殺人事件』でアルバート・フィニーが見せた名演に匹敵する演技が自分にできるのかという不安も感じた。シドニー・ルメット監督によるオールスター・キャストのこの映画で、アルバートはアカデミー賞主演男優賞にノミネートされ、イングリッド・バーグマンは助演女優賞を獲得した。これは世界的な大ヒットとなり、『ナイル殺人事件』や『地中海殺人事件』、『死海殺人事件』といったポワロの映画がさらに三編作られたが、これらの作品では、アルバート・フィニーに代わってピーター・ユスチノフがポワロを演じた。

一方、私たちのドラマ・シリーズは『オリエント急行の殺人』から始まるわけではなかった。第一二シリーズとなる今回の撮影一作目は、アガサが晩年に書いた『複数の時計』〔放送順は四作目〕で、原作〔『複数の時計』(橋本福夫訳、早川書房、二〇〇三年)〕はイギリスで一九六三年、アメリカではその翌年に出版された。この小説が初めて発表されたとき、モーリス・リチャードソンはオブザーバー紙のレビューで、「いつものような味わい深さはないが、タイミングは絶妙」と述べたが、ドラマ版は少し違うものになった。

チャールズ・パーマーが監督を務めた本作では、脚本のスチュワート・ハーコートが原作に一連の変更を加えた。具体的に言うと、小説では、ポワロは知力を働かせるだけで事件を解決できると豪語し、それを証明するために一度も犯行現場を訪れず、目撃者からも一切話を聞かない。しかし、ドラマ版では、容疑者や目撃者一人一人に会って話を聞き、犯行現場もすべて訪れ、若いタイピストが死体を見つけたサセックス沿岸の町にある家にも足を運ぶ。

私たちの狙いは、作品をもっと「味わい深い」ものにするということだったが、幸い、それは成功したようだ。というのも、初老の未婚女性、ミス・ペブマーシュを演じたアンナ・マッセイをはじめ、今回も素晴らしいキャストが揃ったからで、特に彼女はこれがテレビドラマでの最後の役となった。一方、優れた若手俳優が集まったことも、私には同じく刺激的で、そのうちの二人は古くからの役者仲間の子女だった。

主要キャラクターの一人である青年を演じたトム・バークは、彼が赤ん坊の頃から知っていた。父親のデビッドと母親のアンナ・カルダー＝マーシャルとは知り合いで、デビッドとは、シーラと結婚する前に、エジンバラ・フェスティバルでシェイクスピアの『尺には尺を』で共演したことがある。また、第一の死体を発見する若いタイピストを演じたジェイム・ウィンストーンは、ロンドン出身の俳優レイ・ウィンストーンの娘で、彼とはBBCが制作したシェイクスピアの『ヘンリー八世』で一緒に仕事をした。おまけに、監督のチャールズ・パーマーの父親は、同じく私の旧友で、このドラマにも出演しているジェフリー・パーマーである。ポワロ・シリーズが次世代の俳優たちを数多く惹きつけていることは大きな誇りだった。

『複数の時計』では、第二の故郷であるイギリスをスパイから守りたいというポワロの愛国心が強調されるとともに、彼の信念の中心にある考えも吐露されている。「いい人だが悪いことをする。この世はそういう人だらけだ」。事実、新シリーズ四編のテーマの背後にはこの考え方があり、ポワロが激しい道徳的ジレンマに直面する『オリエント急行の殺人』はその極めつけだった。ちなみに、本作『複数の時計』の脚本を書いたスチュワート・ハーコートは、続けて『オリエント急行の殺人』の脚本も手掛けることになった。

二〇〇九年夏に撮影された二作目は『三幕の殺人』［放送順は一作目］で、原作［『三幕の殺人』（長野きよみ訳、早川書房、二〇〇三年）原題 *Three Act Tragedy*］は、イギリスでは『複数の時計』の約三〇年前となる一九三五年に発表されたが、アメリカではその前年に『マーダー・イン・スリー・アクツ *Murder in Three Acts*』として出版された。小説が初めて発表されたとき、批評家たちはポワロが犯人の正体を暴くまでに読者は散々振り回されたとして、好意的なレビューを書いた。もともとアガサはこの小説を疑惑、確信、真相の三幕に分けていた。しかし、脚本家のニック・ディアは、ドラマ版ではこの形式にこだわらなかった。本作には、ピーター・ユスチノフとトニー・カーティスを主演とし、アカプルコを舞台とした一九八六年のテレビ映画版がすでにあったが、今回の私たちのドラマに影響を与えることはなかった。

もちろん、脚本も優れていたが、私が最も興味深く思ったのは、ポワロ・シリーズそのものが若手の俳優たちに影響を与えているということだった。それが特に明らかになったのは、共演者と一緒に初めてニックの台本の読み合わせをしようとしたときだった。私がポワロの声で話しているのを聞いたある若手女優が、思わず叫び声を上げたのだ。彼女は自分がポワロに出演しているというのが信じられなかったらしく、私はこのシリーズが若手の間でカルト的な存在になっているのではないかと思った。この考えを確かなものにしたのが、ヒロインを演じたキンバリー・ニクソンという愛らしい若手女優だった。子供の頃からポワロ・シリーズのファンだった彼女は、自分がそのうちの一作に出ようとしていることが信じられなかったらしい。何もかもに圧倒されそうになったようだが、彼女も私と同じくらいポワロとポワロの全作品を熱愛していることがわかった。撮影終了後、私はポワロの襟芯入りの白いカラーに蝶ネクタイを巻いて、彼女にプレゼントした。

一方、古手の俳優もポワロ・シリーズに影響されなかったわけではない。プロデューサーが幸運にも主要キャストに迎えることができたマーティン・ショーは、一九七〇年代の『特捜班CＩ５』をはじめ、『判事ディード 法の聖域』や『孤高の警部ジョージ・ジェントリー』など、数々のテレビ・シリーズで有名だ。マーティンは私より一つ年上なだけなのだが、皮肉なことに、私は——ずっと年下の男の役で——『特捜班CＩ５』のあるエピソードに出演したことがあった。しかも当時、彼はすでにスターだったのに対し、私は明らかにそうではなかった。今回はそのとき以来の共演だったが、マーティンを迎えることが大きな喜びとなったのは、とりわけ、彼がチャールズ・カートライトという二枚目舞台俳優として、華麗な演技を見せてくれたからだ。カートライトのモデルとなったのは、一九二〇年代の偉大な俳優で、J・M・バリーの『ピーター・パン』で初めてフック船長を演じたジェラルド・デュ・モーリエだと言われている。これにふさわしく、最後の謎解きシーンは劇場の舞台で撮影された。

ただ、こうした優れたキャストを迎えられたのは幸運だったが、私にとって本当に重要なのは、ドラマで起用された脚本家たちが新作四編それぞれにおいて、ポワロの信仰心や道徳的信念の強さを明らかにしようとしていたことだ。『三幕の殺人』では、ポワロがカトリックの教えから離婚を嫌悪していることがわかるが、それでいて彼は人生の複雑さも受け入れ、ある場面でこう言っている。「私は探偵です。審判は下さない」

新シリーズの撮影三作目は『ハロウィーン・パーティー』［放送順は二作目］で、原作［『ハロウィーン・パーティ』（中村能三訳、早川書房、二〇〇三年）］はアガサの最晩年のポワロ作品として、八〇歳を目前にした一九六九年に英米両国で発表された。その頃までに、彼女は自分を「ソーセージ製造器」と呼ぶようになり、「一つ作っては糸を切り、次から次へとお決まりの作品を考え出さなければならない」と述べていた。興味深いことに、彼女はこの作品をユーモア小説で知られるP・G・ウッドハウスに捧げ、「彼の本と物語は長い間わたしの生活を明るくしてくれた」、「また、親切にもわたしの本を楽しく読んだとおっしゃってくださったことに対する喜びをこめて」と献辞に記している［『ハロウィーン・パーティ』より訳文引用］。

本作は、アガサの分身であるアリアドニ・オリヴァが登場する四作目のドラマだった。アガサは原作でポワロにオリヴァ夫人への評価を述べさせているが、それは彼女の自分自身への評価だったのかもしれない。「残念なことに、彼女はひどく怒りっぽい」とポワロは小説の中で言っているが、ドラマでゾーイ・ワナメイカーが存分に証明してくれたように、「それでいながら、独創的な頭をもっている」〔『ハロウィーン・パーティ』より訳文引用〕。物語は、ハロウィーン・パーティーで居合わせた客に殺人を見たことがあると話した一三歳の少女の死から始まり、少女はリンゴを浮かべたバケツに首を突っ込んだまま溺死する。予想通りに次々と犠牲者が出るこの物語は、アガサの小説の中でも特に陰鬱な一作で、脚本家のマーク・ゲイティスはその深みをうまく引き出した。暗い題材を得意とする彼だけに、アガサの原作がさらに陰気なものになったのも不思議ではない。

チャールズ・パーマーが再び監督を務めた本作では、村の牧師を演じたティモシー・ウエストや、パーティーの主催者ロウィーナ・ドレイクを演じたデボラ・フィンドレイをはじめ、アメリア・ブルモアやジュリアン・リンド=タットなど、またしても強力なキャストが揃った。しかし、私を最も喜ばせた俳優は、類まれなコメディアンで喜劇作家のエリック・サイクスで、彼は村の事務弁護士を演じることになっていた。エリックとは数年前、私がウエスト・エンドで喜劇俳優シド・フィールドの舞台をやった後、彼のドキュメンタリー番組を作ったときに会ったことがあり、私は再びエリックと仕事ができることに興奮した。このとき八六歳だった彼は、スタッフはもちろん、他の共演者からも大変な敬意を持って迎えられた。彼はとにかく素晴らしい演技を見せ、撮影の終わりには自身の自伝を一冊私にプレゼントしてくれた。そこには、彼らしい控えめなメッセージが添えられていた。「演劇の巨匠と仕事ができて大変光栄でした。愛を込めて、エリック」。とんでもない、光栄だったのは私の方だ。

しかし、エリックがいくらコメディーやユーモアを追求しても、数年前からポワロと私の中に宿るようになったシリアスな感覚はあまりにも顕著だった。これは子供が殺される物語であり、ポワロにはその悲惨な事実を無視したり、歪めたりすることはできなかった。最後の謎解きシーンにもそれは明確に反映され、彼は「この小さな村を修羅場へと変えた」犯罪に対する容疑者の態度に怒りを露わにする。結末に向けてポワロの中で湧き上がるこの怒りを、私は決して無視する湧わけにいかなかった。

一方で、ポワロの人物像には別の面もあり、「目には目を」という考えを持っていた。ポワロ作品の多くに極刑というテーマが貫かれているのは、それが殺人に対するポワロの姿勢を明確に表しているからだ。小説でもドラマでも、絞首刑がたびたび出てくる――一人の男もしくは女が、みずからの犯した罪に対して究極の代償を払う。アガサは命をもって罪を償うことを否定せず、ポワロも否定していない。『ナイルに死す』のラストを思い出してほしい。ポワロには犯人が絞首刑よりも自殺を選ぶだろうとわかっていた――彼はそれをわかった上で認めているのだ。

犯人が一人であろうと複数であろうと、殺人者を見逃すこと、あるいは少なくとも死刑の可能性に直面させないことは、ポワロには言語道断だ。悪は根絶されるためにあり、男であれ女であれ、あるいは子供であれ、殺人者に命を奪われた場合、その罪は必ず報いを受けなければならない――たとえ犠牲者がどれほど卑劣で強欲で、利己的で冷淡であったとしても。命を奪えば、その代償として命を奪われること、殺人者がみずから究極の償いをすることが求められた。

殺人は正当化され得るのか、殺人者を見逃すことは許されるのかをめぐる道徳的ジレンマは、二〇〇九年の夏から秋に始まったこのシリーズの撮影最終作にして、アガサの最も有名なポワロ作品である『オリエント急行の殺人』〔放送順は三作目〕の中心的テーマだ。撮影は二〇一〇年一月に始まった。報いという概念がテーマの本作は、アガサの最も不穏な物語の一つだった――と私には思える――が、一九七四年の映画版にはその概念が全く表現されていなかった。もちろん、誰もあの映画を否定することはできない。アガサ自身は決して心から満足していたわけではなかったが、とにかく素晴らしい作品だったことは間違いない。しかし、何よりも肝心なのは、原作には映画版で全く取り上げられなかった非常に重要な要素があるという事実だった。つまり、殺人は決して正当化され得ないものであり、必ず罰せられるべきものだというポワロの確固たる信念が、映画版では全く描かれていなかった。

ポワロ・シリーズで新たに『オリエント急行の殺人』をやると初めて聞いたとき、私は何度も原作を読み直し、それがいかにシリアスで、いかにポワロの信仰の核心に迫るものであるかを改めて悟った。読み終えた後、私は今回のドラマ版が原作のトーンに忠実であるべきだと確信し、その確信を脚本に、そして自分の演技に反映させるべきだと決意を固くした。『オリエント急行の殺人』にジョークは一切ない。それは残忍な殺人の企てを描いた物語であり、私はその事実を強調したかった。それは細かいことにこだわったり、おかしなヘアネットや口髭ネットをしたりするポワロの物語ではない。それは悪を描いた物語であり、悪は正当化され得るのかを問いかけた物語なのである。

原作では、ポワロが映画版でしたようなヘアネットや口髭ネットをつけている場面は一度もなく、彼にぶつぶつと独り言を言わせたり、彼を滑稽に見せたりする場面もなかった。それどころか、ポワロはきわめて卑劣な殺人に直面させられ、それを解き明かしていく中で、道徳のジレンマに苦しむ男として描かれていた。私は最初にポワロ・シリーズを始める前に、アガサの娘ロザリンドの夫から言われた言葉をはっきり覚えていた――「決してポワロを笑ってはならない」。彼女はさらにこう続けた。「あの嫌らしいヘアネットや口髭ネットはつけないでしょうね？　母は一度もあんなことは書いてないんだから」

アガサの傑作に笑うような要素は何もなかった。というのも、それは復讐を目的に計画された殺人をめぐって、敬虔なカトリック教徒であるポワロが絶望的なジレンマに直面する物語だからである。この事件については、自分の利益のために他人を平気で殺すような男なのだから、報いを受けて当然と考えたくなる人もいるだろう。

そうしたジレンマこそ、私が表現したかったことだ。嬉しいことに、ロンドンの私のフラットへやって来た監督のフィリップ・マーティンと、『複数の時計』を書いたばかりだった脚本家のスチュワート・ハーコートも、全く同じ考えだと言ってくれた――殺人に対する怒りと、真実を知り、それを見逃してやりたいと思う良心に引き裂かれるポワロ。

スチュワートの脚本が、視聴者にポワロの重苦しい気分を伝えることから始まっているのはそのためだ。冒頭から、一人の若いイギリス人将校がポワロの目の前でピストル自殺をし、その血がポワロの顔に飛び散るシーンがあり、さらに女性が石をぶつけられて殺されるという残虐なシーンが続く。これは快適な田舎の邸宅を舞台に、ミス・スカーレットがビリヤード室で燭台を使って人を殺したとかいうミステリーではない。これはきわめて卑劣な殺人を描いた物語であり、殺しが絞首刑に直結した時代の話だった。

原作『オリエント急行の殺人』［山本やよい訳、早川書房、二〇一一年］は、アガサがマックス・マローワンと現在のイラクにある遺跡発掘現場を訪れた一九三三年に書かれ、翌年に発表された。この作品は、最初にトリックを提案したと言われる二人目の夫に捧げられている。本書がアメリカで『マーダー・イン・ザ・カレー・コーチ（カレー行き客車殺人事件）*Murder in the Calais Coach*』と改題されたのは、そのほんの二年前、グレアム・グリーンの最初のヒット作となった『スタンブール特急』［北村太郎訳、グレアム・グリーン全集2、早川書房、一九八〇年、原題 *Stamboul Train*］が、同国では『オリエント・エクスプレス（オリエント急行）*Orient Express*』というタイトルで出されていたためだ。出版社はこの二作が混同されることを恐れたのだった。

この小説を書くまでに、アガサは遺跡発掘現場からの帰りに数回、オリエント急行を利用していたが、一九三三年の帰国の際、作品をほぼ完成させていた彼女は、乗車の機会を利用して車内でいくつか細部をチェックし、小説との整合性を確かめた。オリエント急行は物語の着想の一部となった。彼女が初めてこの列車で旅をしてから一年後の一九二九年、オリエント急行はトルコで猛吹雪による吹きだまりに阻まれ、六日間、立ち往生した。二年後の一九三一年一二月には、豪雨による冠水と山崩れによって線路の一部が押し流され、このときはアガサ自身が車内に二四時間閉じ込められた。

着想のもう一部となったのは、もちろん、一九三二年にアメリカで起こったリンドバーグ愛児誘拐事件だった。一九二七年に大西洋単独横断飛行に初めて成功したアメリカ人飛行家、チャールズ・リンドバーグは、そのわずか五年後の一九三二年、幼い息子を誘拐され、殺された。事件への関与を疑われたメイドは、警察による厳しい尋問を受けた後、自殺した。この事件の要素のいくつかが、『オリエント急行の殺人』の核となっている。

実際、小説は出版されて好評を博した。デイリー・メール紙では、小説家のコンプトン・マッケンジーが「一級品の代表例」と呼んだ一方、自身も立派な推理小説家であるドロシー・L・セイヤーズは、サンデー・タイムズ紙で、「上質な正統派の手法で構想され、執筆された殺人ミステリー」と評した。一方、ニューヨーク・タイムズ紙は、「あの偉大なベルギー人探偵の推理は鋭いどころか、まさに奇跡だ」とコメントし、タイムズ紙は「手がかりは豊富でも、アリバイはどうにも崩せない。しかし、何ものも偉大なるエルキュールを欺くことはできない」と述べた。

例によって密室ミステリーではあるが、今回はその舞台が田舎の邸宅ではなく、大雪で立ち往生した列車だ。私たちはパインウッドの撮影所に列車を丸ごと復元し、登場人物たちが車内で感じたような閉鎖空間への恐怖をキャストにも感じてもらおうとした。それは非常にうまく行ったと思う。とびきり優れた脚本のおかげもあり、監督のフィリップ・マーティンは、ドラマ全体をおそらく視聴者が予想していたよりもずっと陰鬱で物悲しい雰囲気に仕上げた。

具体的に言うと、フィリップはポワロが直面しているジレンマの本質と、それに心を乱される彼の苦悩を強調するため、私の顔のクローズアップを多用した。フィリップは私の表情に重点を置き、それまでのポワロにはなかった方法で私を撮った一方、時間をかけて役に入り込み、ポワロの本心を探るように何度も私に言った。結果として、それは監督から大いに感性を刺激される体験となった。毎日が挑戦の連続だったが、彼が立派だったのは、そのおかげで苦悶するポワロの表情が現れたからであり、それこそフィリップが捉えたかったものだった。ドラマを通して私は一度も笑みを見せていない。笑みを見せることは、物語にとっても、私にとっても不似合いだっただろう。いつもそうだが、私はアガサが原作で描こうとしたものに忠実であろうと必死だった。

今回もまた、ITVはただもう素晴らしいキャストを揃えてくれた。犯行の犠牲者を演じたトビー・ジョーンズをはじめ、アイリーン・アトキンス、デビッド・モリッシー、サミュエル・ウエスト、ヒュー・ボネビル、アメリカ人女優のバーバラ・ハーシー、そして近年、二度のアカデミー賞にノミネートされた（『ヘルプ 心がつなぐストーリー』と『ゼロ・ダーク・サーティ』）ジェシカ・チャステインなど、誰もが見事な演技を見せてくれた。

奇跡とも言えるのは、私たちがわずか二三日間で撮影を終わらせたということで、今でもどうやったのかわからないのは、それだけ会話シーンが多かったからだ。ポワロが食堂車で披露した総括スピーチは、私がこれまで覚え、発してきた台詞の中でも特に長くて難しいものだった。というのも、自分たちで手を下し、「法の支配」を覆そうとした者たちにポワロが怒りを露わにするからだ。それは大変な努力を要するものだったため、シーラが一緒に来て支えてくれた。最後の謎解きシーンの間、彼女は隣の客車に待機し、私が台詞を正しく言えるように助け、途中で混乱しないようにしてくれた。

言ってみれば、ポワロは物語の最後で決断を迫られたとき、カトリックの信仰と道徳的理性の板挟みになっている。彼の信仰心は殺すなかれと断じており、彼は聖書が隣人を愛し、その罪をゆるせと教えていることも知っている。彼は神の意思に従い、どこにあっても悪を挫くことが自分の人生の役割の一部だという信念に忠実であろうとする。しかし、そうした信仰心は彼の道徳的理性が示唆するもの——ときに人はゆるされるに値する——と矛盾する。

この矛盾がポワロを怒りと混乱に陥らせ、いつもの彼らしからぬ状況に追い込むわけだが、この葛藤こそがストーリーを通じて見せた彼の苦悩の原因である。ポワロが最後の謎解きを終えてコンパートメントへ戻り、本当はどうするべきかを考えるとき、そこにはただ神の導きを求めて祈る心だけでなく、自分はそれに従えないかもしれないという悲痛な思いがあったことを私は確信している。

最後に、ポワロは苦渋の決断を下す。ラストシーンで、ポワロはカメラを背にして歩み去っていくが、私は彼の手にロザリオがあることをはっきり見えるようにした。彼はカトリックの信仰に反することの苦痛を抱えていると同時に、ときにはそうするしかないとも感じている。

この重苦しい決断のせいで、一九七四年の映画版しか見たことがなく、アガサの原作を読んだことがない人の中には、私たちのドラマ版にあまり気持ちが盛り上がらないという人もいるかもしれない。実際、先の映画版ほどの人気はないだろう。しかし、監督も脚本家も私も、アガサの原作のトーンや深みに忠実であろうと最大限の努力をしていたし、役者の務めは作者のために尽くすことという私の信念をそれはまさに裏づけていた。

当時は知る由もなかったが、ポワロと私が再び一緒になるのはそれから二年以上もたってからだった。それどころか、撮影が終了したとき、私はポワロ作品全編のドラマ化を果たせないかもしれないとまたもや不安になった。ところが、事態は奇妙な展開を見せ、次に私がポワロのベストやスパッツ、手袋を身につけたのは、彼の最期を描いた『カーテン』でその死を演じるときだった。

第18章——過去の話ではありません、決して

『オリエント急行の殺人』の撮影は二〇一〇年二月に終わったが、イギリスではその年のクリスマスの日まで放送されなかったため、残り五編のポワロ作品を完遂できないかもしれないという私の不安は一層強まった。主要作はすでにやったし、他の四編もそれなりに魅力的な作品ではあったが、やはり最後の目玉として、これまで映像化されたことのなかった『カーテン～ポワロ最後の事件～』が残っていた。

事実、アガサのファンのほとんどは、彼女がポワロの死の物語を書いたことさえ知らなかった。私がそのことを話すと、彼らはアガサがポワロを死なせたことに驚いた。それは誰も口にしたがらない秘密のようだった。この小男はほとんど万人から愛されていたため、たとえ一九二〇年の『スタイルズ荘の怪事件』に初登場した時点ですでに六〇代で、一九七二年の最後の長編『象は忘れない』では少なくとも一二二歳になっていたとしても、ポワロが死を免れないと示唆することは冒涜的にも思われた。

私たちのドラマでは、ポワロは常に一定の年齢のままだった。どのエピソードも一九三六年から一九三八年が舞台とされていたのは、ポワロとその物語にとって重要な時代の趣を保つためである一方、戦後の緊縮財政の時代から「スウィンギング・シクスティーズ（活気に満ちた六〇年代）」、そして不況にあえぐ一九七〇年代へと、絶えず変化し続けるイギリス社会で彼の厳格な道徳規範が場違いに思われないようにするためでもあった。私たちにとっても、テレビの視聴者にとっても、ポワロは常に同じ時代に留まっていたわけで、そこにこそ良さがあった。

とは言え、私はやはりアガサのために尽くしたかったし、ポワロ作品全編を完遂し、彼の死を演じたかった。それでこそ視聴者も私も彼にきちんとお別れができるし、私の念願も果たせると思った。これほど長い年月にわたって一つの役に入り込み、最後まで演じきる機会に恵まれる俳優はほとんどいない——どんなに深い絆があっても、たいていは一瞬の考慮も躊躇もなく打ち切られてしまうものだ。

しかし、全七〇編を完遂することは、ＩＴＶにとって大きな決断だった。撮影コストはますます増大し、『オリエント急行の殺人』では、ちょっとした長編映画並みの二〇〇万ポンド近い費用がかかっていた。さらに五編を制作する——『カーテン』を含めて——となると、優に九〇〇万ポンド以上はかかりそうだった。彼らにとっては難しい決断になる——すでに相当な資金を費やしていただけに——とわかっていたが、私はそれでもやると言ってくれることを大いに期待した。

ただ、彼らにそう決断させるためにできることは何もなかった。私は仕事に戻り、アメリカの作家アーサー・ミラーの優れた戯曲で、第二次世界大戦期を舞台に欲とそれが家族にもたらす悲劇を描いた『みんな我が子』の主役ジョー・ケラーを引き受けることにした。非常に難度の高い役柄で、最後はジョーが舞台の袖で自殺して終わるのだが、週八回の公演のたびにこれをやるというのは、役者にとって決して愉快な経験ではなかった。しかし、ジョーの妻ケイトを演じることになったゾーイ・ワナメイカーに、『第三の女』で一緒だったジェミマ・ルーパーと、ポワロで共演した仲間を二人も迎えられたのは幸運だった。

良心のかけらもないジョーの姿を重苦しく描いた『みんな我が子』は、数ある舞台の中でも特に過酷なものだったが、その分、素晴らしい経験となった。私より一つだけ年上のベテラン、ハワード・デイビスが監督を務めたこの舞台は、稽古を始めた当初からうまく行き、二〇一〇年五月末にウエスト・エンドで開演した後もますますよくなった。

ありがたいことに、批評家たちもこれに同意してくれたようで、初日の晩は総立ちの大喝采で迎えられた。ニューヨーク・タイムズ紙の批評家によれば、観客席からむせび泣く声が聞こえてきたので、どこから聞こえるのかと振り返ると、「アメフト選手のように大柄な背広姿の男性が両手に顔をうずめ、小柄な金髪の女性に慰められているのが見えた」という。

嬉しいことに、私はこの演技でワッツ・オン・ステージ賞の最優秀男優賞を獲得し、ゾーイも同じく最優秀女優賞を受賞した。

一方、ＩＴＶは二年半も前に撮影した『複数の時計』を二〇一一年のボクシング・デーについに放送した。私には彼らがまだポワロ・シリーズをテレビの一大イベントと考えているのではないかと思えた。もしかしたら、ひょっとしたら、二〇一二年に残りの五編を撮影し、遠い昔の一九八八年にトゥイッケナムで『コックを捜せ』を撮影してから二五年となる二〇一三年に、シリーズを完結させるつもりではないかと期待させた。

とは言え、はっきりしたことは誰にもわからなかったため、私はあらゆるオファーを引き受け、BBCが新たに手掛けたドラマ、チャールズ・ディケンズの『大いなる遺産』で弁護士ジャガーズを演じたりもした。しかし、最終的には舞台の仕事へ戻り、ユージン・オニールの傑作『夜への長い旅路』で、近代アメリカ演劇史屈指の難役、大酒飲みで吝嗇家の俳優ジェームズ・タイロンを演じた。稽古を始めたのは二〇一一年のクリスマスの直後で、五週間にわたる地方公演ツアーを行なった後、四月二日に舞台をロンドンへ移し、五か月間の公演を続けた。『みんな我が子』のジョー・ケラーがそうだったように、タイロンも決して聖人ではない。彼は妻を薬物依存に追い込み、息子たちを酒浸りにさせたような男だが、近代アメリカ演劇最高の役柄の一つとして、私には大変なチャレンジとなった。

『みんな我が子』で経験した喜びに匹敵するものはなかったし、オニールの戯曲は完全な機能不全の家族を容赦なく描いた作品だが、タイロンを演じるのは非常に楽しかった。批評家のマイケル・ビリントンはガーディアン紙で、「妻に対するジェームズの空しい情熱」を私がうまく表現しており、「『私たちから離れようとしているのは君の方じゃないか』と妻に言うときの彼の声は、胸が締めつけられるような切なさに満ちている」と書いてくれた。

観客も実に熱狂的だったが、私は彼らがユージン・オニールの芝居を見るためだけに来ているわけではないことに次第に気づき始めた。舞台が終わると、シャフツベリー・アベニューにあるアポロ・シアターの楽屋口には、世界中からやって来たファンの一団が群がり、私を見てポワロに会ったと感激していた。

なかには英語を全く話せない人たちもいた――それなのに、彼らは約三時間にも及ぶオニールの芝居をじっと座って見ていたのだ。ロシア人は特に熱心だった。あるグループは台詞を一言も理解できないにもかかわらず、その舞台を見ようと週末にかけてモスクワから来ていた。彼らは――たどたどしい英語で話してくれたように――「エルキュール・ポワロに会うためにやって来た」のだ。日本人のグループも同じことを言っていたし、中国人のグループもそうだった。

そこで、私たちは楽屋口の壁の内側に世界地図を貼り、舞台を見にやって来たポワロ・ファンの出身国にピンを刺していくことにした。二〇一二年八月に公演が終わる頃には、世界各地にピンが刺されていた。それは多くの人々の心に触れたポワロの成功を物語るものだった。

実際、ポワロは本当に私の生活に戻ってきた――たとえそれが最後になるとしても。『夜への長い旅路』の後半の公演中、ＩＴＶはついに残り五編の制作を決定し、『カーテン』を最後として順番に作品を撮影するつもりだった。しかし、私にはそれが自分にとっても、ポワロにとっても絶対に無理だと思った。

ポワロの最期を描いたアガサの原作を読めばわかるが、彼は体だけでなく、顔もずいぶん痩せ衰えている。私はそれを視聴者に見せたかった。そのためには顔の肉を少し落とす時間が必要だったし、何よりも、彼に最後の別れを告げることに心の準備が必要だった。つまり、私は『カーテン』を最初に撮影し、しばらく間隔を置いて体重を戻してから、通常のエピソードに近い残りの四編を撮影したかった。そうすることで、ポワロを失った痛手から立ち直り、落ち着きを取り戻すこともできると思った。

幸い、ITVもこれに同意してくれたので、私たちは二〇一二年一〇月から一一月に『カーテン』を撮影し、それからしばらく置いて、二〇一三年一月から六月にかけて残り四編に取り組むことになった。そういうわけで二〇一二年九月、私はポワロの最後の衣装合わせに行った。一度目は最終話『カーテン』の衣装、二度目はその後の四編の衣装のためだった。

担当の着つけ係が、最期のシーンのために用意された服を着るのを手伝ってくれた。四半世紀にわたってポワロとともに生き、呼吸してきた私は、二人の関係がついに終わろうとしていることをこのとき悟った。私が影響を受けるのは確実だった。なぜならアガサの原作をもとにしたドラマ以外は作らないとすでに決めていたからだ。私は彼女の原作をもとにしたドラマ以外でポワロを演じるつもりはなかった。

撮影初日、ショーンの車でオックスフォードシャーのウォリングフォード近くにあるシャーバーン城に着いた私は、体外離脱のような驚くべき感覚を味わった。スタッフは私を丁重に扱ってくれたが、彼らも私と同じくらいポワロを悼んでいた。ただ、制作は安心して任せられた。ＩＴＶは、二〇〇五年の夏にシェパートンで『青列車の秘密』を手掛けたヘティ・マクドナルドを『カーテン』の監督にどうかと提案してきたが、私はこれに大賛成だった。彼女ならこの繊細かつ力強いストーリーにふさわしい共感を抱いてくれると思ったからだ。ポワロはこの物語で、探偵として最も邪悪で大胆不敵な真犯人に立ち向かうことになる。

原作『『カーテン』（田口俊樹訳、早川書房、二〇一一年）』が一九四〇年代に書かれたのはほぼ確かで、当時、アガサはポワロに心底うんざりしていたが、読者には相変わらず高い人気があったため、出版社は彼女にポワロ物を書き続けるように言った。しかし、アガサが亡くなるちょうど一年前の一九七五年までに、出版社も彼女がもう新作を書き上げられないことを認め、ついに『カーテン』が日の目を見ることになった。この小説はアガサが亡くなった一九七六年一月のわずか数か月前に出版され、まるで架空の探偵とその生みの親が互いの存在なしには生きられないかのようだった。

作品は英米両国でたちまちベストセラーとなり、ハードカバーの初版一二万部が売れたうえ、アメリカではペーパーバック版の版権が一〇〇万ドルで売れた。オブザーバー紙では、アガサの長年のファンであり、厳しい批評家でもあったモーリス・リチャードソンが、「彼女の小説の中でも特に作為が目立ち、機械仕掛けの鳥かごのように不自然だが、それでいて読むのをやめられない最終作」と評した。ガーディアン紙の批評家、マシュー・コーディーは、本作を彼の「ブック・

オブ・ザ・イヤー」にノミネートし、「私にこれほど純粋な喜びを与えてくれた犯罪小説はない」と述べ、アガサに改めて敬意を払いつつ、こう加えた。「批評家として私が本書を歓迎するのは、真の独創性にはやはり人を驚嘆させる力があることを思い出させてくれるからだ」

正直、それはアガサの最高のポワロ作品というわけではなかったかもしれないが、彼女の最も思い入れの深い作品であったことは確かで、世界中の人々が心を打たれたようだ。実際、ニューヨーク・タイムズ紙の第一面でその死が報じられるという名誉を得た架空の探偵はポワロだけで、その追悼記事はいたって真剣にこう締めくくられていた――「ポワロがよく誤って引用していたシェイクスピアを引用すれば、『その生涯を通じて、生涯を閉じるときほど彼にふさわしい姿はな』かった」［『シェイクスピア全集 マクベス』（小田島雄志訳、白水社、一九八三年）より訳文引用］

『カーテン』では、ヘイスティングスがポワロを訪ねてスタイルズ荘にやって来る。ここは二人が初めて出会った場所だが、今は田舎のゲストハウスになっており、ポワロはその屋敷で世話を受けている。『ナイルに死す』で見事な台本を書いた脚本家のケヴィン・エリオットは、二人の切ない再会を丁寧に描いた。しかし、ヘイスティングスの復帰は、彼との最後の再会でもあった。ヘイスティングスは、初期のシリーズを通してポワロの最も忠実な友だったが、ブライアン・イーストマンが去って以降はドラマから姿を消していた。そんなヘイスティングスとの再会は大きな喜びであり、私のポワロが臨終の際にそばにいてほしいと願う人物は彼以外にいなかった。

二〇一二年一一月の終わりに撮影を終えたとき、私はパインウッドの現場でスタッフに短い挨拶をして、それから自分のトレーラーへ下がった。長い間ずっと愛してきた人が自分の人生からいなくなるのを見るのは、どんな俳優にとっても耐えがたいことだ。私はしばらく悲しみと喪失感に打ちのめられそうになったが、幸い、ポワロの最期のシーンではシーラがそばにいてくれたし、二人で静かに荷物をまとめた後は、ショーンがフラットまで送ってくれた。これで私の人生の一部がなくなってしまったが、皮肉なことに、まだ四編の撮影が残っていた。

『象は忘れない』の撮影のために再びパインウッドへ戻ったのは、二〇一三年一月半ばになってからだった。原作〔『象は忘れない』（中村能三訳、早川書房、二〇〇三年）〕は、アガサが書いた最後のポワロ作品で、デビュー作『スタイルズ荘の怪事件』から五二年後の一九七二年に発表された。私にとって一つの大きな慰めとなったのは、親友のゾーイ・ワナメイカー演じるアリアドニ・オリヴァが再登場したことだ。ゾーイと、そしてシーラがいてくれたからこそ、ポワロの死後、私は再び「アルマジロ・スーツ」に口髭、スパッツにベストという衣装を身につけることに何とか耐えられたのだ。彼を生き返らせるというのは変な感じだったが、どんな奇妙なことでもやれるのが、役者というものだ。

ただ、パインウッドの防音スタジオに向かって歩いていた私は、ふと「自分はどこにいるのだろう？」と疑問に思った。答えは簡単だった――「最初にスタートしたところ、この二五年間、アガサとずっと一緒だったところに戻ったのだ」

私はこれが最終幕の始まりであり、ポワロと歩んできた旅の最終段階の始まりであることもわかっていた。素晴らしいキャストが集まってくれたおかげで、私たち二人の旅路がもうすぐ終わろうとしている事実をより受け入れやすくなった。そこには再登場のゾーイだけでなく、私が高く評価するイアン・グレンやビンセント・リーガン、そしてエルサ・モリアンという若手の美人女優もいた。ニック・ディアの脚本も見事だったし、作品全体の映像も美しかった——ポワロ・シリーズが常に誇りとしてきたクオリティーの高さがしっかりと維持されていた。

ストーリーはなかなか力強いもので、両親がイギリス海峡を見渡す崖の上で死んでいたという娘の依頼で、ポワロが殺人だったかもしれないし、そうでなかったかもしれない二〇年以上前の事件を再調査する。優れたドラマだったが、私には『カーテン』ほど難しいものではなかった。

しかし、その頃までに、ITVはポワロの最終章となるこの第一三シリーズに対する世界の関心が驚くべきペースで高まっていることを知り、『象は忘れない』の放送日を、撮影終了からわずか三か月後の二〇一三年六月九日の日曜日にすると決定した。この最終シリーズの全五編、なかでも『カーテン』に対する世界の関心がいかに大きいかということを、彼らはよくわかっていたし、私もそうだったと言わねばならない。

その関心の高さが明らかになったのは、二〇一三年四月初め、撮影が休みの間に、シーラと私がカンヌの国際テレビ番組見本市（MIP）でポワロ・シリーズの記念式典に招待されたときだった。それは私たちが出席した最も特別なイベントとなった。世界中から集まった四〇〇人もの番組バイヤーたちは、誰もが——どうやら——ポワロとそのシリーズの大ファンのようで、これまでに制作・放送された六五編を称えるだけでなく、最後の五編、特に『カーテン』を熱狂的に迎えてくれた。素晴らしいプロモーション・ビデオが流され、非公式の晩餐会があり、私の挨拶も含めて、式典は一連のスピーチで締めくくられた。私はこのシリーズを応援してくれた全員に謝意を述べ、必死で平静を保っていたが、それは容易なことではなかった。なぜなら、帰り際にシーラとも話していたのだが、このイベントにはただもう圧倒されっぱなしだったからだ。私たちが二五年にわたって作り上げてきたもの、私がアクトンの自宅の庭を歩き回りながら、ポワロの小刻みな歩き方を覚えようとしたところから始まったものを、パーティーや晩餐会にいた業界のプロたちが総立ちで拍手喝采してくれたのである。

最終シリーズの二作目『ビッグ・フォー』を撮影するため、再びパインウッドに戻った私は、何だか拍子抜けした感じだった。原作〔『ビッグ4』(中村妙子訳、早川書房、二〇〇四年)〕が発表されたのは一九二七年で、アガサが失踪し、アーチボルド・クリスティーとの結婚生活が破綻した翌年のことだった。彼女はこの人生の二大ドラマについてはほとんど何も書いていなかったが、それまで以上に熱烈な読者を満足させるためには、作品を発表し続ける必要があった。気持ちの整理がつくまで新作は書かなくていいと言って、失踪の数か月前、彼女がスケッチ誌のために書いた一二の短編を改作してはどうかと提案したのは、アーチボルドの弟のキャンベルだったと言われている。彼が思いつき、アガサも同意したのは、それらの短編を長編に構成し直し、一つの小説として作り変えるということだった。アーチボルドに離婚を迫られ、書くこと以外にこれといった収入源がなかったアガサは、生計を維持する必要があることをよくわかっていた。

当然と言えば当然だが、その小説はアガサの傑作とはならなかった。話を急いで寄せ集めたような印象で、四人の主要キャラクターは、同時代のイギリスのスリラー作家、エドガー・ウォーレスの小説を連想させた。実際、ウォーレスは一九〇五年にスリラー・シリーズ『正義の四人』［宮崎ひとみ訳、長崎出版、二〇〇七年］を発表しており、これもまた新聞の連載から生まれた作品だった。ただ、ウォーレスの四人の主要キャラクターは善のために働いていたのに対し、アガサの四人は明らかに悪を目的としていた。

この四人とは、リー・チャン・イェンという怪しげな中国人、マダム・オリヴィエという妖艶なフランス人女性科学者、エイブ・ライランドというアメリカの俗悪な大富豪、そして「殺し屋」と呼ばれる謎のイギリス人だった。私はアガサの着想のもう一部分が、バーミンガム出身の小説家、アーサー・ヘンリー・サースフィールド・ウォードが生み出した中国人の悪党『怪人フー・マンチュー』［嵯峨静江訳、早川書房、二〇〇四年］にあるのではないかと考えずにはいられない。一九一五年に始まったこのシリーズの作者は、サックス・ローマーというペンネームで知られていた。

アガサの原作では、ポワロの双子の兄アシールが一瞬登場し、たった一人の弟を助けるが、これはマイクロフト・ホームズがたまに弟のシャーロックの救出に来るようなものだ。また、ポワロが崇拝する華やかなロシアの伯爵夫人、ヴェラ・ロサコフも原作には出てきたが、マーク・ゲイティスとイアン・ハラードが脚本を手掛けたドラマ版には、夫人もアシールも登場しなかった。

事実、この二人の脚本家は原作を大幅に改変し、ドラマを二一世紀の視聴者に合ったものにした。しかし、原作で再登場を果たしたヘイスティングスとジャップ警部は、ミス・レモンとともにドラマ版にも登場した。四人がまた一緒になれたことは、私たちみんなにとって喜びだった。

まるで『カーテン』を予兆するかのように、ドラマ版の『ビッグ・フォー』はポワロの葬儀から始まる。それはあまり遠くない将来に、ポワロが視聴者に別れを告げることになるという事実を覚悟させるかのようだった。墓地で埋葬に立ち会ったヘイスティングスとミス・レモン、ジャップ警部は、ホワイトヘイブン・マンションの部屋に集まり、執事のジョージとともに、ジョージが「主の鑑」と呼び、ヘイスティングスが「わが友」と呼ぶポワロに敬意を表して、シェリー酒で献杯する。

実際のところ、ポワロの「死」は物語の仕掛けにすぎず、そこから回想シーンが始まり、世界支配をもくろむ「ビッグ・フォー」の野望が明らかにされる。原作では、ポワロがある企てを阻止しようとするが、ドラマ版では、ヨーロッパに差し迫る戦争の危機を受けて、その企てがむしろ「世界平和」を目的としたものになるほか、国内の要素もある。死んだと見せかけたポワロは、そのまま舞台を去るどころか、組織の主導者たちを集結させ、またしても劇場で最後の謎解きを披露する。ちなみに、主導者の一人であるマダム・オリヴィエを演じたのは、BBCのロバート・マクスウェルのドラマで私の妻を演じた旧友のパトリシア・ホッジだった。

一方、二〇一三年四月半ばに撮影を開始した『ヘラクレスの難業』は、一九四七年に一二の短編からなる連作として発表されたアガサの原作に忠実に描くことはほぼ不可能だった。その中で、ポワロは引退してカボチャの栽培に精を出そうと考えているが、旧友の博士に引退は無理だと言われる。

原作の冒頭で、ポワロはギリシャ神話でヘラクレスがティリンスの王に課せられたという一二の難業について、ミス・レモンに情報を集めるように指示する。その結果、ポワロは引退までに一二の事件を解決してやろうと思い立つ——が、もちろん、アガサが小説で何と書いたにせよ、彼女も出版社も、ポワロを引退させようとはしなかった。

短編集『ヘラクレスの冒険』〔田中一江訳、早川書房、二〇〇四年〕が最初に出版されたとき、アガサと同じ犯罪小説家のマージェリー・アリンガムは、まさに「タイトル通りの面白さ」と評し、「ミセス・クリスティーは本物もしくは正統派の探偵小説家として、最高というよりむしろ現存する唯一の作家だとしばしば思う」と述べた。

ポワロが原作で選ぶ一二の「難業」はきわめて多様なため、今回の脚本を担当し、それまでも長年にわたってアガサの小説をドラマ化してきたガイ・アンドリュースは、原作のキャラクターを何人か登場させつつも、ほぼ全く新しいストーリーを作ることにした。彼が土台としたのは、美術品を狙う窃盗犯で殺人鬼のマラスコー——「犯罪史上最大の凶悪犯」——が、ポワロが守ると約束していた若い女性を殺害した後、スイスのアルプス山中のホテルへ逃れ、雪崩でそこに閉じ込められるという設定だった。ストーリーを盛り上げ、タイトルとの結びつきを保つため、物語はヒューゴ・ヴァン・ドリュイスという架空のオランダ人画家によって描かれた「ヘラクレスの難業」と呼ばれる連作絵画の窃盗を軸に展開される。

ガイのドラマ版は、ロサコフ伯爵夫人の再登場によって活気づく。彼女はポワロの心の一部を掴んでいたが、『二重の手がかり』の最後で、彼を捨ててアメリカで宝石泥棒を続ける道を選んだ。実際、伯爵夫人は原作の一二の物語の最後「ケルベロスの捕獲」に登場し、巨大な番犬のいるロンドンのナイトクラブ「地獄」の女主人となっている。しかし、このドラマ版では、夫人はただ娘のアリスとアルプスのホテルに滞在しているだけだ。伯爵夫人役は、二二年も前に放送された『二重の手がかり』で彼女を演じたキカ・マーカムに代わり、オーラ・ブレイディーが引き継いだ。キャストにはオーラのほか、俳優で作家、そして現在はチャールズ・ディケンズの生涯と作品を演じた一人芝居で知られるサイモン・キャロウも加わった。

ポワロ・シリーズ最大の伝統として、ガイはスイスのホテルにいる全員に何らかの後ろ暗い秘密を持たせた。それはポワロがやって来たときには隠されているが、最後の謎解きが格段にドラマチックになったのは間違いない。ドラマには銃を使った格闘シーンさえあるが、今回の監督で、過去に『ナイルに死す』や『満潮に乗って』も手掛けたアンディ・ウィルソンは、結末の劇的な展開にもかかわらず、全体のトーンを軽めに保つようにした。私はドラマ版が原作とは大きく異なることを知っていたが、撮影終了後、期待した以上に楽しめたことがわかった。何となく、アガサも今回の改変にはそれほど反対しないように思えた。というのも、ドラマには彼女お得意のどんでん返しがたくさん組み込まれていたからだ。実際、当時の私たちはアガサが肩越しに見ているのを感じながら、彼女の足跡をたどっているかのようだった。

そして、二〇一二年の終わりに『カーテン』を撮影して以来、私が密かに心の準備をしていた瞬間が近づいてきた。二〇一三年五月末、ポワロ・シリーズ最後の撮影が始まり、このベルギー人の小男と別れた後の人生はどんなものになるのだろうという思いが逃れようのない現実となった。ただ、いったん撮影が始まると、それについて考える暇はあまりなかった。することがたくさんあって、考え込む時間はほとんどなかった。撮影スケジュールでは、その年の後半にドラマを放送できるよう、六月末までに撮影を終了する必要があった。そのため、『死者のあやまち』の制作で再びパインウッドに集結したときも、私にはじっくり考える時間があまりなかった。

原作［『死者のあやまち』（田村隆一訳、早川書房、二〇〇三年）］は、アガサの書いたポワロ物として傑作とは言えないが、この作品が出版された一九五六年、彼女は即位したばかりの若き女王エリザベス二世による新年の叙勲で、大英帝国三等勲位（CBE）を授与された――そして一九七一年、アガサはデイムの称号を得た。『死者のあやまち』には、典型的なポワロ作品の特徴が多く見られる。田舎の邸宅があり、口論ばかりしている貴族の一家があり、「上流社会」出身の機能不全の友人たちがあり、恨みを抱いていそうな屋敷の元所有者もいる一方、物語のちょっとしたスパイスとして、アガサのお気に入りの推理作家、アリアドニ・オリヴァの再登場もある。小説が初めて発表されたとき、批評家のモーリス・リチャードソンはオブザーバー紙で、「往年のクリスティー作品には遠く及ばないが、テーブルブックとしては楽しめる」と評した。

物語は、オリヴァ夫人がある田舎の邸宅に招かれ、村祭りで催される「殺人推理ゲーム」（「宝探し」の代わりに）のお膳立てをするところから始まる。場所はデボンのヘルム川という架空の川の岸辺に立つ架空の邸宅、ナス屋敷の地所で、屋敷の持ち主はジョージ・スタッブス卿とその若妻ハティである。オリヴァ夫人のアイデアでは、川岸のボートハウスで「死体」が発見されることになっていたが、あれこれ考えているうちに、何か嫌な予感がした彼女は、至急来られたしとポワロに電報を打つ。

今回のドラマ版――一九八六年に本作をもとにしたテレビドラマがあり、ピーター・ユスチノフがポワロを演じた――は、ニック・ディアが脚本を手掛け、アガサの原作にほぼ忠実に描かれた。嬉しいことに、ゾーイ・ワナメイカーがアリアドニ・オリヴァ役で復帰した。シリーズの撮影最終回で彼女と共演できるのは大きな喜びだった。それは四半世紀前、トウィッケナムのあの夏の朝以来、私が演じてきた七〇作目のポワロだった。

撮影が始まると、私はこれからどうなるのか不安になった。毎日、過去二五年間の思い出に襲われ、多くのエピソードの多くの登場人物の亡霊に付きまとわれながら、最後にあのパッドやスパッツを身につけるのだろうか？　私にはよくわからなかったが、一つだけ決めていたことがあった。それはこの最後のドラマで、ポワロとしての経験すべてを心から称えようということだった。ポワロがいなくなったら、私は――他の何百万という人々と同じく――嘆き悲しむだろう。しかし、彼にはその前に至福の体験をさせてやるつもりだった。私がこの小男をいかに敬愛していたかを示す最後のチャンスだったからだ。

ポワロにとっては、彼の確固たる道徳的指針を明らかにする最後のチャンスでもあった。ある場面で、彼はアイルランド出身の女優、シニード・キューザック――俳優ジェレミー・アイアンズの細君――演じるナス屋敷の元所有者、フォリアット夫人に、彼女が犯人を知っているのに言おうとしないのは、それが「悪」だと思っているからだと話す。そして必死に怒りを抑えながら、「一四歳の少女を殺すのも悪だ」と迫る。「もう過去の話だわ」と夫人が答えると、ポワロはオリエント急行に閉じ込められた乗客にやったように激しく彼女を非難する。「過去の話ではありません、決して」

それは長年の撮影を通して私の中で深みと複雑さを増したポワロの声であり、自分は法を超越していると思っている人間、自分にはそれだけの権利があるのだから、殺人を犯しても――文字通り――ゆるされると思っている人間の愚かさに憤慨するポワロの姿だった。それは私がいつも懸命に守ろうとしてきた男、この世界を、罪のない人々を、悪から救いたいと願う男、私の中で大きな一部を占めるようになった男の姿だった。

この撮影がとりわけ個人的で、心に迫るものであったのには、もう一つ理由があった――それはポワロの人間性さえもはるかに超えるものだった。『死者のあやまち』が特別だったのは、それがシリーズの撮影最終回だったという事実のほかに、物語の舞台となるナス屋敷のモデルが、アガサ本人の邸宅である壮麗なジョージ王朝様式のグリーンウェイだったからだ。デボンのダート川の畔に立つこの邸宅は、彼女とマックス・マローワンが一九三八年に六〇〇〇ポンドで購入したものだった。戦争勃発後、二人はそこに留まったが、やがて屋敷はロンドンから避難してきた子供たちのための施設として、さらにはアメリカ海軍の兵士宿舎として使われるために接収された。

グリーンウェイを去った後、夫妻はロンドンに移り、そこで戦争が終わるまでを過ごし、戦後にようやく夏の別荘としてグリーンウェイに戻った。二人には他に二軒の家があり、一つはアガサがいつも「筆が乗る」と言っていたロンドンのチェルシーの家、もう一つはバークシャーのウォリンフォードの家だった。しかし、彼女が最も愛したのはこのグリーンウェイだった。

そういうわけで、運命はポワロにとっても、私にとっても思わぬ展開を見せ、二〇一三年六月下旬、私たちは実際のグリーンウェイで『死者のあやまち』の一連の最終シーンを撮影することになった。エルキュール・ポワロがアガサ本人の家を訪れるわけだが、ポワロという架空のキャラクターがその生みの親の家にやって来るというのは初めてだ。一体どんな感じなのだろう？　彼はどう感じるだろう？　私はどう感じるだろう？　そのことが頭から離れなかった。

第19章　でも何よりも皆さん全員に、オ・ルボワール&メルシー・ボク！

夏の午後の太陽が眼下を流れるダート川の水面にきらめくなか、後部座席に私を乗せた一台のビンテージ・カーが向かっていたのは、川を見下ろす三階建てのジョージ王朝様式の邸宅、グリーンウェイだった。ポワロの衣装をフル装備した私――黒いエナメル革の靴にスパッツ、三つ揃えのスーツ、懐中時計、薄手のオーバーコート、ホンブルグ帽に口髭、そしてもちろん、ポワロのお気に入りの銀の持ち手のステッキも――は車から降り、玄関口へと歩いていった。

とても奇妙な感じだった。というのも、それはポワロが自分を生み出した女性の家を初めて訪れる瞬間であり、一九三九年に彼女が二番目の夫マックス・マローワンと購入した家にその架空の探偵が初めて足を踏み入れる瞬間だったからだ。グリーンウェイは今、二〇億冊もの売り上げを誇る世界一のベストセラー作家となった女性の大いなる心の故郷である。

扉のハンドルに手を伸ばしたとき、私は一瞬、自分が誰なのかわからない、そんな鋭い感覚に襲われた。私は四半世紀にわたって七〇編ものドラマでポワロを演じてきた俳優なのか、それとも実際、世界が愛し、私が愛したこの小男になったのか。一体どこまでが私で、どこからが彼なのか。それはまるで夢の中にいるようで、自分が自分でありながらポワロでもあるという不思議な感覚だった。

ファイナルとなる第一三シリーズでこの最終回の監督を務めたトム・ヴォーンが、「カット」と声を張り上げたとき、初めて私は夢想から我に返り、自分が『死者のあやまち』の撮影最後の五日間にあるという現実に戻った。

しかし、そこにはそんな不思議な錯覚だけではなく、達成感もあった。なぜならこれだけの驚くべきキャラクターを長年にわたって演じる機会に恵まれ、彼が私のそばで華々しい成功を収めるのを目にし、その偉業が五〇か国語以上に吹き替えられ、世界中のほぼすべての国々で放送されるのを見て、私は自分がいかに幸運であるかを知っていたからだ。それは驚嘆すべきこと、感服すべきことであり、私がもらった人生最大の贈り物だった。

一方で、この二〇一三年六月の夏の日曜日の午後、私はそれが終わりの始まりであることも知っていた。四日後には、アルマジロ・スーツを脱ぎ、ベストから懐中時計を取り出し、上着の襟から小さな銀の花瓶型のブローチを外し、最後に顔から口髭を剝がすことになるのだ……。

ただ、ポワロとの別れを思って悲しむ自分がいた一方で、彼の魅力はもう十分スクリーンで発揮したと喜ぶ自分もいた――『呪われた相続人』〔『教会で死んだ男』(宇野輝雄訳、早川書房、二〇〇三年)所収〕というごく短い小品を除いて、ポワロ作品全編を視聴者に届けたからだ。

こんなことはまるで予想していなかった——一九八八年六月下旬にトウィッケナム撮影所で最初のシリーズの撮影を始めたときは全く。奇妙な偶然だが、私たちが撮影最終日を迎える二〇一三年六月二八日は、あの日から約二五年後に当たる。これまで素晴らしい旅をしてきたが、最後にグリーンウェイで撮影をし、アガサがポワロ作品の構想を練ったその庭や敷地を歩くというのは、旅の終わり方としてまさにふさわしいように感じられた。

アガサがポワロに魅了されていたことは確かだ。実際、本当かどうかわからないが、彼女は生涯で二度、ポワロの生きた姿を見たという——それほど彼女はポワロをリアルに想像していたのだろう。ポワロはアガサがくれた素晴らしい贈り物だが、私はもはやそのことで彼女に感謝を伝えることができない。なぜなら私が初めてテレビでポワロを演じた一〇年以上前に、アガサはこの世を去っていたからである。

屋敷のそばを流れるダート川を見渡しながら、私はこの幸運をありがたく思い、長年にわたって私を支えてくれた脚本家たちに心から感謝した。視聴者にポワロの深みと複雑さを伝えようとする私に一人一人が力を貸してくれたおかげで、この小柄なベルギー人に対する世の中の見方が変わったのだ。

私たちは俗世間とかけ離れたポワロの道徳的信念を掘り下げ、彼の孤高の生き方を追求し、自分の人生に欠けているものを知る彼に恋人たちを切なく見つめさせ、人生をコントロールするように世界をコントロールしようとした彼の情熱を前面に押し出し、そして——おそらく何より重要なことに——彼の直感を明らかにしてきた。もちろん、ポワロにとって「灰色の脳細胞」は大切だが、物事を直感で捉える力は彼の大切な脳細胞さえ凌駕する。というのも、ポワロ自身が述べているように、「私は人の言うことに耳を傾けますが、それが意味するところは自然にわかります」

ここはどこよりも美しいデボンのカントリーサイドだが、一つの時代が幕を下ろすという現実からは誰も逃れられない。そうした気配は、撮影最後の数日間にスタッフの間でますます強まった。今週、このグリーンウェイには、一九八八年のシリーズ開始以来のメンバーは一人もいない——運転手のショーンと私を除いて——にもかかわらず、現場には物悲しい雰囲気があった。しかし、そこには幸福感もあり、ポワロに困難な時期を乗り越えさせてきたという達成感もあった。

最後の撮影を終えた私は、『死者のあやまち』の撮影をラストにして正解だったと思った。アガサの愛した家のそばで、夏の太陽を浴びながら最後のシーンを撮影し、ポワロが生きた姿のまま私の記憶に残る方がいいに決まっているからだ。最後にポワロの生きた姿を撮影して終われば、彼を思い出すたびに喜びが湧き上がる。それはポワロの望んだことであり、アガサの望んだことであり、私たちが何とか成し遂げたことだ。ポワロは私たちみんなの心の中で最後まで生きていた——決して死ぬことのない男として。

私には心に焼きついている場面がたくさんある。例えば、現場に到着した後の水曜日、私はポワロとしてまさに最後の台詞を口にしたが、それはひどく平凡なものだった。

ポワロはアリアドニ・オリヴァに、物語の中心となる祭りで「殺人推理ゲーム」をやろうと発案したのは誰かと訊く。

「ワーバートン夫妻でしょう」と彼女は答える。

ポワロとしての私の最後の台詞は、感動的な独白でも何でもなかった。彼はただこう言う。「この敷地の持ち主？」

これがカメラに向かって発した私の最後の台詞だった。

その日の夕方、私は助監督から美術担当、衣装やメイクの女性陣に撮影部隊、小道具係に音声チームまで、七〇人ほどのスタッフ全員と非公式に打ち上げをやった。シャンパンを買い込み、グリーンウェイの庭に設けた食事用テントに腰を下ろして、アガサの思い出と最終シリーズを祝して乾杯した。

誰もが胸を熱くするなか、私はショーンのそばに立ち、一四年にわたって代役を務めてくれたピーター・ヘイルをはじめ、これまで出会った多くの仲間たちを見渡した。どのシリーズでも、制作に携わったスタッフとは家族のようになるものだが、このシリーズはポワロという並外れたキャラクターの終焉という点で特別だった。

スタッフのためのささやかなパーティーの後、私は屋敷のダイニング・ルームでアガサの孫のマシュー・プリチャードと夕食をともにするため、グリーンウェイの中に入った。彼は親切で寛大な人物だった。私はずっと昔――まだポワロの最初の撮影が始まってもいない頃――に、彼の母親のロザリンドとその夫アンソニー・ヒックスの二人と昼食をともにした時のことを思い出した。視聴者はポワロとともに微笑むのであって、決して彼を笑ってはならないと、彼らはそこで私に釘を刺したのだった。その約束は何とか守ったつもりだし、どうかそうであってほしい。

その夜、最終日の撮影に立ち会うためにロンドンからシーラがやって来て、私たちはそれまでの道のりを振り返ってしみじみと語り合った。毎年毎年、シリーズが続くかどうかを心配しながらの日々だった。私たちはいつも気を揉んでいた。しかし、このエピソードが終わったら、私はもうポワロの続編を期待して待つ必要はなくなる。人生で初めてのことだ。もうすぐ撮影は終了し、私は六七歳。シリーズが始まったのは四二歳のときだから、成人後の人生の約半分を捧げてきたことになる。

ほっとする、などという言い方ではとても足りない。なぜなら新シリーズがあるのかどうかの不安は、年を追うごとに私の大きなストレスになっていたからで、そのことはシーラも嫌というほど知っている。この最後の撮影は、そんなストレスがそっと消え去ることを意味した。明日が終わったら、もう私が演じるポワロに新たなシリーズはないのだから。

二人きりで静かに腰を下ろし、シーラと私はポワロがなぜ世界中の何百万という人々にとってこれほど特別なのかについても語り合った。少し考えた後、私たちは娘のキャサリンの夫で、義理の息子のエリオットがそれを見事に要約してくれたと思い至った。つい先日、彼はポワロが一人の人間として時代を超えて人々を魅了し続けるのは、どの架空のキャラクターよりも公正で明確な道徳的指針を持っているからだと説明してくれた。エリオットによれば、私たちは誰もがポワロのようになりたい、ポワロのような明快さと道徳的な強さを持ちたいと願っているという。シーラと私も同感だった――そこにこそ彼の魅力の源があった。

最終日は朝から眩しいほどの晴天で、わずかにそよ風が吹くだけだったが、その静かな空気はグリーンウェイとその庭に一種の物憂さをもたらしていた。スタッフは川沿いで撮影を行なう予定で、午前中に私の出番はなかったため、時間ができた私はこの最終シリーズの宣伝のため、いくつかマスコミのインタビューを受けた。つまり、ショーンがシーラと私をホテルまで迎えに来るのは一一時過ぎ、私たちがグリーンウェイのトレーラーに入るのは正午少し前で、昼食までは衣装に着替える必要はなかった。撮影しなければならないのは、私がボートハウスまで下っていくシーンと再び家まで上ってくるシーンの二つだけだった。

昼下がり、私のメイク中にカメラ・クルーが川から戻ってきて、今度はグリーンウェイの屋敷の外で準備を始めた。彼らはこれで本当に最後だということを知っており、そこにいる誰もがそれを承知していて、記念に私と握手やハグを交わすつもりのようだった。

しかし、午後になって衣装を身につけようとする頃には、天気が変わっていた。空に雨雲が広がるなか、私はメイク担当のシャン・ターナー・ミラーにトレーラーで口髭を貼ってもらった。トレーラーはグリーンウェイの立派な菜園の塀の後ろに隠れていたが、菜園にはポワロがカボチャの栽培に喜んで使ったであろう専用の温室もあった。

いよいよ、私が最後のシーンのために屋敷の前へ歩み出ると、大勢の人が集まっていた。ほとんどはスタッフだったが、なかにはグリーンウェイの見学にやって来た観光客の姿もあった。彼らの多くは撮影が行なわれていることを知らず、これがポワロの最終日であることも知らなかった。たまたま撮影部隊と私に出くわしただけだった。

ここでもまた、私は――監督が「アクション」と叫ぶまで――自分がポワロなのか、デビッド・スーシェなのかわからないという不思議な感覚に襲われた。しかし、ボートハウスへと下っていく私の目に涙はなく、再び屋敷へ戻ってきて、玄関ドアを開け、中へ入ったときも涙はなかった。監督のトム・ヴォーンが「カット」と叫んだのは、二〇一三年六月二八日金曜日、午後五時ちょっと前のことだった。

私が改めて屋敷の外へ出ると、大きな拍手が沸き起こり、第一助監督だったマーカス・カトリンが、「皆さん、これでポワロの撮影終了です」と告げ、やや間を置いて、「二五年間の」と言った。

人々が泣きながら拍手するなか、私は屋敷の玄関先に立ち、両腕を高く掲げて、皆に感謝を表した。すると涙が出てきた。抑えきれなかった。それは人生の半分を捧げてきた仕事の終わりであり、長年の夢が成就した瞬間であり、それまでの努力が最高の形で報われた結果だった。

私たちの上に小雨が降りかかったが、気にする者はなく、誰もその場を動かなかった。マシュー・プリチャードが短い挨拶でこれを「歴史的瞬間」と呼び、彼の祖母もきっと私のポワロを認めてくれたはずだと言ってくれた。そしてシリーズの転換期を支えたエグゼクティブ・プロデューサーの一人、ミシェル・バックも短い挨拶を行ない、「私たちは不可能に思われたことを成し遂げました」と述べた。

次は私の番だった。しかし、私は私として挨拶したのではない。ポワロのあの独特のベルギー訛りで挨拶し、支えてくれた一人一人に感謝を捧げ、「私のことを知っているつもりのデビッド・スーシェ」にもお礼を述べた。

ポワロは必要とあらばいつでも力になりますと私はスタッフに言った。「皆さん、電話番号はご存知ですね。トラファルガー八一三七です」

そして一呼吸置き、最後にこう言った。「でも何よりも皆さん全員に、オ・ルボワール&メルシー・ボク！」

私の心に何か月も前に撮影した『カーテン』でのポワロの臨終シーンが甦った。なぜならこのとき、私はわが友（シェラミ）にもう一度最後の別れを告げていたからだ。

謝辞

エルキュール・ポワロを四半世紀にわたって演じてこられたのは、数えきれないほど多くの人々の助けがあったからこそだ。私は彼ら全員に心から感謝している。テレビ局の重役をはじめ、監督やプロデューサー、脚本家、制作チームのみんなのおかげで、この二五年間は忘れがたい体験となった。シリーズの制作に関わったすべてのチーム、衣装デザイナーから衣装係、仕立て係、着つけ係、専属のメイクアップ・アーティストにセット・デザイナー、美術監督まで、ポワロのクオリティーを特別なものにしてくれた彼らに対し、この場を借りて言わせてもらいたい。君たちがいなければ、ポワロを演じきることはできなかった。本当にどうもありがとう。

また、長年にわたって私を支えてくれた優れた共演者たちにも感謝しなければならない。特にヒュー・フレイザー、フィリップ・ジャクソン、ポーリン・モランの三人は、初期のシリーズとその後の数多くのエピソードにおいて、ポワロ・ファミリーの中心的メンバーだった。彼らにはいくら感謝しても感謝しきれない。

さらに、私と一緒に番組作りに貢献してくれた人たちで、個人的にぜひとも感謝しなければならない特別なグループがもう一つある。その筆頭が、アガサの娘の故ロザリンド・ヒックスと彼女の夫の故アンソニー・ヒックスの二人で、彼らは私なら世界中の視聴者に向けてポワロに真の命を吹き込むことができると信じてくれた。その思いは息子のマシュー・プリチャードにも受け継がれ、さらに強められた。彼らの支援がなければ、ポワロを演じ続けることはできなかっただろう。

それからブライアン・イーストマンがいる。一九八七年に初めて私にポワロ役を打診した彼は、その優れた手腕と決断力によって、シリーズ創成期のプロデューサーを務めてくれた。また、シリーズを引き継ぎ、二〇一三年の完結までを見届けたエグゼクティブ・プロデューサーのミシェル・バックとダミアン・ティマー、カレン・スラッセルにも、同じく感謝したい。彼らがいなければ、『名探偵ポワロ』はこれほどの世界現象にはならなかっただろう。

しかし、テレビ局の重役として最後に感謝を捧げるべきなのは、ITVのプログラム・ディレクターだったピーター・フィンチャムである。彼はポワロ作品全編を必ず映像化すると約束し、その約束を守ってくれた。彼にはお礼の言いようもない。

一方、本書に関しては、大勢の人々が力を貸してくれたが、なかでも親友のジェフリー・ワンセルは私の執筆を手伝ってくれた。また、著作権エージェントのジョンソン&オルコックのマイケル・オルコックは、本書を信じ、私をエマ・テイト率いるヘッドラインの編集チームに紹介してくれた。さらに、ジャケットのデザインを手掛けたシボーン・フーパー、カバー写真を撮影したジェームズ・エッカズリー、制作のホリー・ハリスとローラ・エッセルモント、根気強いコピー・エディターのジュリアナ・フォスター、図版部分のレイアウトを手掛けたフィオナ・アンドレアネリにもお世話になった。そして最後に、宣伝を指揮してくれたサマンサ・イーズとマーケティング担当のジョー・リディアードにも、同じく感謝を捧げたい。

なお、本書の内容については、ここに記した誰一人として責任を負うものではなく、文責はひとえに私自身にある。最後に、何よりも私が感謝しているのは、長年にわたって手紙をくれた世界中の何千というポワロ・ファンである。彼らにとってポワロがいかに大切な存在であるかを教えてくれた手紙の一通一通に、どれほど胸が熱くなったことだろう。本書によって、ポワロが私にとってもいかに大切な存在であったかが伝わることを心から願っている。

デビッド・スーシェ

二〇一三年八月、ロンドンにて

解説　永遠のポワロ、かく語りき

小山正（ミステリー&映画研究家）

1　ポワロを演じた俳優たち

本書『ポワロと私』は、二〇一三年に英国の出版社ヘッドライン・パブリッシングから刊行された単行本 *Poirot and Me* の邦訳である。俳優デビッド・スーシェが、ノンフィクション作家ジェフリー・ワンセルの協力を得て執筆した回想録で、題名にもあるように、TVドラマ〈名探偵ポワロ〉シリーズの主役を長く演じた彼が、その二五年間の日々を綴った書籍だ。

熱烈な番組ファンだった私は、刊行直後の二〇一四年に原書を入手。英和辞典を片手に読み始めたら、あまりの面白さで、最後まで一気に読んでしまった。

ドラマ制作の裏話に加えて、スーシェの心情が丁寧に記されており、彼の人間的な魅力がよく伝わってくる。単なる番組本と一線を画す、見事なヒューマン・ドキュメンタリーでもあるのだ。ドラマ〈名探偵ポワロ〉が好きな方はもちろんのこと、原作者アガサ・クリスティーのファンにとっても、垂涎の書。それが邦訳されたとは、なんともすばらしい。

さて、本書について語る前に、少しおさらいを記しておこう。

ミステリーの女王アガサ・クリスティーの作品には、二つの楽しみ方がある。

ひとつは、彼女が書いた長編・短編・戯曲を読んで、「ああ、面白いなあ〜」と読書の喜びにひたる楽しみ方。

クリスティーの作品は物語の組み立てが絶妙で、伏線の張り方やキャラクターの造型が際だっている。「真相が分かったら、それでおしまい」という単純なクイズではなく、二度三度と読み返す度に発見や感動のある芸術品なのだ。

もうひとつは、クリスティーの原作を映像化した映画&TV作品や、戯曲公演を実際に鑑賞する方法だ。旬なスタッフと俳優たちによって再構築された作品群は、オペラや歌舞伎のような「再現芸術」として、立体的に楽しめる。

とりわけ昨今は、後者が俄然増えた。特に映像作品の制作者たちは、ストーリー・トリック・犯人を熟知したファンに向けて、クリスティーの世界を多面的に捉えつつ、新たな脚色を加え、高画質の映像にふさわしい演出を交えて、「見たことがないクリスティー」を生み出す努力を重ねている。

記憶に新しいところでは、英国の俳優ケネス・ブラナーが名探偵エルキュール・ポワロに扮し、監督と主演を担った大作映画『オリエント急行殺人事件』（二〇一七）と『ナイル殺人事件』（二〇二二）が挙げられよう。どちらもスペクタクルなミステリー映画で、ブラナーのポワロも個性的だった。口髭が笑ってしまうほどデフォルメされているし、空中で宙づりになったり、銃を撃ったりと、少しやり過ぎなきらいはあるけれど、これはこれでユニークなポワロだった。

このように、ポワロ物を映像化・劇化する際は、「誰が彼を演じるか?」という点が重要なポイントとなる。思い返せば、ずいぶんと多くの俳優たちが関わってきた。

まず忘れてはいけないのが、一九二〇年代に舞台でポワロを演じた名優チャールズ・ロートン。彼のポワロは、マイケル・モートンによって戯曲化された『アクロイド殺し』の芝居『アリバイ』で初登場した。評判が良かったのと、恰幅のよいチョビ髭の名探偵ぶりが受けて、そのイメージが後の舞台や映画に登場するポワロの原型となったという。

その後は、映画『オリエント急行殺人事件』(一九七四)のアルバート・フィニー、映画『ナイル殺人事件』(一九七八)等のピーター・ユスチノフ、TVドラマ『ABC殺人事件』(二〇一八)のジョン・マルコヴィッチといった名優たちや、オースティン・トレバー、フランシス・L・サリヴァン、トニー・ランドール等々の、今ではマイナーな昔の俳優たちが、ポワロ配役史に名を刻んでいる。

そして日本では、『ABC殺人事件』を原作としたNHKの同名TVドラマ(二〇〇五)等で伊東四朗が名探偵・赤富士鷹を快演。また、脚本家・三谷幸喜が脚色したTVドラマ『オリエント急行殺人事件』(二〇一五)、『黒井戸殺し』(二〇一八)等でも、野村萬斎がポワロ風の名探偵・勝呂武尊を演じていた。

こうした俳優陣の中で、英国のTVシリーズ〈名探偵ポワロ〉で主演した俳優デビッド・スーシェこそ、巍然屹立、不滅のポワロであることは、誰も異論はないだろう。

なにしろ彼は、一九八九年から二〇一三年の二四年間に、全一三シーズン・全七〇話で、ポワロを熱演し続けた。その雰囲気・容姿・歩き方・口調等は、「まるで原作からそのまま飛び出してきたようだ」と称賛を受ける。クリスティーの愛読者を唸らせ、新たなファン層も開拓し、全世界を魅了したのだ。

そうだ。もう一言だけ大事なことを書いておきたい。日本ではスーシェの声を名優・熊倉一雄が担当した。彼が全作を吹き替えたおかげで、私たちは役者と声優との奇蹟の遭遇を体験できた。熊倉もまた、すばらしいポワロ役者だったのだ。

2　ポワロを演じるということ

さて、スーシェはなぜ、ポワロを演じることになったのか？　また、どのような気持ちで役柄に挑んだのか？　そして、撮影中にいかなる苦労があったのか？　——等々の秘密をすべて解き明かしてくれるのが、本書『ポワロと私』である。

もともとシェイクスピア俳優だったスーシェは、ポワロに出会うことで、人生が大きく変わった。準備のためにクリスティーの原作を次々に読み、ポワロという不思議なキャラクターに次第に魅せられてゆく。性格俳優でありたいスーシェにとって、ポワロは「運命の人」だった。

次のエピソードは、本書の最も重要な部分ではないだろうか？　スーシェは撮影前に、クリスティーの娘ロザリンドと彼女の夫で弁護士のアンソニー・ヒックスに会い、彼らから次のように言われる。

「これだけは忘れないでほしい。私たち視聴者は、ポワロとともに微笑むのであって、決してポワロを笑ってはならない。何も冗談を言っているわけじゃない」そして、ロザリンドから直々に、こう告げられる。「だからあなたに演じてほしいの」（本書五四ページ）

笑い（Laugh）ではなく、微笑（Smile）。それもポワロと共に。

なんと難しい要望だろう。いや、これは著作権継承者からのビジネス上の注文などではなく、今は亡きクリスティーからの、魂のメッセージとしか言いようがない。

かくしてスーシェの細かな役作りが始まる。その方法が実におもしろい。

クリスティーの長編と短編すべてを読破し、ポワロの研究を重ねていった。そして出来上がったのが、「ポワロのキャラクター・ノート」。小説に記述されているポワロの特徴・嗜好・行為・考え方等を抽出し、九三項目を五枚の紙にまとめたのだ。それを撮影現場に持参。さらにはスタッフ等にも写しを渡したというのだから、徹底している。

彼は言う。

本を読み、彼のキャラクターが浮かび上がるような点を一つ一つ記録することにより、私は少しずつ自分が演じようとしている男のイメージを作り上げていった。（一八ページ）

本文中にも、そのメモがたびたび登場する。第一項目から第一〇項目までを、改めてまとめてみよう。

〈ポワロの特徴リスト〉

1 ベルギー人！ フランス人ではない。
2 ティザンを飲む。紅茶は「イギリスの毒」と呼び、ほとんど飲まない。コーヒーは飲むが、ブラックのみ。
3 紅茶やコーヒーには角砂糖を四つ、ときには三つ入れる。まれに五つのことも！
4 先のとがった、ぴったりした、ぴかぴかのエナメル革の靴を履く。
5 よくお辞儀をする——握手をするときも。
6 飛行機が苦手で、乗ると気分が悪くなる。
7 船旅が苦手で、船酔い予防に「ラヴェルギエの酔い止め法」を行なう。

8　自分の口髭を一つの芸術品と考え、香料入りのポマードを使う。
9　秩序と方法こそ彼の「絶対的基準」。
10　信仰と道徳の人。常に聖書を読み、自分を「善良なカトリック教徒」と考えている。

（以下、省略）

このように並べてみると、ポワロの姿がリアルに浮かび上がってくるから不思議である。
こうしたキャラクター研究は、他の俳優も行っていて、例えば英国の俳優マイケル・ケインは、自著『わが人生。名優マイケル・ケインによる最上の人生指南書』の中で、こう述べている。

舞台や映画では、準備とは登場人物を研究し、そのジェスチャー、身のこなし、癖を習得すること、そして何よりセリフを覚えることだ。

（『わが人生。』大田黒奉之訳・集英社刊・一一五ページより）

それにしても、と思う。スーシェ版ポワロの掟は、九三項目。それをすべて血肉化させるというのだから、凄い気概だ（なお、巻末には全九三項目が、掲載されている。併せてお読みください）。
さらにスーシェは、こうした掟を厳守する以外にも、役者として自問自答を繰り返すのだ。
一人の演者がどのような気持ちで役作りに取り組むべきなのか？　また、いかなる努力をしなくてはいけないのか？　そもそもポワロになりきることに、どんな人生の意味があるのか？　等々――。

スーシェがどのように答えを出したかは、未読の方の興をそがないように記さないでおく。いやしかし、世の東西を問わず優れた役者というものは、役作りの苦難に対峙する覚悟が半端ではない。例えば日本の大俳優で、シェイクスピアにも造詣が深い山﨑努（やまざきつとむ）などは、こんな想いを著書に書いている。少し長いが引用しておこう。

演技すること、芝居を作ることは、自分を知るための探索の旅をすることだと思う。役の人物を掘り返すことは、自分の内を掘り返すことでもある。そして、役の人物を見つけ、その人物を生きること。演技を見せるのではなくその人物に滑り込むこと。役を生きることで、自分という始末に負えない化けものの正体を、その一部を発見すること。効果を狙って安心を得るのではなく、勇気を持って危険な冒険の旅に出て行かなくてはならない。

（『俳優のノート』山﨑努著・文春文庫刊・五二ページより）

ああ、役者ってすごいなあ、と私は思う。演じるとは自分を、しいては自身の人生を、あまねく晒すことなのだろう。きっとスーシェも、これに似た不断の覚悟と決意をもって挑んだからこそ、ポワロは不滅の存在になったのだ。

『ポワロと私』には、全七〇作の回想とそれぞれの演技ポイントや、スタッフとの一喜一憂、共演者との友情と交流、ファンからの手紙といった微笑ましい出来事が、いくつも書かれている。

しかし一方で、俳優という仕事ゆえに生じる苦脳や葛藤もまた、様々なエピソードに交えて、真摯に告白されている。スケジュールの苦心や経済的な不安。マンネリと停滞感からくる寂寞とした想い。ポワロを演じる大変さとは別に、次々に起きる人生の危機。それを隠すことなく、正直に語るスーシェの筆致からは、まさに裸になった人間の壮絶な光と翳が浮かび上がってくる。

さらに特記すべきは、後期シリーズにおいて、特に『オリエント急行の殺人』『カーテン～ポワロ最後の事件～』で顕著になるポワロの悲憤――敬虔なカトリック教徒であるポワロが、犯罪者と対峙することで絶望的なジレンマ――に関して、スーシェが懇切丁寧に、その凄みを語ってくれる点であろう。

この二作は、原作の映像化という枠を保ちつつ、シリーズの締めくくりに相応しい重厚な味わいとなった。ミステリードラマならではの、「犯罪と運命」に関する深い洞察を盛り込み、それが見事に昇華されたのは、スーシェという稀代の役者を得たからこそであろう。かくして〈名探偵ポワロ〉シリーズは、現代の聖なる神話と化した。

宗教的な側面が重視されているので、決して分かりやすい脚色とはいえないけれど、可能な限り丁寧かつ分かりやすく、スーシェは制作の意図を語り尽くしている。そういう意味で本書は、最終シーズン鑑賞のための、格好の副読本でもあるのだ。

よい機会なので、スーシェについて、もう少し補足しておきたい。

3 デビッド・スーシェ、もうひとつの顔

彼は、リトアニア系ユダヤ人婦人科医ジャック・スーシェの父と、女優ジョーン・パトリシア・ジャルシェを母に、一九四六年、ロンドンに生まれた。

少年時代から演劇に興味を抱き、一六歳でロンドンの「ナショナル・ユース・シアター」の会員になり、その後、英国最古の演劇学校「ロンドン・アカデミー・オブ・ミュージック・アンド・ドラマティック・アーツ」に入学。一九七三年に名門「ロイヤル・シェイクスピア・カンパニー」に入団。舞台俳優の道を歩み始めた。

数々の舞台に立ちながら映像作品にも関わり、一九八四年にBBCが制作した伝記TVドラマ『フロイト Fraud』（一九八四・本邦未放映）で主演。偉大な心理学者をリアルに演じて、これが出世作となる。

他にも、映画『リトル・ドラマー・ガール』（一九八四）では「中東テロリスト」、映画『ハリーとヘンダスン一家』（一九八七）では「フランス人のハンター」、映画『ワルシャワの悲劇／神父暗殺』To Kill a Priest（一九八八・本邦未公開）では「ポーランドの司教」、とまあ、多様性に富んだ役柄を精力的にこなしていく。そして、一九八七年、スーシェはベルギー人の探偵ポワロ役を任さ

れることになる。

ポワロ以外にも、性格俳優である強みを生かして、様々な役柄に挑んでいる。

例えば、聖書が題材のTVシリーズ「モーゼ」（一九九五・本邦未放映・短縮版DVD『十戒』）ではモーゼの兄アロンの役。映画『サボタージュ！』Sabotage!（二〇〇〇・本邦未公開）では「皇帝ナポレオン」。TVドラマ「都市の神話」Urban Myths（二〇一八・本邦未放映）では「画家サルバドール・ダリ」。意外なところでは、BBCの単発TVドラマ『ドラキュラvsヴァン・ヘルシング』（二〇〇六）のヴァンパイア・ハンター、ヴァン・ヘルシング教授！

ちなみにこのドラマは、ブラム・ストーカーの原作をスチュアート・ハーコートが脚色。トレヴァー・ホプキンスがプロデューサー。ということは、〈名探偵ポワロ〉シリーズの後期スタッフと一緒に作っているのだ。それにしても、古今東西の歴史上の人物から、オカルト・ハンターまでを演じるなんて、スーシェは変幻自在だなあ！

最後にもうひとつスーシェのおまけ情報を書いておこう。

二〇一九年、スーシェは英国の版元コンスタブル社から、単行本*Behind The Lens: My Life*（レンズを通して――わが人生）を上梓した。

実はスーシェはアマチュア写真家でもある。祖父が雑誌のプロカメラマンで、幼い頃から写真の世界が身近だったという。成人以降は演劇に注力して縁遠かったが、ポワロを演じる頃に写真への情熱が再燃し、以降カメラを常に持ち歩くようになったらしい。

この本は「カメラレンズを通した自伝」というコンセプトで書かれており、スーシェが撮った様々な写真と文章を用いて、彼の人生を振り返った書籍なのだ。

古い親族の家族写真で始まり、他にも俳優仲間たちのポートレート、様々な情景と街並み、歴史的な建築物、趣味のクラリネット写真、動植物、綺麗な情景、日常の品々、映画とＴＶの現場、色々な人物、ポワロの小道具、等々の写真が美しく印刷され、それを説明する落ち着いた筆致の文章が、凜々しく並んでいる。

写真はどれもプロ顔負けのショットで、眺めているだけで楽しい。

スーシェのもうひとつの優れた才能に触れるには、もってこいの好著であろう。残念ながら今のところ未訳だが、ご興味のある方は、ぜひお読みいただきたい。

訳者あとがき

世界中で約一〇億人が視聴したとされ、今なお愛され続ける傑作ドラマ『名探偵ポワロ』。本書は、そのポワロを一九八八年から二〇一三年まで、四半世紀にわたって演じたイギリスの俳優、デビッド・スーシェの回想録である。「役者は作家の忠実な僕(しもべ)であるべき」との信念から、クリスティーの原作を徹底的に読み込み、真のポワロ像を追求したスーシェは、ただ滑稽に描かれるだけだった従来のポワロに深い人間性をもたらした。劇中でポワロが風邪を引けば、必ずスーシェも風邪を引いたというほど、まさにポワロと一心同体となったスーシェは、ときに演技をめぐって監督と衝突しながらも、「ポワロの守護者」として、最後まで原作のイメージを守り抜いた。第一シリーズ・第一話『コックを捜せ』でテレビに初登場して以来、制作チームの変更や方向性の転換などを経て、第一三シリーズ・最終話までの全七〇作を演じきったスーシェ。彼のこの功績はイギリス王室も認めるところで、スーシェは二〇〇二年に大英帝国四等勲位(OBE)、二〇一一年に大英帝国三等勲位(CBE)、そして二〇二〇年にはナイトの称号を受けている。実際、『名探偵ポワロ』は王室でも人気だったようで、スーシェはバッキンガム宮殿での女王主催の昼食会に招かれた。その席で、エジンバラ公から直々にマンゴーの食べ方を教わったという驚きのエピソードは、第三シリーズ・第八話『盗まれたロイヤル・ルビー』にも生かされている。

本書の共著者で、ドラマのエグゼクティブ・プロデューサーでもあったジェフリー・ワンセルは、ポワロ役を引き受ける決心をしたスーシェにこう言った――「君の人生はすっかり変わるだろうよ」。その言葉通り、『名探偵ポワロ』は世界的に大ヒットし、スーシェは一躍スターとなったわけだが、これだけの成功を収めたにもかかわらず、彼の謙虚な姿勢は少しも変わらなかった。それどころか、役者稼業に先の保証はないからと、いつもシリーズが継続されるかどうかに不安を抱いていた。自分はあくまでも舞台俳優、性格俳優であって、スターやセレブではないし、そうなりたいとも思わないというスーシェは、専属の運転手をもつ身分になっても、決して後部座席には座らず、助手席で運転手のショーンを相手に台詞の練習をしていた。一方、シェイクスピア俳優でもあったスーシェは、ポワロ・シリーズ以外にも数々の舞台や映画、ドラマに出演し、高い評価を得てきた。ウエスト・エンドでは高慢な大学教授を、ハリウッド映画ではアラブ人のテロリストを、BBCではチェコ出身のメディア王をといったように、スーシェは多彩な役柄を見事に演じ分けてきた。本書では、そうしたポワロ以外のスーシェの顔も随所に見ることができる。しかし、どこでどんな役を演じていようと、彼の心からポワロへの思いが消えることはなかった。エルキュール・ポワロという役に全身全霊を傾けたスーシェにとって、ポワロ・シリーズは彼の俳優人生そのものだったからだ。つまり、『名探偵ポワロ』は、アガサ・クリスティー原作のテレビドラマであると同時に、スーシェとポワロの二五年にわたる心のドラマでもあったのだ。本書はそんな二人の静かな感動の物語であり、ポワロを演じたデビッド・スーシェにしか書けない貴重なメモワールなのである。

さて、ここからは少し私自身とポワロのことをお話ししたいと思う。というのも、本書は訳者である私にとっても、一つのドラマだったからだ。私とポワロとの出会いは、学生時代、父が書斎の本棚にあった『もの言えぬ証人』を勧めてくれたときだったと思う。それは真面目な学生だった私が、どうしても結末が気になってたまらず、授業中に初めて先生の目を盗んで読んだ小説となった。その後、ポワロはもちろん、ミス・マープルやトミーとタペンスのシリーズも愛読し、いつしかアガサ・クリスティーは私にとって一種の精神安定剤になった。一方、ドラマ『名探偵ポワロ』との本格的な出会いは、私が翻訳者になってからのことだった。当時のファッションやインテリアを含めて、原作のイメージそのままの世界観に魅了された私は、英語の勉強も兼ねて、毎日のようにドラマのＤＶＤを見るようになり、全七〇話を繰り返し、繰り返し、飽きることなく見続けた。その結果、今では映像を見なくても、イントロクイズさながらに冒頭の音を聞いただけでどのエピソードかわかるようになった。

そんな私がデビッド・スーシェの著書、*Poirot and Me*（*Headline, 2013*）を知ったとき、深い感銘を受けるとともに、この本だけは何としても自分の手で翻訳し、日本のファンに届けたいという強い思いに突き動かされた。さっそく夢中で本の概要をまとめ、勇気を振り絞って出版社に持ち込んだわけだが、もし受け入れてもらえなければ、最後はクラウドファンディングをしてでも出版しようと決めていた。このたび、幸運にもそうした努力が実を結び、原書房から『ポワロと私』として本書を出版できたことは、長年にわたってクリスティーとポワロに支えられてきた私にとって、これ以上ないほどの大きな喜びである。思い返せば、父が『もの言えぬ証人』を勧めてくれたあの日から、「ポワロと私」の物語は始まっていたのかもしれない。そしてきっと、読者の皆さん一人一人にも、それぞれに「ポワロと私」の物語があるのではないだろうか。「私たちはポワロを笑うのではなく、ポワロとともに微笑みたい」――これは第一シリーズの撮影が始まる前、アガサの娘のロザリンドとその夫アンソニー・ヒックスの二人がスーシェに言った言葉である。訳者として、一人のポワロ・ファンとして、私もこの本を通して日本中の読者と喜びを分かち合い、「ポワロとともに微笑みたい」と思う。そしていつか本書を携え、『名探偵ポワロ』の最後のロケ地となったクリスティーの別荘、グリーンウェイを訪れてみたい。

なお、翻訳にあたっては、著者の事実誤認と思われる箇所がいくつかあったため、可能な限り裏づけを取ったうえで修正、もしくは訳者の判断により適切に処理した。また、文体について、当初は「～でした」・「～なのです」といったポワロ風の文体で訳すことも検討したが、それではスーシェ自身の言葉が生きないと考え、最終的に「だ・である」調とした。一方、ドラマの台詞を引用した部分については、DVD『名探偵ポワロ【完全版】』（株式会社ハピネット）の吹替を用い、原作からの引用については、早川書房のクリスティー文庫を用いた。ちなみに、ドラマの各エピソードは、撮影の順番と放送の順番が異なっている場合があり、また、イギリスと日本とで放送の順番が異なっている場合もあることに触れておきたい。いずれにせよ、訳者の不勉強による誤りについては、ご教示いただければ幸いである。

最後に、*Poirot and Me*の日本語版刊行に向けた私の熱意を受け止め、共有してくださった株式会社原書房の善元温子氏に心からお礼を申し上げたい。同氏の共感と尽力がどれほど嬉しく、心強かったかしれない。また、刊行までの長い道のりを応援してくれた家族、とりわけ、私をポワロに引き合わせてくれた父に深く感謝したい。そして、本書の翻訳作業中に旅立った長年の相棒を偲び、サー・デビッド・スーシェもお気に入りだったという『もの言えぬ証人』（ハヤカワ・ミステリ、一九七五年版）の献辞にならって、「この書を最も忠実なる友であり、最も愛すべき仲間であり、千匹に一匹とも言うべき我が愛猫に捧げたい」

高尾菜つこ

二〇二二年九月

英国エリザベス女王への哀悼の意とともに

付録　ポワロの特徴リスト

1. ベルギー人！　フランス人ではない。
2. ティザンを飲む。紅茶は「イギリスの毒」と呼び、ほとんど飲まない。コーヒーは飲むが、ブラックのみ。
3. 紅茶やコーヒーには角砂糖を四つ、ときには三つ入れる。まれに五つのことも！
4. 先のとがった、ぴったりした、ぴかぴかのエナメル革の靴を履く。
5. よくお辞儀をする――握手をするときも。
6. 飛行機が苦手で、乗ると気分が悪くなる。
7. 船旅が苦手で、船酔い予防に「ラヴェルギエの酔い止め法」を行なう。
8. 自分の口髭を一つの芸術品と考え、香料入りのポマードを使う。
9. 秩序と方法こそ彼の「絶対的基準」。
10. 信仰と道徳の人。常に聖書を読み、自分を「善良なカトリック教徒」と考えている。
11. 自分は「紛れもなくヨーロッパ随一の頭脳」の持ち主だとする偉大な思想家。
12. きれい好き――ごちゃごちゃしたものや無秩序なものには耐えられない。散らかったトレーさえも。

13 探偵としては自惚れ屋だが、人間としてはそうではない。
14 仕事を愛し、我こそは世界一と心から信じ、誰もが自分のことを知っていると期待する。
15 世間の注目を嫌う。
16 根っからの「都会人」。田舎が嫌いで、画家が田舎の風景を描いてくれることに感謝している。絵があれば、わざわざそんな場所へ行かずに済むから。田舎にいると落ち着かない。
17 目をよく輝かせる。きらきらした「瞳の輝き（twinkle）」（緑色!!）を持つ。
18 人々が好き。
19 夜の外出にはいつも帽子をかぶる。
20 イギリスの上流階級や富の継承が好きではない。イギリス人は不必要にロマンチックだと思っている。自分は絶対にロマンチストではない――あるいはそう思いたがっている！
21 旅行の際は、常に純銀製の口髭用お手入れセットを持参する。
22 身なりに非常にうるさい。
23 旧式の大振りな懐中時計（銀）を持ち歩いている。
24 常に付け襟――ウイングカラー――をつけている。
25 ロンドン在住。電話番号はトラファルガー八一三七。
26 女性が部屋に入る際、出る際は必ず起立する――女性が席につく際、立つ際も同様。
27 素晴らしく聞き上手。しばしば人を戸惑わせるほど沈黙し、相手に話をさせる。

28 マーマレードが嫌い――朝食で小さな正方形にカットされたトーストにジャム（コンフィチュール）をつけるだけ。各片のサイズは完全に同じ。

29 結婚すればよかったと思っている。

30 たまに小さな手帳を使う。

31 極度の潔癖症で、曲がったものや非対称のものは直さずにはいられない。

32 家具や部屋、暖炉は四角いものを好む。丸いものとは暮らしたくない。

33 身なり（髪も含めて）は常に一分の隙もなく清潔。爪もきちんと手入れされ、磨かれている。

34 絹のドレッシング・ガウンを着る――非常に華やか。

35 スリッパには刺繍が施されている。

36 執事や清掃係が来る前にいつも部屋をきれいに片づける。

37 誰か客がやって来る前にいつも部屋をきちんと片づける。

38 シガレット・ケース（銀）から黒の細いロシア煙草を吸う。

39 自分の「灰色の脳細胞」を頼りにしている。

40 外的な感覚ではなく内的な頭脳を頼りにしている。

41 しばしば座って目を閉じ、沈思黙考する。

42 朝食にしばしばゆで卵を食べる。卵が複数ある場合、必ず同じサイズでなければ、食べられない！

43 ヘイスティングスの理解力のなさを喜び、ありがたく思っている。

44 女性に関する限り、ヘイスティングスには人を見る目がないと考えている。「いつも言うように、きみは何も見ていないんだな！」［『マースドン荘の悲劇』（『ポアロ登場』真崎義博訳、早川書房、二〇〇四年所収）より訳文引用］

45 ステッキを使い、それをとても自慢にしている。

46 いつも帽子に「丁寧に」ブラシをかけてから部屋を出る。

47 不満なときや落ち着かないとき、イライラしたときや腹を立てたとき、猫がくしゃみをしたような「しゃっ」という声を出す。

48 だらしないことやだらしなく感じることには耐えられない。服についた塵一つでも「銃弾を受けるのと同じくらい苦痛」。

49 銀行口座が引き出し超過になるのを嫌う。

50 口座残高を必死で四四四ポンド四シリング四ペンスに保とうとする——単にその数字が完全に対称であるため。

51 賭け事は嫌い——人間の悪徳と考えている。

52 ジャップ警部が好き。

53 他のイギリスの警官や探偵はあまり好きではない。

54 「不作法」を嫌う。

55 イギリス人の「慎み深さ」を好まず、イギリス人は頭がおかしいと思っている。

56 火に薪をくべた後、いつも暖炉脇の釘に掛かった小さな雑巾で手を拭く。ただ、薪をくべるなら素手ではなく使い古しの手袋を使う方が好き。

57 かつてベルギーの捜査当局を率いていた。

58 頻繁にではないが、たまに変装する。ただし、必要な場合のみ。

59 実に愛想がよくて魅力的だが、氷のように冷酷にもなる。

60 鋭い目で人の心を見抜く。誰も彼に嘘をついて逃げきることはできない。驚くほど聞き上手。

61 使用人や労働者階級と接するのが非常にうまい。決して見下した態度は取らない。

62 イギリスの階級制度が大嫌い。

63 常に名刺を持ち歩いている。

64 自分は「専門の」職業探偵であり、ハーレイ街の専門医にも匹敵すると考えている。

65 自宅で仕事をしているときも、たいていモーニング・スーツを着ている——ハーレイ街の専門医のように。

66 思いやりのある人間——決してけちではない。非常に裕福。

67 かつてふわふわのオムレツを作ってくれたイギリス人女性と恋に落ちた。

68 アペリチフや食後の飲み物として、ほぼいつも「シロップ・ド・カシス」を飲む。

69 おいしい料理とワインが大好き。

70　短編『夢』〔『クリスマス・プディングの冒険』所収〕の三五四ページで、それまでの懐中時計を初めて腕時計に換えた。

71　アートの趣味はややブルジョワ的。贅沢で華美なものを好む。

72　外出前に必ずコートにブラシをかける。洋服ブラシがコート掛けのそばにある。

73　決して最後まで説明しようとしない。「わたしはいよいよというときまで説明しないことにしているんですがね」〔『スタイルズ荘の怪事件』より訳文引用〕。

74　何をするにも細部にこだわり、全神経を集中させる。

75　女性たちから非常に思いやりがあるとされている――『スタイルズ荘の怪事件』でシンシアが「あの方、とてもかわいいおじさんね」と言っている。

76　もし花壇にマッチの燃えかすを見つけたら――きちんと埋める!!

77　めったに感情を表さないものの、イギリス人の「慎み深さ」は好まない。ときには両腕を上げて「やれやれ（オ・ラ・ラ）」〔『スタイルズ荘の怪事件』より訳文引用〕と声を上げることもある。

78　しばしば肩をすぼめて「ふん」という声を発する。

79　「いやはや（モン・デュウ）」〔『スタイルズ荘の怪事件』より訳文引用〕とは決して言わないか、めったに言わない。しかし、「そんなばかな!（ミル・トネール）」〔『スタイルズ荘の怪事件』より訳文引用〕とよく叫ぶ。

80　「しーっ!」ではなくて「しっ!」〔『スタイルズ荘の怪事件』より訳文引用〕と発する。

81　想像力はほとんど評価しない。「想像力はよき下僕だが、主人には不向きだ」〔『スタイルズ荘の怪事件』より訳文引用〕。「事実です、ヘイスティングス、事実ですよ」

82　ヘイスティングスによれば、目を閉じて「十分ほど彼は黙り込んだまま、みじろぎもせず坐っていた。何度か眉をぴくりと動かすだけだった。そして突然、安堵のため息を漏らし、目を開いて明るい緑色に輝かせ、にっこり微笑むと、事は終わった」〔『スタイルズ荘の怪事件』より訳文引用〕

83　彼は「ちょっとした思いつき」〔『スタイルズ荘の怪事件』より訳文引用〕を楽しんでいる。これは決まり文句になった。

84　よくヘイスティングスのネクタイを直す。女性のブローチも、曲がっているからと言ってつけ直させる。（『スタイルズ荘の怪事件』——シンシア、二四六ページ）

85　ライターがないときは、小さな陶器の壺にしまってあるマッチで細いロシア煙草に火をつける。

86　『スタイルズ荘の怪事件』でシンシアが「あの方、とてもかわいいおじさんね。でも、変ってるわ」と言っている。

87　ヘイスティングス——「〔頭が〕ほんとうにおかしいんじゃないかと思うときがあるんですが、そのおかしさが最高潮に達したとき、おかしいなりに筋が通っているとわかるんですね」〔『スタイルズ荘の怪事件』より訳文引用〕。

88　トランプカードで家を作るのが好き。「いや、わが友（モ・ナミ）、また子供時代に戻っているわけじゃありません。気持ちを鎮めている、それだけですよ。この作業には指の緻密な動きが必要です。指が緻密に動けば、頭も緻密に働くのです」〔『スタイルズ荘の怪事件』より訳文引用〕。

89　「一組の男女の幸福ほど大切なものはこの世にはありません」と純粋に信じている。

90　「小さな灰色の脳細胞のなか……どんな謎でも、これを解明する手がかりは、ここにあるんだよ」〔『クラブのキング』（『教会で死んだ男』所収）より訳文引用〕。

91　寝る前にいつもホット・チョコレートを飲む。

92　ゴルフが嫌い。

93　汚れた椅子やベンチは座る前にハンカチで拭う。床にひざまずくときも同様。

それともちろん、「ムッシュ・ドッド」に宛てた手紙にも、明確な自己描写とその他の特徴の記載あり。

み

む

め

も

や

ゆ

よ

ら

へ

ほ

ま

せ

そ

た

ち

て

と

お

か

き

索引

デビッド・スーシェ（David Suchet）
1946年生まれ。イギリスの俳優。ロイヤル・シェイクスピア劇団のアソシエイト・アーティストでもある。数多くの舞台に出演し、デビッド・マメットの戯曲『オレアナ』で大学教授ジョンを、ピーター・シェイファーの戯曲『アマデウス』で作曲家サリエリを好演。テレビでは、アンソニー・トロロープの小説『ザ・ウェイ・ウィー・リブ・ナウ（*The Way We Live Now*）』のドラマ化でユダヤ人銀行家オーガスタス・メルモットを演じたほか、メディア王ロバート・マクスウェルの役でも高く評価され、賞を受賞。2011年、演劇への貢献により大英帝国三等勲位（CBE）を受勲。
本書は初の著作、2019年には『*Behind the Lens: My Life*（レンズを通して：わが人生)』を上梓。熱心な写真家としても知られ、妻と二人の子供を持つ。

ジェフリー・ワンセル（Geoffrey Wansell）

イギリスの作家。俳優ケーリー・グラント、億万長者ジェームズ・ゴールドスミス、劇作家テレンス・ラティガンなどの伝記を手がける。ロンドンのギャリック・クラブの公認歴史作家。ジャーナリストとしては『タイムズ』『オブサーバー』『サンデー・テレグラフ』『デイリー・メール』の各紙をはじめ、国内外の多くの新聞・雑誌に寄稿。邦訳書に『恐怖の館：殺人鬼フレデリック・ウェストの生涯』（飯島宏訳、新潮社）がある。
デビッド・スーシェとは、自身がエグゼクティブ・プロデューサーを務めた映画『鯨が来た時』にスーシェが出演して以来の親友。

高尾菜つこ（たかお・なつこ）

1973年生まれ。翻訳家。南山大学外国語学部英米科卒。主な訳書に、『図説 イギリス王室史』（ブレンダ・ラルフ・ルイス著）、『図説 ローマ教皇史』（同）、『ボタニカルイラストで見るハーブの歴史百科』（キャロライン・ホームズ著）、『中世英国人の仕事と生活』（テリー・ジョーンズ、アラン・エレイラ著）、『図説 ケルト神話伝説物語』（マイケル・ケリガン著）、『ドラゴンの教科書』（ダグラス・ナイルズ著）（以上、原書房）などがある。

ポワロと私（わたし）

デビッド・スーシェ自伝（じでん）

●

2022年10月31日　第1刷
2024年1月31日　第7刷

著者……………デビッド・スーシェ
　　　　　　　　ジェフリー・ワンセル
訳者……………高尾菜つこ（たかおな）
装幀……………和田悠里
発行者……………成瀬雅人
発行所……………株式会社原書房

〒160-0022 東京都新宿区新宿 1-25-13
電話・代表 03(3354)0685
振替・00150-6-151594
http://www.harashobo.co.jp

印刷……………新灯印刷株式会社
製本……………東京美術紙工協業組合

ISBN 978-4-562-07199-9, Printed in Japan